JN141179

古代風土記の事典

瀧音能之
鈴木織恵
佐藤雄一
［編］

東京堂出版

まえがき

奈良時代の前期に国別に編纂されたものが『風土記』である。『古事記』や『日本書紀』とほぼ同時代の編纂物といえる。しかし、地誌というその性格のせいか、『古事記』、『日本書紀』と比べると、知名度はずいぶんと低いといわざるをえない。

しかし、諸国から提出された『風土記』には、それぞれの地域に生きた人びとの生活・風習・信仰などがいたるところに盛りこまれており、単なる地誌とはひと味ちがった書物になっている。

一般的に古代史は史料が少ないといわれている。さらにいうと、そこに記されていることがらは、国家の歴史、権力者の歴史が大半といってよいであろう。言葉を変えると、都の歴史、中央の歴史といってもよいであろう。しかし、都に生活した人びとの何倍もの人たちが地域にいたであろうし、支配者層よりもはるかに多い数の庶民がいたはずである。こうした人びとの生活をかいまみせてくれるのが『風土記』である。

本書は、『風土記』を素材にして、百のテーマを選んで、わかりやすく解説したものである。本書によって『風土記』からみた古代史の世界を楽しんでいただければと思う。

二〇一八年六月二〇日

瀧音能之
鈴木織恵
佐藤雄一

古代風土記の事典●目次

XI 主要な風土記の丘

I

成立とその時代

『風土記』ときいてもピンとこない人が多いのではなかろうか。

I章では、『風土記』とはどういった本なのかということから始まって、編纂にいたった背景について述べたいと思う。加えて、『風土記』と成立をほぼ等しくする『古事記』・『日本書紀』や『万葉集』といった私たちに親しみ深い書物に関してふれ、『風土記』との関係を考えてみることにする。

01 『風土記』とはどんな本か

■編纂の発端

『続日本紀』の和銅六年（七一三）五月二四日条に、『風土記』の作成の命が記されている。それによると、国ごとに提出することが求められており、内容についてまとめるならば、

①各々の郡や郷の名称に好い字をつけること。
②郡内の種々の産物を列挙すること。
③土地の肥沃《ひよく》の状態を報告すること。
④山・川・原・野の名称の由来を記すこと。
⑤古老の伝承する旧聞異事を記すこと。

の五点が要求されている。

ここで注目されることは、『風土記』という書名が全くでてこないことである。『風土記』という名がみられるのは、延喜一四年（九一四）の三善清行の「意見封事十二箇条」が早い例とされる。つまり、和銅六年の段階では、政府が求めているのは五点についての具体的なレポートということになる。

これに対して、諸国はどのように対応したのかというと、『常陸国風土記』が、その冒頭に、

常陸国司、解す。古老の相伝ふる旧聞を申す事。

と記すように、「解《げ》」という形で政府に上申したと考えられている。ちなみに、解とは、解文とも称され、下級官庁から上級官庁へさし出すときの文書形式のことである。

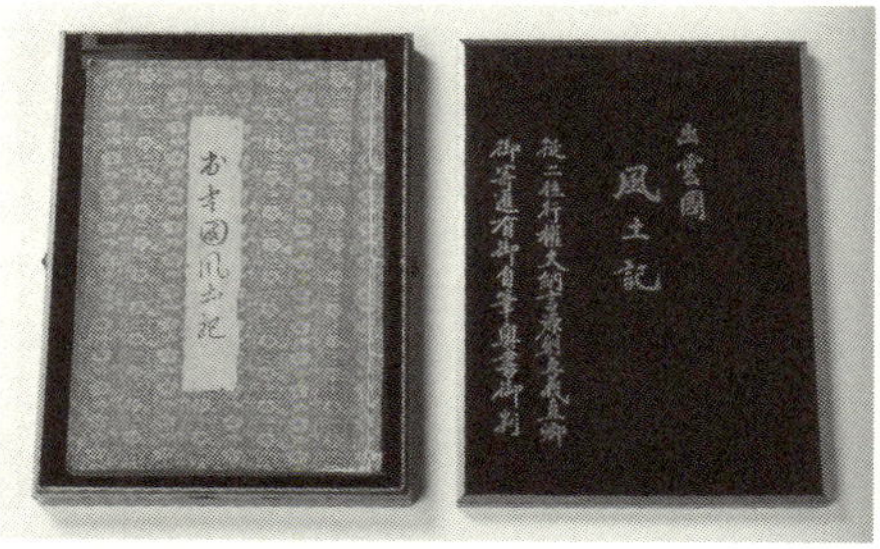

『出雲国風土記』の表紙（日御碕本）
（写真提供：島根県古代文化センター）

■現存する『風土記』の数

当時、六〇ほどあった国々からそれぞれ『風土記』が提出されたと考えられるが、年月を経て現在、まとまっ

た形でその内容をみることができるのは、わずかに五か国を数えるのみである。すなわち、常陸・出雲・播磨・豊後・肥前の五か国であり、これらのうち、出雲のものは内容がほぼ完本の状態で残されている。あとのものは、いずれも散失部分が多く、特に、『肥前国風土記』と『豊後国風土記』にはそれが顕著である。

五風土記の国々

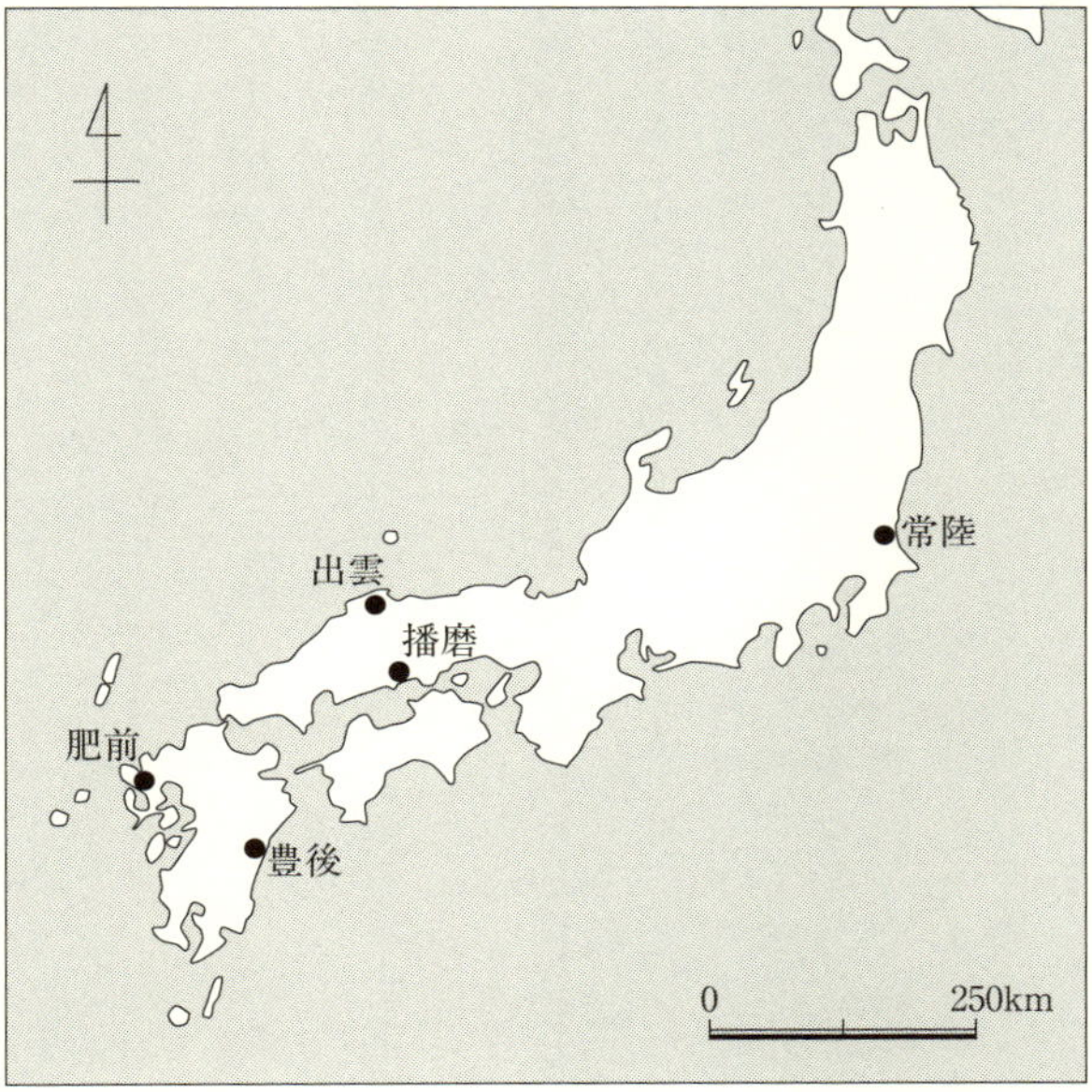

　これら五風土記以外では、のちの書物に引用される形で断片を残しているものがあり、逸文と総称される。たとえば、『日本書紀』の注釈書である『釈日本紀』や『万葉集註釈』・『塵袋』・『詞林采葉抄』・『本朝神社考』などに引用されたこれらの逸文は、四〇か国あまりに及んでいる。

　逸文は、多くの場合、記述が短く内容的にも必ずしも豊富とはいえない面がある。しかし、お伽草子の「浦島太郎」のルーツ（丹後国）や羽衣伝承（近江国・丹後国）をはじめ、蘇民将来伝承（備中国）・稲荷社の起源伝承とされるもの（山背国）など興味あふれる内容が豊富にみられる。

　『風土記』の重要性や内容の面白さがようやく知られるようになってきた昨今であるが、『古事記』や『日本書紀』といった同時期の書籍に比べたら、まだまだ認知度は低いといわざるをえない。しかしそこには、古代の日本列島各地の今の生活・風習・歴史がくり広げられており、古代史を知る上で欠かすことのできない史料といえる。

02 成立をめぐって

■五風土記の完成年

和銅《わどう》六年（七一三）の官命によって編纂のスタートがきられた『風土記』であるが、その完成年については、諸国それぞれの事情によって早い遅いがあったであろうことは想像に難くない。しかし、具体的な成立年といわれると、明確にわかるのは『出雲国風土記』のみである。『出雲国風土記』には奥書が残されており、それをみると、

　天平五年二月卅日　勘造す

とあって、天平五年（七三三）の二月三〇日に成立したことが記されている。七三三年というと、『風土記』撰進の命が出されてからちょうど二〇年目にあたる。この二〇年という歳月を長すぎると感じるかどうかは、水かけ論になるが、事実、長すぎるとして、現存する『出雲国風土記』は二冊目にあたるという再撰説や私撰説も出されている。

また、二月三〇日という日付も興味深い。いうまでもなく、現在は二月三〇日は存在しない。実際、戦後、この日付などを根拠に『出雲国風土記』偽書説が出されたこともあったが、正倉院文書から二月三〇日の日付のものがみつかったこともあり、偽書説は否定された。

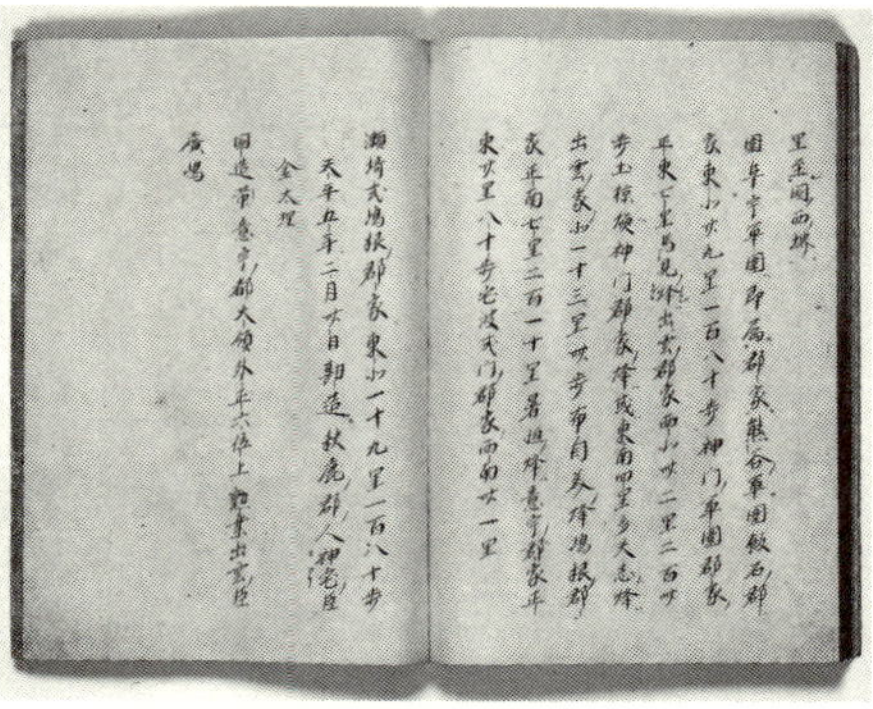

『出雲国風土記』の奥書部分（日御碕本）
（写真提供：島根県古代文化センター）

『出雲国風土記』以外では、『常陸国風土記』は養老二年（七一八年）以前の成立とされる。それは、石城《いわき》が郡として記載されていることによる。石城は『続日本紀』によると養老二年（七一八）五月二日に石城国となっており、郡と記されるのはそれ以前の記述とされるわけである。

『播磨国風土記』は、里《さと》を郷《さと》に改める以前の表記がみられる。里を郷に改めたのは霊亀元年（七一五）のこととされるから、それ以前に『播磨国風土記』は成立したとされる。

『肥前国風土記』と『豊後国風土記』とについては、表記が郷里制であることから、それらが実施されていた霊亀元年（七一五）から天平一一年（七三九）の間とされている。

■逸文の成立時期

出雲国以外の諸国の『風土記』の成立時期を具体的にいうことは容易なことではない。そこで、『風土記』には、「記・紀」では天皇とされていない人物の何人かが天皇にされていることに注目して、ひとつの仮説を提示してみたい。それは、天皇の歴代が『古事記』において一応の決定がなされ、『日本書紀』で確定されたというものである。つまり、『古事記』の成立年である和銅五年（七一二）と『日本書紀』の養老四年（七二〇）とを使い、さらに、『風土記』作成の命が出された和銅六年（七一三）をからめて『風土記』、特に、逸文しか残っていない国々の『風土記』の成立年をしぼりこむということである。

この前提で『風土記』をみると、たとえば応神《おうじん》天皇の皇太子とされる菟道稚郎子《うじのわきいらつこ》皇子は『播磨国風土記』の中で「宇治天皇」と表記されている。また、履中《りちゅう》天皇の子である市辺押磐《いちのへのおしは》皇子も、『播磨国風土記』の中で「市辺天皇命」とか「市辺之天皇」とかと表記されている。菟道稚郎子皇子は、皇太子であるが弟の仁徳《にんとく》に位を譲ったとされ、市辺押磐皇子は雄略に暗殺された人物であり、二人とも天皇にはなれなかった。それにもかかわらず、政府に提出された公的な編纂物である『風土記』のひと

ヤマトタケルの天皇表記

表記	国名
倭武《やまとたける》天皇	常陸
倭健《やまとたける》天皇命	阿波
※倭健命	出雲

神功皇后の天皇表記

表記	国名
息長帯比売《おきながたらしひめ》天皇	常陸
天皇	播磨
息長足比売《おきながたらしひめ》天皇	摂津
息長帯比売天皇	
天皇	

つである『播磨国風土記』に天皇という表記が使われた事例があることはみすごすことのできない重大な問題といえよう。

「記・紀」で天皇としなかった人物で、『風土記』では天皇の表記が用いられている例としては、景行《けいこう》天皇の皇子とされるヤマトタケルと仲哀《ちゅうあい》天皇の皇后の神功《じんぐう》皇后の二人はとりわけ注目される。二人とも実在の人物というよりは、伝説上の英雄・女傑といったほうがよいと思われるが、ヤマトタケルは、『常陸国風土記』では完全に天皇扱いされているといえる。

また、常陸国以外の『風土記』でも、阿波国のものにヤマトタケルの天皇表記の例がみられる。ちなみに、七三三年に成立した『出雲国風土記』には、「倭健命《やまとたけるのみこと》」と表記されていて天皇とはしていない。

一方、神功皇后（息長帯比売《おきながたらしひめ》）の場合には、常陸国・播磨国の他に摂津国の『風土記』に天皇の表記がみられる。これらを関係略表にまとめると次の頁のようになる。

これらのことをふまえて、『古事記』では、一応の歴代が定められたが、天皇号の使用については考慮の余地のある人物たちがおり、『日本書紀』によって明確に歴代が固定されたと仮定すると、宇治天皇・市辺天皇・倭武天皇・息長帯比売天皇といった表記の問題が解消されることになる。『日本書紀』成立以後に編纂された『出雲国風土記』にはヤマトタケルの表記が「倭健命」であって天皇でないということからもこのことがいえるのではなかろうか。

このように考えてよいとするならば、逸文しか残っていない『阿波国風土記』・『摂津国風土記』の成立についても、和銅六年（七一三）から養老四年（七二〇）までの間としぼりこむことができるかと思われる。

『風土記』の成立関連年表

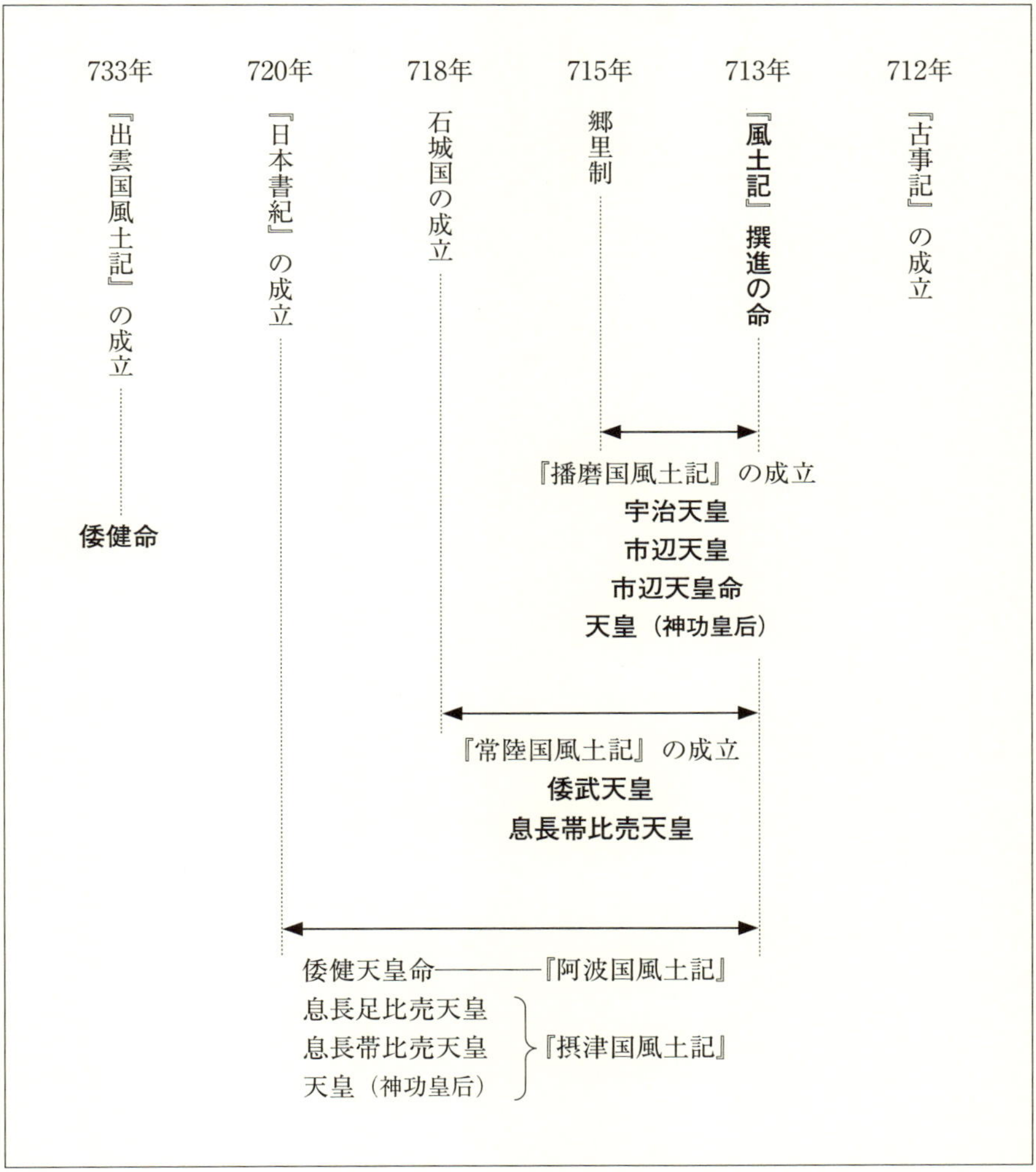
733年
『出雲国風土記』の成立
倭健命
720年
『日本書紀』の成立
718年
石城国の成立
715年
郷里制
713年
『風土記』撰進の命
712年
『古事記』の成立
『播磨国風土記』の成立
宇治天皇
市辺天皇
市辺天皇命
天皇（神功皇后）
『常陸国風土記』の成立
倭武天皇
息長帯比売天皇
倭健天皇命――『阿波国風土記』
息長足比売天皇
息長帯比売天皇
天皇（神功皇后）
『摂津国風土記』

03 「記・紀」、『万葉集』との関係

■ほぼ同時期の成立

『風土記』は、国ごとにその成立を異にしているが、おおよそ八世紀前半の編纂物といえる。一方、『古事記』も和銅五年（七一二）、『日本書紀』も養老四年（七二〇）の完成である。また、『万葉集』は、成立時期、撰者についても諸説がみられるものの、撰者としては大伴家持《おおとものやかもち》が有力であり、収録されている歌の年代は天平宝字三年（七五九）までである。したがって、『万葉集』も『風土記』とほぼ同時期の作品といってよいであろう。

このように、『風土記』と「記・紀」、『万葉集』とは成立が近似しており、内容的にも共通したものが含まれている。

■鎮懐石《ちんかいせき》伝承をめぐって

『風土記』と「記・紀」、『万葉集』に共通する伝承のひとつに、福岡県原島郡の鎮懐石があげられる。この伝承は、神功《じんぐう》皇后の三韓征討に関連するもので、『古事記』では、神功皇后が出兵するとき、産気ずいたため石を「御裳《みも》の腰に纏《ま》かして」筑紫に渡って「阿礼坐《あれま》しつ」と記しており、その石は筑紫国の「伊斗《いと》村に在り」としている。

この状況を『日本書紀』は、「皇后、則ち石を取りて腰に挿み」、三韓征討ののち誕生するようにと祈《うけい》したと述べている。さらに、「其の石は、今、伊覩《いと》県の道の辺に在り」と続けていて、おおよそ同じような記述になっている。

また、『万葉集』の巻五（八一三・八一四の序）をみると、筑前国の「怡土《いと》郡深江《ふかえ》村子負原」に二つの石があるとして、「大きなるは、長さ一尺二寸六分、囲み一尺八寸六分、重さ十八斤五両、小さきは、長さ一尺一寸、囲み一尺八寸、重さ十六斤十両。並びに皆楕円にして、状鶏子《かたちもりのこ》の如し」とあり、加えて「深江駅家を去る子と二十許里にして、路の頭に近く在り。公私の往来に馬より下りて跪拝《きはい》

神功皇后の三韓征討伝承（写真提供：早稲田大学図書館）

せずといふこと莫し。古老相伝へて曰はく、往者、息長足日女命《おきながたらしひめのみこと》、新羅国を征討し給ひし時に、茲こ両つの石を用ちて、御神の中に挿着みて、鎮懐となし給ひき。実は御裳の中なり。所以に行人此の石を敬拝す」としていて、「記・紀」よりかなり詳しい叙述がみられる。

この伝承を『風土記』でみると、『筑紫国風土記』の逸文として、

逸都《いと》県子饗原。石両顆あり。一は片長一尺二寸、周り一尺八寸、一は長さ一尺一寸、周り一尺八寸なり。色白くして硬《かた》く、円きこと磨き成せるが如し。俗に伝へて云へらく、息長足比売命《おきながたらしひめのみこと》、新羅を伐たむと欲して、軍を閲なまひし際、懐娠《みはらのこ》、斬に動きき。時に両の石を取りて裙《も》の腰に挿み著《つ》けて、遂に新羅を襲《う》ちたまひて、凱旋《かちかへ》りまし曰、芋湄野《うみの》に至りて太子誕生れましき。

とあり、さらに、「俗間の婦人、忽然《たちまち》に娠動《はらのこ》動けば、裙《も》の腰に石を挿み、厭《まいな》ひて延べしむ子は、著しくは此に由るか」とも述べている。

また、『筑前国風土記』逸文にも、「怡土郡児饗野」の西に白い石が二つあるとして、一つは長さ一尺二寸、大きさ一尺、重さ四一斤でもう一つは長さ一尺一寸、大きさ一尺、重さ三九斤と記している。その由来として、神功皇后が新羅征討のためここへやってきたとき、腹の子が産まれる事態になったため、皇后はこの二つの石を御腰に挿んでウケイして「妊《はら》める皇子、若《も》し此《こ》れ神にまさば、凱旋りなむ後に誕生れまさむぞ可《よ》からむ」といった。そして、征討を終えてもどってきて出産したと述べ、「時

の人、其の石を号けて皇子産の石と曰ひき。今、訛りて児饗石《こふのいし》と謂ふ」と結んでいる。

これらに伝えられている鎮懐石は、実際に福岡県糸島郡に存在していたもので、その形態は『万葉集』や『風土記』に記されており、伝承としては筑前国にいわれていた安産の効力を持つ石が神功皇后の三韓征討と結合したものといえる。

『古事記』には、三韓征討伝承との結びつきがまだそれほどには認められないが、『日本書紀』ではより結びつきが強くなっている。『万葉集』の伝承で興味をひかれるのは、鎮懐石をさしはさんだ場所を「御袖の中」としており、割注の扱いで「実は御裳の中なり」としている点である。これは、『万葉集』のこの歌の作者は、『古事記』の記載を知っていたためこのような割注をつけたと思われる。

さらに、鎮懐石をめぐる伝承で、最も注目したいのは、『風土記』にみられる一連の記載であり、ここでは新羅《しらぎ》征討と凱旋が明確に伝承の核となっており、『日本書紀』に通じるところがみられることである。これは、西海道《さいかいどう》の『風土記』が大宰府《だざいふ》で一括編纂され、内容的には『日本書紀』の影響を受けている、という従来の見解をふまえるならば、さほど奇異なことではないが、やはり、気になるところでもある。類似の伝承が『風土記』と「記・紀」との双方にみられる場合、『風土記』の伝承をより歪曲度の少ない原初的形態とみなすのが一般的である。しかし、必ずしもすべてのケースにおいて、『風土記』の方を在地的と把握することはできないということをこの伝承は示しているといえよう。

Ⅱ

神々の群像

『風土記』のなかには多くの神々が登場する。そのなかには、『古事記』や『日本書紀』にみられる神々も多数みられる。しかし、その役割や性格については、『風土記』独特のものもある。

Ⅱ章では、『風土記』のなかでの神々を追い求め、『古事記』・『日本書紀』にみられる神々の世界とはひと味ちがった世界をかいまみることにしたい。

04 あらぶる神

■正体不明な神?

「あらぶる神」という言葉を聞いて、何を想像するだろうか。怒り狂う雷神や祟《たた》り神を想起する方もいるだろう。日本神話に精通した方ならば、高天原で暴れるスサノオ神のすがたが想起されるかもしれない。しかし、『風土記』にあらわれる「あらぶる神」は、そういったイメージとは大きく異なる。簡単な言葉で表現すれば、「正体不明な神」なのである。

『古事記』『日本書紀』や複数の『風土記』等に表現される日本神話のどこを探しても、『風土記』における「あらぶる神」ほど「正体不明」という語が似合う神はいないだろう。勿論「正体不明」と言っても特徴が無いという訳ではない。具体的な特徴としては、

①播磨・肥前・筑後《ちくご》・摂津・伊勢・駿河の各『風土記』の中で確認することが出来る。

②あらぶる神は、山や川などにいて、そこを通る通行人の半数を妨害もしくは殺害するという共通点がある。

といったことが挙げられる。①の特徴からは、あらぶる神の存在が特定の地域に限定せず、日本各地で広範囲にみられるということがわかる。また②の特徴からは、あらぶる神は交通妨害をして時には人に死をもたらし、そこに住まう人からしてみれば有害ともいえる神であることがわかるだろう。

このような抜群の個性をもった神であるのにもかかわらず、その容姿は明確に定まっておらず、『風土記』以外の史料では存在を確認することが出来ない。あらぶる神の書かれ方も説話毎にかなり異なっており、山に居て半数を殺すという特徴に関する記述だけで終わる説話もあれば、あらぶる神が暴れ、鎮《しず》められるまでの過程を丁寧に述べていく説話もある。こうした説話が『風土記』の中に一四例もみられるものの、それが何を示しているのか、古代人はなぜそのような神を想像したのか、詳し

く研究することが難しい正体不明な神、それがあらぶる神である。

■半生半死《なかばをいかしなかばをころす》をおこす神

ではあらぶる神に関する研究はおこなわれていないのかというと、それは正しくない。論文の数は少ないものの研究は戦後直後から今に至るまでおこなわれており、その中でも意見が多岐に割れているといった方が正確だろう。

例えばある研究者は、あらぶる神のあらわれる場所が製鉄と関わりが深いとして、日本に製鉄技術を持ち込んだ渡来人《とらいじん》たちの神だとしている。また別の研究者は、あらぶる神が山や川などの交通の難所にあらわれることに着目して、あらぶる神を交通の難所に対する畏怖や敬意の象徴だと説明している。

以上の他にもあらぶる神の実態をめぐる説はさまざまであり、あらぶる神に対して明確にその実態を言い表すような見解は未だ登場していないといわざるを得ないのである。

最後にあらぶる神の特徴でもある「半生半死」について触れておこう。先に特徴として②でも述べたように、あらぶる神には通行人の半数を殺害ないし妨害するという性質がある。『風土記』にみられる説話のなかには、十人中五人や五人中三人というようにわざわざ詳しい数字を出してあらぶる神のもたらした被害を述べているものもある。

これはいったい何を示しているのであろうか。半数を生かしたという点に着目すれば、この生かされた半数はあらぶる神の恐ろしさを他者へと伝えるためにあえて生かされたとも解釈できる。そしてそのように伝播《でんぱ》される恐怖心を利用して得をするのは、人里離れた場所に隠れ住む民や山賊たちであろうか。自らの居場所を守るために「半生半死」を引き起こしている者たちへの畏怖《いつわ》が、あらぶる神の存在をうみだしたのである。しかし、この説も決定的な証拠をもつものではない。結局のところあらぶる神の存在は、その性質ひとつをとっても「正体不明」なのである。

05 スサノオ神

■スサノオ神像のギャップ

「記・紀」によれば、スサノオ神はイザナキ神の生んだ三貴子《さんきし》の内の一神として誕生するが、アマテラス神が支配する高天原《たかまのはら》において乱暴の限りを尽くし、出雲へと追放される。しかし出雲ではヤマタノオロチを退治し、クシイナダヒメを救い結ばれる。また、『日本書紀』の「一書」では、出雲へ行く前に新羅へ渡り髭《ひげ》や胸毛を抜き取ってそれを杉や檜《ひのき》に変えたという神話も記載されている。このように、一見するとスサノオ神の性格は、出雲への追放の前後で悪神から善神《ぜんしん》へと変化しているように感じられるが、スサノオ神の猛々しさ、荒ぶる神としての性格は共通している。つまり、「記・紀」の神話は天皇の出自を高天原の神に求め、その支配の正当性を語ることを目的としているので、高天原での荒ぶる行為は悪とされ、逆に支配するべき地上である出雲での荒ぶる行為は善とされるのである。

スサノオ神（写真提供：古代出雲歴史博物館）

しかし、『出雲国風土記』におけるスサノオ神には「記・紀」にみられるような荒ぶる神としての性格は一切みられない。「記・紀」におけるスサノオ神話として有名なヤマタノオロチ退治は出雲が舞台なのだから、『出雲国風土記』に書かれていて良さそうであるが、実は一切記述がない。

たしかに、スサノオ神の記載は、『出雲国風土記』には全部で四ヶ所あるが、どれも地名や山名の起源として語られている。例えば、意宇郡安来郷《おうぐんやすきごう》の条では、スサノオ神がここに来て「私の心が安らかになった」といったので、「安来」という地名がついたとする。また、大原郡佐世郷《させごう》の条では、佐世の葉を頭に挿して踊った時、刺した木の葉が地面に落ちたので、「佐世」という地名がついたとする。つまり、『出雲国風土記』の神話からはスサノオ神の荒ぶる神としての性格を読み取ることはできないのである。

それでは、このような「記・紀」と『出雲国風土記』にみられるスサノオ神の性格のギャップをどのように考えればよいのか。その謎を解く鍵はスサノオ神の御子神の伝承にある。『出雲国風土記』には、スサノオ神の御子神たち七神の伝承が記述される。具体的にいうと、大原郡高麻山の条には、アオハタサクサヒコ神がこの山の上に麻を蒔いたとある。島根郡山口郷の条には、ツルギヒコ神が「私の支配する山の入り口のところである」といった伝承、秋鹿郡多太郷《あいかぐんたたごう》の条にはツキホコトオヨルヒコ神が「私の心は清らかになったので、この地に鎮座《ちんざ》する」といった伝承がある。

これら御子神《みこがみ》の伝承を総合的にみると「記・紀」のスサノオ神の性格に類似する点がみられる。例えばアオハタサクサヒコ神の麻を蒔くという増殖神としての性格は、『紀』の「一書」のスサノオ神の性格に通じるものがある。また、ツルギヒコ神やツキホコトオヨルヒコ神はその神名から剣や鉾といった武器を象徴した武神《ぶしん》であると考えられるが、これは、スサノオ神の荒ぶる神としての性格とも共通している。つまり、『出雲国風土記』のスサノオ神とその御子神の性格を合わせたものが「記・紀」のスサノオ神像なのである。

それでは、このようなことが生じる理由は何か。これは二通りの考えができる。一つは、「記・紀」のスサノオ神像が先に存在し、『出雲国風土記』はこれをスサノオ神と御子神に分けたという考え。もう一つは、『出雲国風土記』のスサノオ神伝承が初めから在地に存在したが、『記・紀』では両者が統合され、新しいスサノオ神像が形成されたという考えである。たしかに、三書の成立順を考えるならば、前者の方が妥当のようにもみえるが、『出雲国風土記』の神話の在地性《ざいちせい》を重視するならば、後者の方が妥当であろう。

■スサノオ神の原像

『出雲国風土記』のスサノオ神伝承が初めから在地にあったとすれば、スサノオ神の原像は『出雲国風土記』から考えることができよう。『出雲国風土記』では、スサノオ神話は意宇《おう》郡安来《やすき》郷の条・飯石《いいし》郡須佐《すさ》郷の条・大原郡御室山《みむろやま》の条・同郡佐世《させ》郷の条など四か所に記載がある。

これらの神話で興味深い点が二つある。一つは、飯石郡須佐郷の条である。この条の記述は他のスサノオ神の記載と比べて分量が多く、また内容的に重要である。具体的な内容としては、スサノオ神はこの地で、「この土地は小さい国であるが、国としては良い所である。だから、私の名は木や石には着けない」といって、自分の御魂を鎮座して置いた。さらには、神領として大須佐田・小須佐田を定めた。だからこの地を須佐というのだ、とある。

郷名にスサノオの神名が使われている点、スサノオがこの地に鎮座したという記述、そして神領《しんりょう》を定めたという記述を踏まえると、この須佐郷こそがスサノオ神の本貫地、言い換えるなら、スサノオ神を信仰する集団の拠点が須佐郷であったと考えられる。

もう一つは、『出雲国風土記』のスサノオ神話の中心である飯石郡と大原郡では砂鉄が産出されることである。さらにいえば、スサノオ神話の記述はないが、この二郡に隣接する仁多《にた》郡でも良質の砂鉄が産出されることである。つまり、出雲国の南部であるこれらの地域では、砂鉄が取れ、製鉄がおこなわれていたと考えられるのである。

つまり、スサノオ神の原像は、出雲国南部の製鉄集団が信仰する製鉄神であり、飯石郡須佐郷こそが、その中心地であった。

■『出雲国風土記』のスサノオ神と御子神伝承の分布

『出雲国風土記』のスサノオ神と御子神の伝承について、

須佐神社拝殿（写真提供：島根県観光連盟）

その分布に注目してみると大変興味深いことがわかる。まず、スサノオ神の伝承の分布について。スサノオ神の信仰の拠点が飯石郡須佐郷であるから、そこ拠点にして考えると、スサノオ神の神話は大原郡から意宇郡安来郷へと東西に一直線上に分布している。このラインをスサノオラインとよびたい。一方、御子神《みこがみ》の神話は神門《かんど》郡滑《なめ》狭《き》郷・同郡八野《やの》郷・大原郡高麻《たかさ》山・大草郷・島根郡山口郷・同郡方結《かたえ》郡・秋鹿郡恵曇《えとも》郷・同郡多太郷の八カ所に分布しているが、これはスサノオ神話の直線すなわち、スサノオラインよりすべて北側に分布している。さらに、そのほとんどが海辺や水辺に近接するという特徴がある。

　これらの現象はどのような意味を持っているのであろうか。スサノオ伝承の分布については、スサノオ神を信仰する製鉄集団の進出を示している。つまり、スサノオ神を信仰する製鉄集団が西から東へ、山間部から海浜部へ勢力を拡大したのであろう。

　そして、その過程において、出雲国内における別の集団を取り込んでいったと考えられるが、そのことを示しているのがスサノオ神の御子神伝承の分布である。御子神伝承の分布が海辺や水辺に多いことから、製鉄集団が取り込んだ集団は海人たちの集団であったと思われる。つまり、スサノオ神と御子神の神話の分布は、出雲国内において、製鉄集団が海人集団支配していったことを示しているのである。

　では、なぜ楯縫《たてぬい》郡と出雲郡にスサノオとその御子神の伝承がないのかというと、それは、この二郡がオオナモチの信仰圏であり、スサノオを信仰する製鉄集団はこの地へは進出できなかったのである。

06 アメノヒボコ神

■渡来の神

アメノヒボコ神に関する伝承は、『古事記』の応神天皇の段、『日本書紀』の垂仁天皇の条に記述がある。両書における話の内容は多少の違いがあるにせよ、新羅《しらぎ》国の王子として海を渡って渡来し、玉・刀・矛・鏡など数種の神宝を将来したこと、但馬国《たじまのくに》（現在の兵庫県北部）に居住して、タジマモリなどの子をなしたこと、などは共通している。

しかし、『風土記』にみえるアメノヒボコ神は「記・紀」のそれとは異なった姿を見せている。例えば『播磨国風土記』揖保郡《いいぼぐん》揖保里《いいぼのさと》 粒丘《いいぼおか》の条には次のような伝承がある。アメノヒボコ神は韓国より渡来し、アシハラシコオ神（オオクニヌシの別名）に、自分の宿所を確保してほしいと頼んだので、アシハラシコオ神は海中を宿所として許した。その時、アメノヒボコ神は剣で海水をかきまわし、海中にできた島に宿った。アシハラシコオ神はアメノヒボコ神の凄まじい霊力に畏れて、アメノヒボコ神よりも先に国占めをしようと思い、粒丘に行って食事をした。すると口から飯粒が落ちたので、この地を粒丘という。

この伝承は粒丘という地名の起源を語る地名起源説話であるが、興味深いことは、この時アメホヒボコ神は「客神」（マレビト神）、つまり渡来の神として位置づけられていることである。「記・紀」では、新羅の王子として語られていたアメノヒボコ神であるが、『播磨国風土記』では韓国の神として伝承されているのである。この点を重視するならば、アメノヒボコ神は一人の実在した人物ではなく、日の矛を宗教儀礼の祭具とする集団として捉えるべきである。

したがって、アメノヒボコ神の渡来伝承はかつてある時期に、日の矛を祭具とした朝鮮半島系の集団が日本に渡来してきたという意味であると考えることができる。

■アメノヒボコ神とアシハラシコオ神

『播磨国風土記』に登場するアメノヒボコ神に関して興味が引かれることは、アシハラシコオ神との関係である。

宍禾郡《しさわぐん》奪谷《うばいたに》の条では、アシハラシコオ神とアメノヒボコ神の二神がこの地の谷を奪い合ったので奪谷という地名がついた、という伝承がある。同郡柏野里《かしわのさと》伊奈加《いなか》川《がわ》の条では、アシハラシコオ神とアメノヒボコ神が国占め（土地の占有を巡って争うこと）をしていると嘶《いなな》く馬がいて、二神はこの馬と川で出会った。よってこの川と伊奈加とする、という伝承がある。さらに同郡御方里の条では、アシハラシコオ神とアメノヒボコ神が黒土の志尔《しに》嵩《だけ》に行って、お互い黒葛を三本ずつ足につけて放ったところ、アシハラシコオ神の黒葛一本は但馬国の気多郡に落ち、一本は夜夫郡に落ち、最後の一本は御方里に落ちた。一方、アメノヒボコ神の黒葛は三本とも但馬国に落ちた。よって、アメノヒボコ神は但馬国の伊都志の地を自分のものとして鎮座した、という伝承がある。このように『播磨国風土記』のアメノヒボコ神はアシハラシコオ神との深い関係が記されているが、いづれも国占めの争いに関わる伝承である。

アシハラシコオ神は『記』では、オオクニヌシ神の別名とされるが、『出雲国風土記』にはこの神の名は出てこず、何ら事績についても語られない。つまり、アシハラシコオ神をオオクニヌシ神の別名とするのは、「記・紀」神話における観念上のものでしかないといえる。むしろ『播磨国風土記』におけるアシハラシコオ神は播磨国各地を守護する播磨在来の神として位置付けられているのである。

このように、『播磨国風土記』においてアメノヒボコ神は他国・異郷から侵入する渡来神として位置づけられ、アシハラシコオ神はそれに対抗する地元神として位置付けられているのである。

07 スクナヒコナ神

■スクナヒコナ神とオオクニヌシ神

スクナヒコナはオオクニヌシと共に国作りをおこなった神として有名である。『古事記』には次のような神話がある。オオクニヌシ神が出雲の美保埼にいた時、波頭を伝い、船に乗って近づいてくる神がいたが、誰もその神の名を知らなかった。しかしヒキガエルがクエビコ（案山子）なら知っているというので問いただすと、カミムスヒ神の御子で名をスクナヒコナ神であることが判明する。そして、カミムスヒ神は二神に兄弟となって国を作り固めるよう命じたので、二神は互いに協力し国づくりをした。しかし、スクナヒコナ神は国作りが完成する前に常世国へ渡ってしまう。一方、『日本書紀』では、『記』と異なる点はあるものの、オオクニヌシ神とともに国作りに協力する点は共通している。

「記・紀」におけるスクナヒコナ神はオオクニヌシ神とセットで語られているが、これは『風土記』におけるスクナヒコナ神も同様である。例えば、『出雲国風土記』飯石郡《いいしぐん》多祢郷《たねごう》の条では、オオクニヌシ神とスクナヒコナ神がともに天下を巡行したという神話が語られている。また、『播磨国風土記』揖保郡《いいぼぐん》の稲種山《いなだねやま》の条でも、オオクニヌシ神とスクナヒコナ神の二神が神前郡の堲岡の里の生野の峰に行って、山を遥に眺めたという神話が語られている。

このように、『記・紀』の神話と『風土記』の神話の両方において、スクナヒコナ神はオオクニヌシ神とセットになっている。つまり、古い時代から、スクナヒコナ神とオオクニヌシ神は両神で一対をなす神として、各地の民衆に信仰されていたのである。実際、『延喜式』には、出雲・大和・常陸・能登・大隅の諸国に両神を祀る神社がみられる。

■さまざまな神格を有するスクナヒコナ神

スクナヒコナ神は一体どのような神格を有する神であ

ろうか。「記・紀」では、国作りの神として描かれている。しかし、『風土記』におけるスクナヒコナ神を注意深くみていくと、実に多彩な神格をもっていることがわかる。

前項で見た『出雲国風土記』飯石郡多祢郷の条では、スクナヒコナ神とオオクニヌシ神が天下を巡行していると、ここに稲種が落ちたという伝承がある。また、『播磨国風土記』揖保郡稲種山の条でもスクナヒコナ神とオオクニヌシ神が「この山に稲種を置くべきである」といって、山の頂に積んだという伝承がある。このような伝承から、スクナヒコナ神が稲と関係が深い、穀霊神であるといえよう。

また、『伊予国風土記』逸文湯郡の条には、オオクニヌシ神が失神しているところ、スクナヒコナ神は蘇生させるために豊後国大分郡の速見の湯（別府温泉）を地下の水路を通して伊予まで運び、オオクニヌシ神に温泉浴させたとある。このように、スクナヒコナ神は温泉開拓の神としても描かれている。

また、古代において温泉は病をなおし、長生きのための薬であるとも信じられていた点を考えると、スクナヒコナ神は医療とも深い関係をもつ神でもあった。実際、『伊豆国風土記』逸文をみると、スクナヒコナ神とオオクニヌシ神は民が夭折することを憐れみ、禁薬と温泉の術を始めて定めたと記述されている。

このように、諸国の『風土記』にみられるスクナヒコナは実に多くの神格を有する神として描かれている。これは、とりもなおさず各地の民衆の間でスクナヒコナがさまざまな形で信仰されていたことを物語っており、興味深い。

08 イワ大神

■イワ大神が持つ多彩な性格

イワ大神は『播磨国風土記』にみられる神で、宍禾郡《しさわぐん》の伊和村を本貫地とする伊和君氏が奉斎した播磨国固有のローカル神である。

実際、「記・紀」にこの神は登場しない。しかし、『播磨国風土記』の中では、「大神」と称される存在であり、『延喜式《えんぎしき》』には、イワ大神を祀る神社として「伊和坐大《いわにいますおお》名持御魂神社《なもちのみたまじんじゃ》」の記述がある。また、この神社は後世のことではあるが、播磨国の一宮に位置付けられている。

『播磨国風土記』にみられるイワ大神の伝承の分布をみると、宍禾郡が特に多いが、その他、揖保郡《いいほぐん》・讃容《さよ》郡《ぐん》・餝磨郡《しかまぐん》・神前郡《かんざきぐん》・託賀郡《たかぐん》の六郡に渡っている。この点から見ても、イワ大神は播磨国における最高の土地神であったといえる。

それでは、このイワ大神はどのような性格を有する神なのか。『播磨国風土記』におけるイワ大神の伝承を詳しくみていくと、実に多く性格を持っている神であることがわかる。

第一に、イワ大神は巨岩と関係が深いという点である。揖保郡美奈川の条によるとイワ大神の御子として、岩と関係が深いと考えられる「石竜比古《いわたつひこ》」と「石竜比売《いわたつひめ》」の二神が登場している。

第二に、イワ大神は農耕神としての性格を有している。宍禾郡稲春峯《いなつきみね》の条では、イワ大神がこの峯で稲を春いたという伝承がある。

第三に、イワ大神は国占め神話（国や土地の占有を争う神話）の主神として数多く登場している。これは、イワ大神が農耕神としての要素持っていることと関係がある。つまり、農耕神として耕すべき土地を有する必要があるということである。

第四に、イワ大神は国作りの神としても位置付けられている。宍禾郡の条では、イワ大神が国作りを終えたということが記述されている。

第五に、イワ大神は各地を巡行する神でもある。

このように、イワ大神は実に多くの姿を見せる神であるといえよう。

■アメノヒボコ神との戦い

イワ大神の伝承に関して興味深いことは、渡来の神であるアメノヒボコ神と土地の支配などを巡って争う話がみえることとである。

『播磨国風土記』宍禾郡波加村《はかむら》の条によると、次のような伝承が記されている。この波加村はイワ大神よりも先にアメノヒボコ神が先に到着していた村であったが、特に国占めは行っていなかった。そのため、イワ大神はそこへ後からやってきたにも関わらず、国占めをすることができた。そして、「アメノヒボコ神は何も考えなかったので、この村に先につくことができたのだ」と発言した。この伝承をみると、イワ大神とアメノヒボコ神が直接戦ったとは書かれていないが、両神に何らかの関係があったことがうかがえる。

イワ大神とアメノヒボコ神が直接戦ったことを示す伝承は『播磨国風土記』神前郡糠岡《ぬかおか》の条である。これによると、イワ大神とアメノヒボコ神の二神は互いに軍を発して戦った。この時、イワ大神の軍は集まって稲を舂いたとある。

このように、イワ大神とアメノヒボコ神が戦ったという伝承はどのような意味を持っているのであろうか。アメノヒボコは前項で述べたように、日の矛を宗教儀礼の祭具として信仰する朝鮮半島からの渡来集団である。一方、イワ大神は宍禾郡の伊和村を本貫地とする伊和君氏が信仰する神であった。

つまり、イワ大神とアメノヒボコ神の戦いとは、播磨国土着の伊和君氏と朝鮮半島から渡来してきた集団との土地の支配をめぐる戦いを意味していたと考えられるのである。

09 カシマ大神

■常陸国香島郡の郡名由来となったカシマ大神

カシマ大神は『常陸国風土記』香島郡《かしまぐん》の条に「香島の天の大神」の名前で登場する常陸国を代表する最も有力な神である。香島郡の条の冒頭には、次のような伝承が載せられている。孝徳《こうとく》天皇の時代、己酉の年（西暦六四九年）、中臣氏が惣領であった高向氏に願い出て、いくつかの郡を割いて、神郡を建てた。その場所にいる天の大神《おおかみ》の社・坂戸《さかど》の社・沼尾《ぬまお》の社の三社を合わせ総称して、「香島の天の大神」という。そのような理由からこの郡を香島と名付けた。

この伝承の内容からわかるように、カシマ大神は中臣氏と密接な関わりを持つ神であることがわかる。また、カシマ大神とはそもそも天の大神・坂戸・沼尾の三神を合わせた総称である。しかし、『常陸国風土記』においては、坂戸と沼尾についてはあまりその活躍を語ることなく、ほとんどが天の大神として語られるという特徴がある。

ただし、沼尾社については、同じ香島郡に伝承が残されている。その内容は、沼尾社の池は天から流れてきた水沼である。病気になった人がこの沼の蓮を食べれば、病気が早く治るという効能があるというものである。

鹿島神宮拝殿（写真提供：鹿島神宮）

沼尾社の池が病気平癒との関係で語られている点は興味深い。

■常陸国内で躍動するカシマ大神

カシマ大神は他の『風土記』にはみられないが、常陸国内において活動している。例えば、香島郡の条には、未だ天地が開けるよりも以前にすべての神々の祖先である天神たちが八百万の神々を高天原に集めて「今、私たちの子孫の神が治める豊葦原《とよあしはら》の水穂国《みずほのくに》」と発言した。この言葉に基づいて、カシマ大神は高天原から天降ってきた、という伝承がある。この伝承によれば、カシマ大神は高天原から天降る神であるとされる。また、「記・紀」にみられるような天孫降臨神話との類似性がうかがわれる点も興味深い。

同じく香島郡の条には、古老の言い伝えとして次のような伝承が載せられている。倭武《やまとたける》天皇の時代、カシマ大神は中臣臣狭山《なかとみのおみさやま》に「今、社の御舟を奉納せよ」と託宣した。中臣臣狭山は「謹んで承った。何の意義もない。」と答えた。夜が明けた後、カシマ大神は「おまえの舟は海の中に置いた」と託宣した。中臣臣狭山がそれを聞いて探すと実際は岡の上にあった。続けてカシマ大神が「お前の舟は岡の上に置いたぞ」と託宣した。中臣臣狭山が再びそれを聞いて探してみると今度は海の中にあったというのである。

このようなことが起こるのは二度や三度では済まなかった。中臣臣狭山は畏れて、新たに舟三隻を造って献上した。これによると、カシマ大神は託宣を下す神として描かれている。また、この伝承は現在の鹿島神宮でおこなわれている御舟祭の起源譚となっている。

カシマ大神は香島郡に記述されることがほとんどであるが、信太郡の条にもその伝承が残されている。その内容は、榎の浦に津があるが、ここには駅家が置いてある。東海道の本街道で、常陸国への入り口である。この時、伝駅使等が初めて常陸国に入るときは手と口を洗い、東を向いてカシマ大神を拝まなければならない、というものである。他の国へ足を踏み入れる時は、口と手を洗わなければならないという伝承はここだけでなく、例えば『播磨国風土記』にもみられることであるが、それと同時、カシマ大神を拝せねばならないというのは、カシマ大神が常陸国において非常に重要な神であることを示している。

10 フツヌシ神

■刀剣の神

フツヌシ神の神名にある「フツ」とは物を「ふっつり」と断ち切るという意味であると解釈されているように、フツヌシは刀剣を神格化した神である。この神はその誕生に関して、『記』と『紀』において違いがみられる。まず、『紀』によると、次のように語られている。イザナミ神が火の神であるカグツチを生んで死んだことを恨みに思ったイザナキ神は十握剣《とつかのつるぎ》を持ってカグツチを三つに斬る。すると、剣の先からしたたり落ちる血がほとばしってイワサク・ネナクという神が生まれる。この二神の子であるイワツツノオとイワツツノメという二神が生んだ子がフツヌシ神である。一方、『記』ではイザナキ神がカグツチ神を斬るとタケミカヅチ神が生まれるが、フツヌシ神はこの神と同神として、その別名をタケフツ、あるいはトヨフツとする。その後、この神はタケミカヅチ神と共に国譲りの際に活躍する。

香取神宮拝殿（写真提供：香取神宮）

また、フツヌシ神を刀剣の神として見た時、注目されるのが神武天皇の東征伝承にみえる熊野の高倉下の伝承である。その内容は、神武天皇の一軍が熊野村に到ると大きな熊が現れ、その毒気に当てられ正気を失い倒れてしまった。すると熊野の高倉下が大刀を献上すると正気にもどり起き上がることができ、熊野の荒ぶる神々を斬り倒すことができた、というものである。つまり、フツヌシ神はこの熊野の高倉下が献上した大刀の名であるともされているのである。さらに、『記』によるこの刀は石上神宮に鎮座しているとも記述されている。この伝承によるならば、フツヌシ神は物部氏が奉斎する神であると考えられる。

■フツヌシ神と物部氏の関係

フツヌシ神は香取神宮の祭神であり、藤原氏の氏神として位置付けられている。たとえば、『続日本紀』の宝亀八年（七七七）七月の条によると、内大臣であった藤原良継が病気をしたので、その氏神である鹿嶋社に正三位を、香取神（フツヌシ神のこと）に正四位上を叙位したという記述がある。これらの記述からわかるように、八世紀後半には、鹿島社と香取社の二社が藤原氏の氏神となっていたことがわかる。

しかしながら、フツヌシ神が古くから一貫して藤原氏（その前身である中臣氏）の氏神であったのかというと必ずしもそうではないのである。『肥前国風土記』三根郡《みねぐん》物部郷《もののべのごう》の条によると、この郷には神社があり、名を「物部経津主神《もののべのふつぬしのかみ》」といった。推古天皇の時、来目皇子は勅を奉じて筑紫に到ったが、その時、物部若宮をこの物部郷に派遣して社を建て、「物部経津主神」を祀ったとある。このような伝承からわかるように、フツヌシ神は本来、物部氏と深い関係にあった神なのである。

物部氏は軍事に関わる氏族として有名であるが、古代王権の神祇祭祀も関わる氏族でもある。そのことは物部氏の氏名が示している。物部の「物」は、武器などの「物」を意味する場合もあるが、物の怪の「物」、つまり精霊や霊魂を意味しているのである。このように、基本的には軍事氏族でありながら祭祀にも関わるのは、古代では戦いの前に戦勝祈願をおこなう風習があったからであろう。

以上のように、物部氏は藤原氏よりも早く、フツヌシ神との関係を結んでおり、フツヌシ神は本来、物部氏が奉斎する神であったと考えられる。しかし、六世紀末に物部氏が没落することにより、藤原氏（この時は中臣氏）がフツヌシ神の祭祀を司るようになったのである。

11 オオクニヌシ神

▣『出雲国風土記』にみられるオオクニヌシ神の神話

オオクニヌシ神は「記・紀」では、国神の代表としての役割を果たしている。因幡の素菟・兄弟の八十神との争い・根堅州国訪問、越のヌナカワヒメ神への求婚・国作り神話・国譲り神話など、どれも日本の神話として著名なものばかりである。しかし、『出雲国風土記』をみると確かにオオクニヌシ神の神話は数多くみられ、中心的な位置を占めているのだが、その内容は、「記・紀」とは違いが見いだせる。

いくつか例を挙げてみよう。まず、因幡《いなば》の素菟《しろうさぎ》に関する神話は『出雲国風土記』には登場しない。それとは別に意宇《おう》郡拝志《はやし》郷の条では、オオクニヌシ神が越の八口を平定しようとやってきた時、この地の樹木が勢い良く茂っていた、という神話がある。越の八口平定という点については、「記・紀」のヤマタノオロチ退治の神話が想起されるが、越の八口は単なる地名であると考えることも可能であるので、両者を結び付けるのは問題が残る。なにより、ヤマタノオロチ退治はスサノオ神が主役となる神話であるが、越《こし》の八口平定《やくちへいてい》神話はあくまでオオクニヌシ神が主役の神話である。

大原郡《おおはらぐん》来次《きすき》郷《ごう》の条では、オオクニヌシ神が兄弟の八十神を青垣山の裏には住まわせないといって追っ払い、さらに逃げる八十神を追撃したとある。同様に、同郡城名《きな》樋山《びやま》の条では、オオクニヌシ神が八十神を討つために城

出雲大社境内のオオクニヌシ神と因幡素菟像
（写真提供：出雲大社）

を築いたとある。つまり、オオクニヌシ神は自らの力で兄弟の八十神《やそがみ》を倒そうとしている。この点は、『記』にみられるようなオオクニヌシ像とは異なっている。なぜなら、『記』でオオクニヌシ神は八十神に殺されているし、八十神の討伐にしてもスサノオ神の力を借りているように、どこか弱々しい。しかし、『出雲国風土記』にみえるオオクニヌシ神は自力で敵を排除するなど力強い側面がある。

このような点は国譲り神話においてより顕著である。『記』の国譲り神話では、オオクニヌシ神は葦原中国《あしはらなかつくに》を譲るか、否かを自身の御子神に託している。しかし、意《お》宇郡母理郷《うぐんもりごう》の条をみると、オオクニヌシ神は、自ら領有する地上の国の統治権を皇御孫《すめみま》に譲っているのである。

以上のように、『出雲国風土記』におけるオオクニヌシ神の神話は「記・紀」の神話と一見すると類似しているようにもみえるが、注意深く見てみると根本的に異なっている部分がある。それは、「記・紀」のオオクニヌシ神は自身の弱さなどを隠すことなく語っているが、『出雲国風土記』では、堂々として力強い神として描かれている点である。これは、オオクニヌシ神が『出雲国風土記』の仲では最高神として位置付けられているからであろう。

■複数の神名を持つ神

オオクニヌシ神ほど、人びとになじみの深い神はいないであろう。例えば、その最も代表的なものとして、島根県の出雲大社の祭神として祀られている。その他にも縁結びの神であったり、あるいは地霊神・農耕神・温泉や医療の神としても知られている。

このように実に多様な性格を有しているオオクニヌシ神であるが、それはこの神の神名からも知ることができる。『紀』において、オオクニヌシ神（大国主命）は別名として、「大物主《おおものぬし》命」・「大己貴《おおなむち》命」・「葦原醜男《あしはらしこお》」・「八千《やち》矛《ほこ》神」・「大国玉《おおくにたま》神」・「顕国玉《うつしくにたま》神」とあるように、全部で七つの神名が記されている。一方、『記』では、「大国主命」の神名の他に、「大穴牟遅《おおあなむぢ》神」・「葦原色許男《しこお》」・「八千矛神」・「宇都志国玉《うつしくにたま》神」といった別名が記されている。

このように、オオクニヌシ神には複数の別名があるわけだが、これは「記・紀」におけるオオクニヌシ神という神の神格の形成を考える上で重要な意味を持つ。つまり、本来、それぞれの神名をもった個別の神が各地にいたが、「記・紀」編纂者はそれらをひとつに統合してオオクニヌシ神という神格を新たに形成したのである。

以上のように統合される過程で、最も重要であった神が「大己貴命」であったと考えられる。「大己貴命」の名義を見てみると、「オオ」は文字通り大きいという意味、「ナ」は土地、「ムチ」は貴人という意味であるが、これはオオクニヌシ神と同じ意味である。つまり、「記・紀」のオオクニヌシ神は複数の神格を一つに統合して一神にしたのであるが、その際、オオナムチ神に着目してオオクニヌシ神という神が作られたのである。

■天の下造らしし大神

『出雲国風土記』におけるオオクニヌシ神は「天の下造らしし大神《おおかみ》」という美称で表記されている。他には「天の下造らしし大神命《おおかみのみこと》」・「天の下造らしい大《おお》穴《な》持命《もちのみこと》」・「大神《おおかみ》大《おお》穴《な》持神《もちのかみ》」といった表記が使われている。

それでは、「天の下造らしし大神」という神格が出雲国において成立する背景にはどのようなことがあったのか。この問題については、出雲国造家の出雲国支配の伸長と関係があるとされる。『出雲国風土記』には、「天の下造らしし大神」の他にクマノ大神・サダ大神・ノギ大神という四大神が存在する。このうち、クマノ大神・サダ大神・ノギ大神は出雲国東部に位置する神であるが、「天の下造らしし大神」は出雲国西部の神である。このように、四大神は二つのグループに分けられるが、東部に位置するクマノ大神・サダ大神・ノギ大神は、出雲国造家の祖先がかつて出雲の東部にいた時期の支配領域を示していると考えられる。三神の配置を見てみると、意宇郡を中心に南・北・東にそれぞれ三神が鎮座している。欠けている西は入海、現在の宍道湖がその役割を果たしていたのである。つまり、本来は、クマノ大神を奉斎し、出雲東部を支配していた出雲国造家が出雲全土を支配するに至り、出雲全地域の神の存在が必要となったことから、出雲国西部のオオナモチ神が取り込まれて、「天の下造らしし大神」という神格が成立したのである。

12 アジスキタカヒコ神

■『風土記』にみえるアジスキタカヒコ神

アジスキタカヒコ神は「記・紀」に登場するアジスキタカヒコネ神と同一の神である。神名にある「スキ」は「鋤」のことを意味しており、「鋤」を象徴した農耕神である。

『風土記』では、『播磨国風土記』に一例、『出雲国風土記』に五例、記載がみられる。『播磨国風土記』神前《かんざき》郡《ぐん》邑日野《おおわちの》の条には、神の宮をこの野に造ろうとした時に、意保和知《おおわち》を刈って垣を作ったという伝承がある。

『出雲国風土記』意宇《おう》郡《ぐん》賀茂《かも》神戸《かんべ》の条には、オオクニヌシ神の御子であるアジスキタカヒコは葛城の賀茂社に鎮座しており、賀茂神戸とはこの神の神戸であるという伝承がある。楯縫《たてぬい》郡《ぐん》神名樋《かんなび》山《やま》の条には、アジスキタカヒコ神の后であるアメノミカジヒメ神が多宮村まで来て、タキツヒコ神を生んだという伝承がある。神門《かんど》郡《ぐん》塩治《えんや》郷《ごう》の条には、アジスキタカヒコ神の御子であるヤムヤヒコ神が鎮座しているという伝承がある。同郡高岸郷《たかぎしごう》の条には、オオクニヌシ神の御子であるアジスキタカヒコ神が昼夜となくひどく泣いていたので、そこに高床の建物を造りこの神を住まわせ養育したという伝承がある。

最後の、仁多《にた》郡《ぐん》三沢《みさわ》郷《ごう》の条が『出雲国風土記』におけるアジスキタカヒコ神の記述として最も豊富である。その内容は、アジスキタカヒコ神は昼も夜も大声で泣き、言葉を話すことができなかったが、オオクニヌシ神が夢を見て、目覚めると「御沢」と言葉を発する。そして、実際にこの地に行き、

三沢伝承地（写真提供：島根県古代文化センター）

沐浴したというものである。また、この地では、妊婦はこの村の稲を食べない風習があることを伝えている。ただし、この仁多郡三沢郷の条は写本による文字の違いにより、解釈が難解という問題が生じている。

■迦毛大御神

『記』において、アジスキタカヒコ神は国譲りの時に死んだアメワカヒコ神の殯《もがり》の場面で登場する神として有名であるが、もう一点見逃せないことは、アジスキタカヒコ神が「迦毛大御神《かものおおみかみ》」という名でも登場している点である。『記』には数多くの神々が出てくるが、その中で「大御神《おおみかみ》」という最高の敬称がつけられた神は三神しか存在しない。

一神目はイザナキ神である。この神は通常、「伊邪那《いざな》岐命《きのみこと》」と表記されるのだが、アマテラス大神を生み、スサノオ神を高天原から追放する場面とアマテラス大神とスサノオ神の誓約の場面において、「伊邪那岐大御神《いざなきのおおみかみ》」あるいは単に「大御神」と表記される。なぜこの場面でイザナキ神が「大御神」とされるのかは、アマテラス大神を生み、いわゆる三貴子を産んだ後であることに注目すべきである。二神目はアマテラス大神である。『記』においてアマテラス大神は常に「天照大御神」と表記される。そして、三神目がアジスキタカヒコ神、つまり、「迦毛大御神《かものおおみかみ》」なのである。

このように、アジスキタカヒコ神は皇祖神（天皇家の祖先神）であるイザナキ神やアマテラス大神と同等の称号を持つ、格式の高い神として位置付けられているのであるが、それはどのような理由からなのか。アジスキタカヒコ神は『延喜式』によると、大和国葛上郡の高鴨阿治須岐託彦根命神社に祀られている。ここからわかるようにこの神は大和盆地西南部の葛城の神であった。そして葛城地方は、ヤマト王権の直轄領である屯田（葛城屯田）がある地として重視されていたのである。アジスキタカヒコ神が「迦毛大御神」というように最高の敬称で称されるのは、以上のような歴史的背景によるものと考えられる。

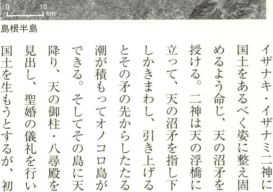

13 イザナキ神・イザナミ神

■国生み神話とイザナキ・イザナミ

「記・紀」のよると、イザナキ神・イザナミ神は国生みという国土創生神話の主神として描かれている。『記』によってその内容を示すと次のようになる。天神一同がイザナキ・イザナミ二神に国土をあるべく姿に整え固めるよう命じ、天の沼矛を授ける。二神は天の浮橋に立って、天の沼矛を指し下しかきまわし、引き上げるとその矛の先からしたたる潮が積もってオノコロ島ができる。そしてその島に天降り、天の御柱・八尋殿を見出し、聖婚の儀礼を行い国土を生もうとするが、初めはうまくいかず、ヒルコや淡島を生むこととなる。そこで、再度、天神の指示を受け、やり直しをすることにより、大八島国《おおやしまぐに》を初め多くの島などを生むことに成功する。一方、『紀』は、『記』にみられるような天神による命令はないが、大方は『記』と同様の内容である。このように、「記・紀」において、イザナキ神・イザナミ神は日本の国土を創生する神として重要な位置づけがなされている。

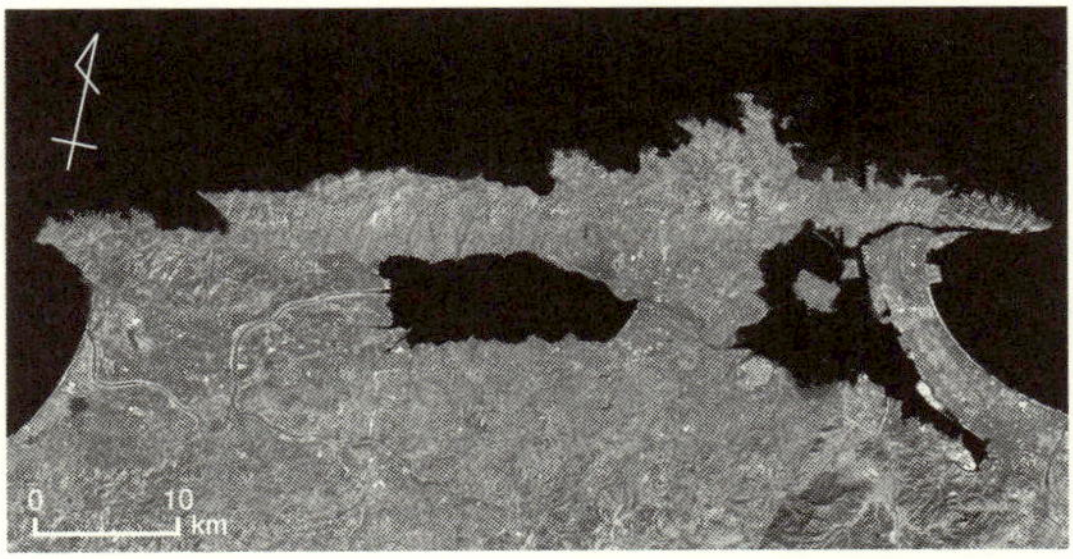

島根半島

■国生み神話と国引き神話の関係

国土創生神話として見逃すことのできないのが『出雲国風土記』にみられる国引き神話である。国引き神話は、そもそもは意宇郡《おうぐん》の郡名の由来を語る地名起源説話であるが、それと同時に出雲の国土創生神話でもある。その内容を示すと次のようになる。ヤツカミズオミズヌ神が出雲国は小さい国だから大きく作り直そうとして、まずは新羅《しらぎ》の岬から余った国を引っ張ってくる。そうしてできたのが島根半島西部の去豆の折絶から支豆支の岬にかけてである。次に、北門の佐伎国から余った国を引っ張ってくる。そうしてできたのが多久の折絶から狭田国《さだのくに》にかけてである。同じく北門からはもう一カ所、良波国《らはのくに》から国引きをして完成したのが宇波の折絶から闇見国《くらみのくに》にかけてである。最後の国引きは高志《こし》（越）の都都《つつ》の岬《みさき》から行い、三穂岬《みほのみさき》ができあがる。こうして国引きを終えたヤツカミズオミズヌ神は「意恵」と発する。

以上が国引き神話の概要であるが、同じ国土創生神話という視点から「記・紀」の国生み神話と『出雲国風土記』の神話を比較すると興味深い点がいくつか発見される。一つは、「記・紀」の国生み神話ではイザナキ・イザナミという二神によって国土が形成されるが、『出雲国風土記』の国引き神話ではヤツカミズオミズヌ神という出雲地域の神、一神によってそれがなされている。

もう一つは神話の構造の違いである。国生み神話は、国を生み落とすというのであるから、神話の構造としては、上から下へという垂直的構造となっている。それに対して国引き神話は、国を引くという水平的構造となっている。このような違いが生じる理由は何であろうか。

それは両神話の持つ性格の違いにあると考えられる。国生み神話は古代王権、より端的に言えば天皇の支配領域を神話的起源に遡って語るという王権の神話である。「紀・紀」の王権神話は天孫降臨神話に代表されるように、王権の起源を天上世界に求めるという垂直的構造で語られる場合が多い。そのため国生み神話もまた、垂直的構造となるのである。

一方、国引き神話は王権の神話とは関係のない在地における神話である。そして、この神話は、出雲国が新羅や越といった国や地域と交流があったこと、つまり、出雲国と他地域の地域間交流の存在を語っていると考えられる。そのため、国引き神話は水平的構造となっているのであろう。

■黄泉国の位置

国生みを終えたイザナキ神・イザナミ神は、その後実に多くの神を生むが、その最後にイザナミ神は火の神であるカグツチを生んだために死んでしまう。そして、イザナキ神はイザナミ神に会いたいと思い、黄泉国《よみのくに》へ行くが、イザナミ神の変わり果てた姿に恐れをなしたイザナキ神は一目散に黄泉国から脱出をはかるという黄泉国訪問神話が描かれる。

ところで、イザナミ神のいる黄泉国とはどこなのか。『記』によると、黄泉国である他界と現世の境である黄泉ひら坂は出雲国の伊賦夜坂《いふやざか》であるとしている。現在、島根県東部の松江市出雲町に揖屋《いや》という地名があり、祭神をイザナミ神とする揖屋神社が鎮座する。この揖屋神社は、古代の伊布夜神社《いふやじんじゃ》・揖夜神社であるとされる。つまり、『出雲国風土記』意宇郡条によると神祇官社として伊布夜神社の記述がある。また、『延喜式』にも揖夜神社として載っている。このように、揖屋神社は八世紀の初めことから官社として国家の保護を受けていたのである。

黄泉ひら坂伝承地（写真提供：島根県観光連盟）

また、この点に関連して、注目したいことは、『記』ではイザナミ神の埋葬地について、出雲国と伯伎国《ほうきのくに》との堺である比婆の山であるとしていることである。比婆の山の位置については、諸説あるが、現在の島根県東部の安来市伯太町《やすきしはくたちょう》の比婆山《ひばやま》であると考えるのが妥当であろう。以上のような点から、『記』は黄泉国への入り口を出雲国東部であるとしていると見て間違いない。

揖屋神社（写真提供：島根県観光連盟）

猪目洞窟（写真提供：島根県古代文化センター）

しかし、『出雲国風土記』における黄泉の坂・黄泉の穴の位置は、『記』と異なっている。『出雲国風土記』出雲郡宇賀《うか》郷《ごう》の条には、北の海の浜に磯がある。その磯より西の方に岩屋があるが、その岩屋の中には穴がある。その穴は人が入ることができず、深いか浅いかわからない。夢でここの磯の岩屋の辺りに来ると、その夢を見た人は必ず死ぬ。だから、土地の人は昔から今にいたるまで、黄泉の坂・黄泉の穴と呼んでいる、という伝承がある。この岩屋の位置については、猪目《いのめ》漁港の西側にある猪目洞窟に比定したり、あるいはそのさらに北西の水垂の磯に比定する説もあるが、いずれにせよ、『出雲国風土記』では、黄泉国の位置を出雲国の西北部であると位置づけているのである。

つまり、『記』では黄泉国を出雲国の東部に、『出雲国風土記』では、黄泉国を出雲国の西北部とするように、両書において黄泉国の位置について認識のズレが生じているようにみえるがこれはなぜであろうか。

この問題を考える上で重要なことは、古代人は乾の方角、つまり西北を死者の国であると考えていたという点である。つまり、『記』は中央政権によって編纂された歴史書であるから、大和から見て西北が死者の国であるとされる。そうであれば、出雲国東部こそが黄泉国の入り口としてふさわしいということになろう。一方、『出雲国風土記』は在地の出雲国造が最高責任者となって編纂した書物であるから、出雲国を中心にして西北に死者の国があると考えるのである。したがって、出雲国西北部こそが黄泉国の入り口であるとされるのである。

14 アマテラス大神

■天皇家の祖先神

アマテラス大神は「記・紀」においては、太陽神として描かれる他に天皇家の祖先神《そせんしん》、つまり皇祖神《こうそしん》として最も重要な神として位置づけられている。しかしながら、アマテラス大神が古い時代から一貫して皇祖神であったかというと必ずしもそうとはいえないのである。そのことを示す神話に天孫降臨《てんそんこうりん》神話がある。

天孫降臨神話とは、天上世界の最高神が自身の子孫である皇孫を地上世界の統治者として降臨させるという神話である。また、天皇はその系譜において最高神の子孫として位置付けられているので、いうまでもなくこの最高神こそが天皇家の祖先神、皇祖神であるといえる。問題なのは、「記・紀」の天孫降臨神話を注意深く見ていくと、皇祖神として位置付けられているのはアマテラス大神だけでなく、タカミムスヒもその地位にいるということである。

例えば、『紀』本文をみると、タカミムスヒ神が皇孫であるホノニニギ神を降臨させたとあり、ここにアマテラス大神は登場しない。天孫降臨神話は『記』に一伝、『記』では「一書」という別伝承を含めると五伝が収載されているが、皇祖神に着目すると、タカミムスヒ神のみを皇祖神とする伝承が三伝、タカミムスヒ神とアマテラス大神が並立する伝承が二伝、アマテラスのみを皇祖神とする伝承は一伝のみなのである。

アマテラス大神（岩戸神楽ノ起顕）
（写真提供：島根県立古代出雲歴史博物館）

このような事実からわかるように、皇祖神として位置付けられているのはアマテラス大神だけでなく、タカミムスヒ神もまた皇祖神であった。では、どちらの伝承がより古いのかという点が問題となるが、これはタカミムスヒ神を皇祖神とする伝承の方が古く、アマテラス大神を皇祖神とする伝承の方が新しいと考えられている。つまり、皇祖神はある時期に転換されたのである。

■アマテラス大神が皇祖神となる時期と背景

皇祖神は、本来、タカミムスヒ神であったとすると、アマテラス大神が皇祖神となるのはいつなのか、またその背景にはどのようなことがあったのか。この問題を解くことは容易ではないが、有力な見方として、持統《じとう》天皇が自身の皇位継承を正当化するためにアマテラス大神を皇祖神として位置付けたという説がある。持統天皇は孫である軽皇子《かるのみこ》（後の文武天皇）を即位させることを最大の目標としていたが、祖母から孫へ皇位を継承させたという事例は過去に存在しない。そこで、この皇位継承を正当化するために、女神であるアマテラス大神が孫のホノニニギ神を降臨させるという神話を創作し、アマテラス大神を皇祖神にしたというのである。つまり、天孫降臨神話のアマテラス大神を持統天皇に、ホノニニギ神を軽皇子に見立てるという考え方である。

その一方で、天武天皇の時に皇祖神の転換がなされたとする説もある。その根拠としては、天武天皇とアマテラス大神の結びつきの強さが挙げられている。例えば、天武天皇は壬申の乱の際、戦いの必勝祈願のためにアマテラス大神を遥拝している。では、この時期に皇祖神の転換がおこなわれた理由は何か。それは天武朝において中央集権国家の建設が重視されていたことと関係する。天武朝ではそのような政策の一環として天皇神格化や神祇や神社の管理に関する制度改革を行っているが、それを実現するためにタカミムスヒ神が皇祖神では不都合であった。なぜならタカミムスヒは大伴氏など天皇家以外の他氏族の祖先神でもあったからである。つまり、天武天皇は天皇家独自の神であるアマテラス大神を皇祖神とすることで、祖先神の観点から他氏族との差別化を図り、天皇家の権威づけをおこなうことで、上記のような政策委を可能にしようとしたのである。

Ⅲ

風土記の神社

神々とともに『風土記』には、多くの神社が記されている。それらのなかには、伊勢神宮や出雲大社といった全国的に名の知れた神社から、地域の神社にいたるまでさまざまな神社が含まれている。

Ⅲ章では、できるだけ『風土記』ならではという神社を取りあげて、それぞれの歴史や人びととの関わりについて考えてみることにしたい。

15 出雲大社

■出雲大社の概要

島根県出雲市大社町杵築東に鎮座する神社で、祭神は大国主大神。『古事記』『日本書紀』『出雲国風土記』（以下、『記』『紀』『風土記』）などにもみえる古社で、「杵築《きづき》大社」「天《あめの》日《ひ》栖宮《すみのみや》」（『風土記』）、「天《あめの》日《ひ》隅宮《すみのみや》」（『紀』）等々、古代よりさまざまな名で称されてきたが、中世～近世にかけての主な名称は「杵築大社」（初見は『風土記』）であった。また、当社は国譲り神話と密接に関わり、創始が「記・紀」に直接神話として語られている希な神社でもある。創建時期については諸説あるが、近年では『紀』斉明五年（六五九）是歳条《このとしじょう》にみえる修厳記事に画期を求める見解がみられる（熊野大社説もある）。

出雲大社（写真提供：出雲大社）

現在の「出雲大社」の呼称は明治四（一八七一）年に改称されたものだが、鎌倉時代に成立した『百錬鈔《ひゃくれんしょう》』や『釈日本紀』には既に「出雲大社」という表記もみえる。このように当社は歴史上さまざまに呼称されていたが、ここでは便宜上出雲大社とする。

■『風土記』にみえるもう一つの創建伝承

現在、島根県立古代出雲歴史博物館では、勘造当時の『風土記』が二巻仕立てであったという考えに基づき、これを復元しているが、その下巻冒頭には楯縫郡《たてぬいぐん》の郡名由来として出雲大社の創建伝承が記されている。そこでは「楯縫と名づけるわけは、神魂命《かもすのみこと》がおっしゃったことには「十分に足り整った天日栖宮の縦横の規模に倣い、千尋もの長い栲紲《たくなわ》で、桁《けた》や梁《はり》をしっかり結び、たくさん結び下げて、この高天原の宮の尺度をもって、この世をお造りになった大神の宮をお造り申せ」とおっしゃって、御子の天御《あめのみ》鳥命《とりのみこと》を楯部として天から下しなさった」とある。

なぜ、出雲郡にある出雲大社の創建伝承が東隣の楯縫郡にみられるのか。これは、勘造当時の『風土記』が二巻仕立ての巻子であったことによると考えられる。現存する『風土記』の古写本はいずれも冊子状であるが、書写年代が明らかな最古の写本の細川家本等、古体を留めているとされる古写本は、秋鹿郡《あいかぐん》末と楯縫郡冒頭部分にいずれも半丁分の空白をもつ。これは、もともと『風土記』が上下巻に分かれていた名残である可能性が高く、その場合上巻は総記・意宇郡～秋鹿郡、下巻は楯縫郡～大原郡・巻末記述に分かれる。上巻はじめの意宇郡《おうぐん》では冒頭に「国引き神話」が、下巻はじめの楯縫郡冒頭では「出雲大社の創建伝承」が記されている。冊子と異なり巻物では必ず最初から開く必要があるため、上巻では出雲全体の成り立ちを語る「国引き神話」が、下巻では「出雲大社の創建伝承」を目にする機会がいきおい多くなる。本来なら一巻仕立てでもよいだろうし、二巻仕立てでも出雲国は意宇・島根・秋鹿・楯縫・出雲・神門《かんど》・飯石《いいし》・仁多《にた》・大原の全九郡なのだから、出雲郡もしくは神門郡で分けた方がバランスはよい。

要するに『風土記』はあえて楯縫郡を下巻のはじめにあてているのであろう。勘造者である出雲臣にとって「出雲大社の創建伝承」は、自らの氏族としての成立や出雲大社への奉祀を語る重要な伝承である。これを読み手に示すところに楯縫郡を下巻冒頭にあてた意味があったのであろう。

■出雲大社と出雲国造出雲臣

出雲大社の祭祀を司る出雲国造は中世以降千家・北島の両家に分かれ、現在に至っている。古代において出雲臣氏は国造として出雲大社の祭祀を執りおこなう傍ら、国府がおかれた出雲東部の意宇郡（松江市南部）の郡司長官である大領も兼ねていた。

出雲臣《いずものおみ》は「記・紀」にもみえ、『風土記』では意宇郡の郡司六名のうち四名が出雲臣であった。風土記勘造者

古代出雲の郡司

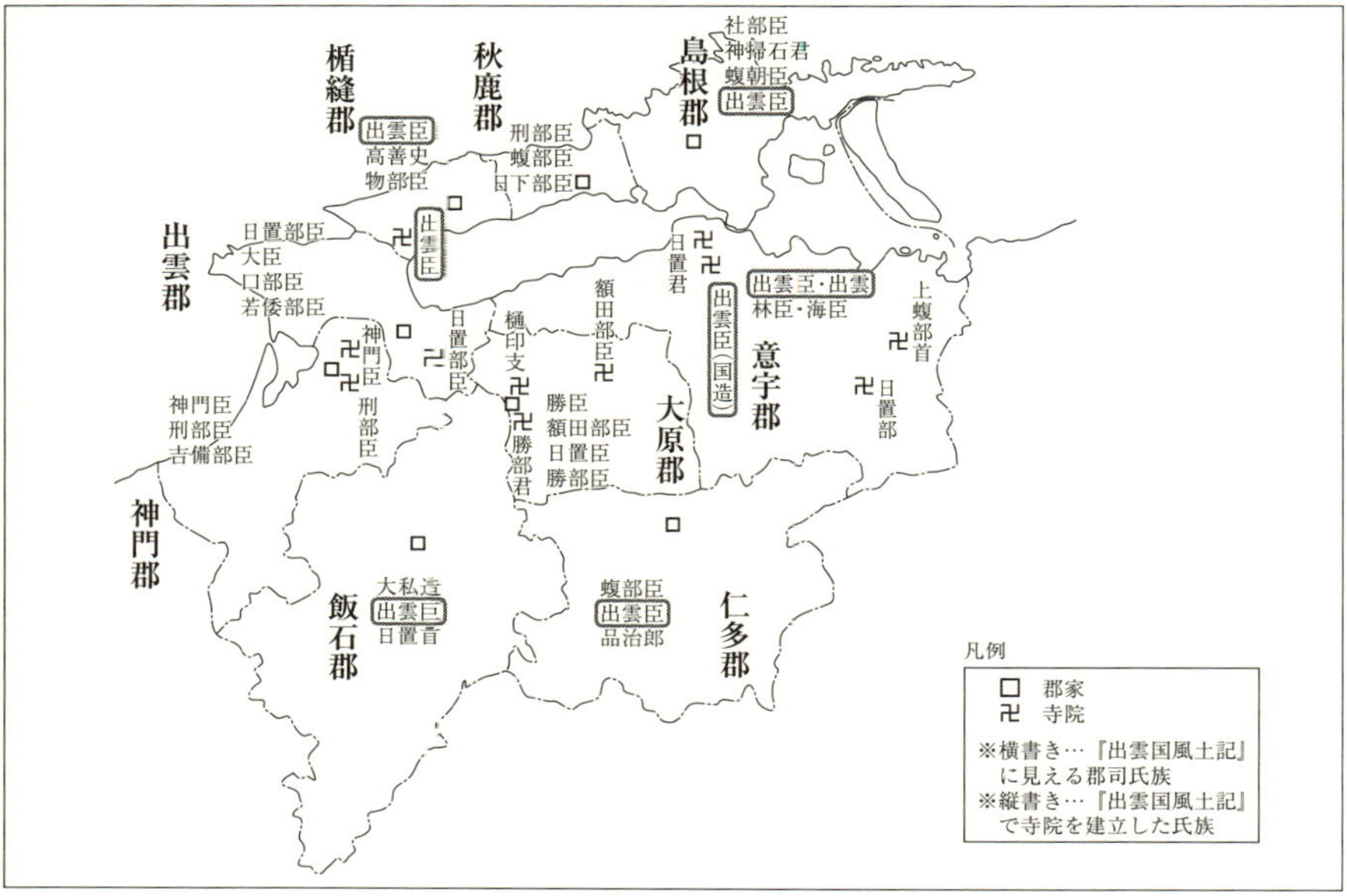

にして意宇郡大領の出雲臣広島は、出雲地域を統括する出雲国造でもあった。その他、出雲臣は国内全九郡中五郡で郡司としてみえ、意宇郡を中心として出雲全体に広がる有力氏族であったのである。

出雲国内の郡司層には額田部臣《ぬかだべのおみ》・刑部臣《むさかべのおみ》等のカバネ「臣」を有した氏族が多くみられるが、これは氏姓制度（律令制以前の政治制度）の身分（カバネ）に由来する。カバネ「臣」は、蘇我臣《そがのおみ》や葛城臣《かずらきのおみ》など地名を氏族（ウヂ）名とするのが基本で、大首長に与えられるものである。地方の一中小豪族に与えられることは破格といってよい。これは出雲国内各地域の中小豪族が出雲臣と結合したことを反映している。すなわち、各地の豪族は出雲臣とカバネ「臣」を共有し同族化することで、在地の首長権を確保したものと考えられている。

■出雲国造出雲臣と「出雲国造神賀《いずものくにのみやつこのかむよご》詞《と》」

出雲国造出雲臣は、代替わりに際して都へ赴き、神賀《かんよご》詞《と》という天皇の治世と長寿に対する言祝《ことほ》ぎを奏上していた。『延喜式』によると国内一八六社に坐す出雲の神々

『記』・『紀』・『風土記』・『延喜式』にみえる出雲大社

名　称	文　献	備　考
天御舎	『古事記』	国譲り
（出雲）大神宮		垂仁段
出雲石硐之曽宮		
天日隅宮	『日本書紀』	第９段一書第２（国譲り）
出雲大神宮		崇神60年７月己酉条
厳神之宮		斉明５年是年条
天日栖宮	『出雲国風土記』	楯縫郡郡名由来
所造天下大神（之）宮		楯縫郡郡名由来 出雲郡杵築郷 神門郡吉栗山
大神宮		楯縫郡郡名由来
所造天下大神之社		出雲郡出雲御崎山
杵築大社		出雲郡官社
	『延喜式』	神名帳
杵築神社		臨時祭28

を代表して出雲国造が述べるものとされる。この儀礼は霊亀二年（七一六）出雲臣果安によるものが初見であり（『続日本紀』二月十日条）、その後九世紀に至るまで記録に残っている。

新任国造が天皇に奏上するこの祝詞は『延喜式』全文が掲載されており、天皇と出雲臣との関係を確認する最も重要なものであったと考えられる。その要旨は①出雲国造は熊野・出雲両大社をはじめとする出雲国内の神社の祭祀をおこなう、②出雲国造家の祖先神アメノホヒ神は国譲りに際してオオクニヌシ神を鎮め、またこれより天皇家を守護すること、③神宝を献上して国家の平安と天皇の長寿を祈る、というものである。このうち①は『風土記』意宇郡神戸条に出雲神戸は熊野・出雲（杵築）両所の大神を奉祭するとあり、②は『書紀』第九段一書第二の国譲り神話に「オオナムチ神（オオクニヌシ神）の祭祀はアメノホヒ神があたる」と明記され、いずれも八世紀の史料に同様の話がみえる。『延喜式』は一〇世紀の史料であり、そこに至るまでの変遷も考慮しなければならないが、この祝詞の本質部分である出雲臣の天皇への奉祀の由緒（奉事根源）は当初から存在していた可能性がある。それは熊野・出雲両大社をはじめとする出雲の神社を祀り、国譲り神話に依拠してオオクニヌシ神を奉祭することにあるといえよう。

■日本随一の高層神殿出雲大社

出雲大社本殿は建築様式的には大社造とよばれ、神社建築でも最も古いタイプのひとつとされる。その特徴のひとつに、社殿が一般の神社に比べて高い点があり、現在の本殿は延享元年（一七四四）に造営されたもので、高さ八丈（約二四m）ある。現在の高さでも神社建築としては極めて高層であるといえるが、中古には現在の倍の一六丈（約四八m）、上古には三二丈（約九六m）あったとも伝えられている。三二丈説の当否は措くとしても、一六丈説についてはいくつかのことからその蓋然性が認められている。

文献史料としては、平安時代の貴族子弟の教養書である『口遊《くちずさみ》』に当時の巨大建造物として「雲太・和二・京三」と挙げられている。「雲」は「出雲国の出雲大社」、「和」は「大和国の東大寺大仏殿」、「京」は「平安京の大極殿」であり、当時の大仏殿の高さは一五丈とされる。出雲大社はそれ以上ということであれば、一六丈であった可能性はある。

平安時代の出雲大社　復元模型
（写真提供：出雲大社）

また、出雲大社の境内（出雲大社境内遺跡）では、発掘調査によって三本の杉の巨木をまとめ、赤彩した巨大な柱が発見された。巨大柱は宝治二年（一二四八）の造営時の柱根とされ、これによって巨大な社殿建築の存在が確認された。当社を形容する「八百丹杵築宮《やおにきづきのみや》」（『延喜式』）、「夜本爾余志伊岐豆岐能美夜《やおによしいきづきのみや》」（『記』雄略段）などを、この巨大な赤彩された柱に由来する「枕詞」とする説もある（上田正昭）。古代の神社遺構はいまだ確認されていないが、七世紀後半から八世紀にかけての須恵器も出土しており、現境内の周辺に遺跡が連続していた可能性は高い。

16 伊勢神宮

■伊勢神宮の概要

伊勢神宮は三重県伊勢市に所在しているが、この「伊勢神宮」は通称で、古代以来「神宮」または「大神宮」などと称され、現在の正式名称は「神宮」である。ここでは便宜上伊勢神宮とするが、伊勢神宮は一つの神社ではなく、内宮（アマテラス大神を祀る皇大神宮）と外宮（トヨウケ大御神を祀る豊受大神宮）、及びそれぞれの別宮・摂社・末社・所管社といったさまざまな宮社の集合体から構成され、宮社の点在する地域は伊勢・松阪・鳥羽の三市と多気・度会・志摩の三郡という広いエリアにわたっている。別宮以下の構成数については歴史的な変遷を経ているが、現在では別宮十四、摂社四三、末社二四、所管社四二があり、これら一二五の宮社全てを含め神宮と呼んでいる。

伊勢神宮というと、「お伊勢参り」を連想する読者も多いかと思われる。しかし、これは近世以降の伊勢信仰によるところが大きく、庶民にも知られた「お伊勢さん」と古代の伊勢神宮とは全く成立が異なる。古代の伊勢神宮を一口で表すと、天皇を守護する社であって一般に開かれたものではなかった。

伊勢神宮は『延喜式』伊勢大神宮条によると、大神宮（内宮）が伊勢国《いせのくに》度会郡《わたらいぐん》宇治郷《うじごう》の五十鈴河《いすずがわ》のほとりに、度会宮（外宮）が同国同郡沼木郷《ぬまきごう》の山田原（大神宮より西に七里）にあるとされ、それぞれアマテラス大神とトヨウケ大神とを祀っている。

内宮正殿（写真提供：神宮司庁）

古代における伊

外宮正殿（写真提供：神宮司庁）

勢神宮の宮域は『儀式帳』（延暦二三年《八〇四》成立の『皇大神宮儀式帳』・『止由気宮《とゆけのみや》儀式帳』の総称）に記されているが、このころの皇大神宮（内宮）の神堺《しんかい》は豊受大神宮（外宮）を境域の中に包括していたことになる。外宮宮域の標示が立てられたのは延長四年（九二六）のことで、このころ外宮は内宮から独立したと考えられる。

■伊勢神宮創建をめぐる諸説

当社の創建については諸説あるが、まず両宮の創建に関する伝承を紹介しよう。内宮の起源は『日本書紀』に記されている。国譲りの後、高天原のアマテラス大神は孫のニニギ尊降臨にあたり宝鏡を授け、この鏡をみるときは自分を思い出すようにせよといい「床を同じくし殿を共にして、斉鏡《さいきょう》とすべし」と指示した（第九段一書第二）。ここでは、宮中に天照大神とみなされる神聖な鏡が祀られたことを語っている。しかし、崇神六年には、疫病が流行し反乱が起こるなどして不安定な世を迎えてしまう。それまで宮中殿内に祀ってあった鏡を、畏《おそ》れ多いとしてトヨスキイリヒメ命に託して大和の笠縫邑に祀らせ、さらに垂仁二五年三月には改めてヤマトヒメ命に託し鎮祭すべきところを求めたところ、アマテラス大神の意思により伊勢の五十鈴川のほとりに斎宮《いわいのみや》を建てて祀ったとある。

外宮の起源は「記・紀」には記されていない。『儀式帳』によれば雄略天皇の夢にアマテラス大神のお告げがあり、同二二年九月に丹羽国比治《ひじ》の真奈井原《まないはら》から今の山田原の地に遷座された。その後外宮の御饌殿《みけどの》においてアマテラス大神の毎日朝夕の御饌（食物）供進を掌る神となったという。

以上が伊勢神宮にまつわる創建伝承であるが、内宮に関わるこれら崇神・垂仁紀の記述にどこまで史実姓を読み取るかは難しい問題であり、当社成立についてはこれまでさまざまな説が出されている。その代表的なものとしては三つの説が挙げられる。

①津田左右吉説

津田氏は『紀』の記載は架上されたものであり、伊勢神宮の成立を六世紀後半のこととし、伊勢鎮座の物語は推古朝に語られ始めたものであるとした。また、伊勢を日神祭祀の場としたのは、ヤマトからみて日が昇る海辺の土地であることによるとする。

②直木孝次郎説

津田説をうけ、戦後に伊勢神宮の歴史像の再構築を試みた直木氏は、伊勢神宮はもと日神を祀る地方の神社であったが、雄略朝ころからの王権の東方進出に伴って天皇（大王）家と関係を有するに至ったとし、なかでも六世紀後半・欽明朝を重視した。また、それが天皇（大王）家の神となったのは、壬申の乱に天武天皇がその援助を受けて勝利した後であるとした。

③岡田精司説

岡田氏は、それまでの研究史を詳細に整理検討し、伊勢神宮の成立や起源について包括的な研究をおこなうなかで、伊勢の在地神とアマテラス大神との「習合」や六世紀後半の欽明朝重視説について批判を加えた。

度会《わたらい》の地は元来太陽信仰の聖地で、渡会氏が太陽神《たようしん》を祀っていたが、ヤマト王権が伸張した五世紀末・雄略朝に天皇（大王）家の神が畿内から移され祀られることとなり、従来の度会氏の神はその食物神《ミケツカミ》として外宮の神となったとする。また、伊勢に設定された背景としては、やはり太陽神としての性格から、近畿から太陽が昇る海辺の地であることによるという。岡田説は批判もあるものの、今現在有力な説として位置づけられている。

これらの諸学説では、当初は伊勢の地方神であった伊勢神宮が、『日本書紀』の所伝より下った時期になってから天皇（大王）家の神に転化したという点や、王権の東方進出と密接に関係しているとする点では共通している。

■最古級の神社建築様式・神明造

伊勢神宮の正殿は茅葺きで簡素な建築様式である。柱は全て掘立柱で、切妻平入、すなわち切妻屋根の勾配のある面に入り口がある。また、両側に独立した棟持柱があり、屋根の上には千木《ちぎ》と鰹木《かつおぎ》と呼ばれる装飾が施されている。この様式は神明造といわれ、神社建築の古態を留めるものとして知られている。また、弥生時代の銅鐸に描かれた高床式建物をルーツにもつ様式と紹介されることもある。

奈良時代以前の様式については史料がないため知る由もないが、九世紀初頭の『儀式帳』に社殿の様子が詳細に記されており、この頃の建築様式は現代とほぼ同様であったと思われる。この社殿はおおよそ二〇年に一度、立て替えに伴う式年遷宮がおこなわれており、『紀』によると内宮は持統四年（六九〇）、外宮は同六年に始まったとある。

■風土記にみえる伊勢神宮

他国の風土記と同様に七一三年の風土記編纂の官命を受けて『伊勢国風土記』は編纂されたと思われる。しかしこれは現存しておらず、後世の史料に引用された逸文が断片的にみえるのみである。その中には伊勢神宮にまつわる伝承を載せるものもあるが、それらは残念ながら古代の情報を伝えているのか信憑性に疑問がもたれている。

先に紹介したように、『儀式帳』では外宮は「比治の真奈井」から遷座したとみえるが、これに関わる地名が『丹後国風土記』逸文にみえる。そこでは、比治山の頂にある真奈井の泉に降りてきた天女が天に戻れなくなり、やがて奈具社にトヨウカノメ命として祀られたとある（24奈具神社参照）。両神の神名に含まれる「ケ」や「ウカ」は食物を表す意味で共通しており、その舞台となっている場所からも何らかの関連がありそうだが、現在のところこれ以上のことは不明である。

17 鹿島神宮

■鹿島神宮の概要

茨城県鹿嶋市に所在する東国随一の古社で、常陸国一宮としても名高い。平安時代編纂の『延喜式』神名帳（古代国家に登録された各国の神社帳簿）で「神宮」としてみえるのは、伊勢神宮（大神宮）・香取神宮・鹿島神宮の三社のみである。

鹿島神宮本殿（写真提供：鹿島神宮）

当社の鎮座伝承は『古事記』や『日本書紀』にはみられず、『常陸国風土記』（以下『風土記』）にみえる。香島郡条によれば、香島天之大神が高天原より天降りして豊香島之宮に鎮座したのがその起源であり、崇神天皇の世に奉幣（武具・馬具・鏡・絁の奉献）がなされ、大化五年（六四九）には下総国海上国造が管掌する軽野以南一里と那賀国造が管掌する寒田以北五里とを分割して神郡を置き、そこに坐していた天之大神社・坂戸社・沼尾社を合わせて「香島天之大神」と称したとある（9参照）。

孝徳朝にはもとからあった神戸（神社が管掌する人間集団）八戸に五〇戸を加え、天智朝には神宮の修造がなされ、また後の式年遷宮につながると思われる定期的な修造がされるようになった。天武朝には更に九戸を加えたが、持統四年（六九〇）の庚寅年籍作成の際に二戸を減少させたという。これは、神社が管掌した領域・集団や、神殿の修造と定期的な修改築がなされたことを記す貴重な記載である。

■在地神から国家神へ

現在、鹿島神宮の祭神はタケミカヅチ神であり、主に記紀の国譲り神話での活躍が知られているが、「記・紀」や『風土記』では当社とタケミカヅチ神とを直接結びつけて言及はしていない。祭神としてのタケミカヅチ神の初見は大同二年（八〇七）編纂の『古語拾遺』であり、ここでは常陸国のカシマ神はタケミカヅチ神であるとされている。また『延喜式』春日祭条では「鹿島坐健御賀豆智命」とみえる。

御船祭（写真提供：鹿島神宮）

「記・紀」神話では、タケミカヅチ神はフツヌシ神（『古事記』ではアメノトリフネ）とともに天孫降臨に先立って葦原中国に降り、オオクニヌシ命に国譲りを迫った神として出てくる。神武東征の際にはフツノミタマという霊剣を下して助けた（『日本書紀』）。このような「記・紀」における描写からか、天平勝宝七歳（七五五）には常陸国那賀郡の上丁大舎人部千文が詠んだ歌に「霰降り鹿島の神を祈りつつ皇御軍士に我れは来にしを」（『万葉集』四三七〇）とみえ、カシマの神が武神として認識されていたことがわかる。

一方で、カシマ大神が水上交通の神としても認識されていたことがうかがえる。『風土記』香島郡の条には、毎年七月に舟を造り津宮に奉納することが記されているが、これを現在でも鹿島神宮の重要な祭祀として挙行されている御船祭の起源伝承とする説もある。鹿島神宮は霞ヶ浦（『風土記』では流海）と太平洋との結節点に位置しているが、古代の霞ヶ浦は現在よりも海水面が高く、『風土記』においてその様相が詳細に記されている。このため、現代よりも水上交通の果した役割は大きかったと思われる。

現存する『風土記』は奥付などの作成年を示す記載が欠けており、編纂時期については詳らかではないが、用字等からみて七一三年の編纂命からそう遠くない養老二年（七一八）頃には成立していたものと想定されている。これは『日本書紀』の成立年（七二〇）に先行するため、ヤマトタケルを指すと思われる「倭武天皇」といった表記などは、『日本書紀』成立以前の情報によるものであろう。

『風土記』の内容に基づくならば、在地においては地名「香島」を冠した大神と称され、内陸部と海浜部とをつなぐ流海（霞ヶ浦）を介した水上交通を背景にした神であったと考えられるが、ヤマト王権による東国進出に伴い、東国経営の拠点として重視されるなかで王権の神話体系に取り込まれ、国家的な神へと変貌したのであろう。

■東国の鎮守タケミカヅチ神の性格

タケミカヅチという神名は雄々しい雷電の神格を示しているが、「記・紀」にみえる活動等から刀剣の神格も有しており、その霊威を雷電にたとえたものと考えられる。そのことは、この神が『古事記』において、イザナキ神が火神カグツチを斬り殺したときに剣についた血が磐に飛び散って生じた神とされたこと、国譲りの使者となる段にみえる系譜でも火神を斬った刀剣アメノオハバリの子とされていること、オオクニヌシ命に国譲りを迫った際には逆立てた剣の刃先に胡座をかいたこと、さらには神武段ではアマテラス大神の命をうけて神剣フツノミタマを投下して神武天皇の危機を救ったこと（『日本書紀』にも同様の話がみえる）などからうかがえる。また、鹿島神宮は神宝として全長二七三センチメートルにもわたる長大な直刀（国宝・奈良〜平安）を所蔵しているが、これもタケミカヅチ神に対する信仰の性質を示唆しているといえる。

現在、鹿島神宮の正殿は北面しているが、これは祭神のタケミカヅチが蝦夷征討に際して重要な役割をしていたことによると考えられる。この神とその御子神等は鹿島を中心に関東から東北の太平洋側に多く分布しているので、六世紀代に本格化するヤマト王権による東国経営や八～九世紀の蝦夷征討において重要な役割をもった神であったのであろう。

■中臣氏の神か物部氏の神か

平安時代の鹿島神宮の宮司は中臣氏が世襲しており、宮司がいつから置かれるようになったかは定かではないが、承和十一年（八四四）二月には権宮司が置かれている（『続日本後紀』同十二月七日条）。なお、禰宜《ねぎ》に関しても同三年（八三六）十月条で把笏《はしゃく》が認められている。

『続日本紀』など八世紀の史料には鹿島神宮の祝《はふり》（神職）として中臣鹿島連《なかとみのかしまのむらじ》がみえる。この氏族は常陸国鹿島郡の中臣部と占（卜）部に中臣鹿島連のカバネが賜与されたことによる（『続日本紀』天平十八年三月丙子条）。『風土記』香島郡の条にも神社周辺に卜部が居住し、毎年四月十日に祭りを行っていたとある。中臣氏は神祇祭祀を職掌とし、律令制下では祭祀を掌る神祇官の要職についていた。また、卜部氏も亀卜などの祭祀を行った氏族であり、元来両者は同族であったとみられている。このように、八世紀には中臣氏にまつわる氏族が当社の祭祀を担っていたことがわかる。

しかし、元来は物部氏が奉齊氏族であって、蘇我氏との争いに敗れて本宗家が没落した後に中臣氏が関わりを持つようになったという説もある。物部氏は河内国渋川郡（大阪府八尾市・東大阪市・大阪市の各一部）、中臣氏は同国河内郡所在の枚岡《ひらおか》神社（現社地は東大阪市出雲井）周辺にそれぞれ本拠地をもっており、両氏は地縁的関係から密接な関わりを持っていたと考えられる。物部氏は軍事や警察にまつわる氏族であるともされるが、実際には祭祀・生産一般も含めた広範な職掌を担っていた氏族であった。物部氏から中臣氏への祭祀氏族転換説では、上記のことから物部本宗家滅亡後に中臣氏が鹿島神宮の祭祀権を掌握していったとする。

『風土記』にみえる「香島天之大神」と「記・紀」にみえるタケミカヅチ神とを単純に同一視することは出来ず、むしろこれらの神話・伝承について当時の重層的な信仰や神話的世界観を示すものとして解釈するべきであろう。

18 香取神宮

■香取神宮の概要

千葉県香取市に所在する古社で、下総国一宮である。フツヌシ大神（またの名をイサメヌシ命）を祭神に祀る。

香取神宮本殿（写真提供：香取神宮）

神名「フツヌシ」は刀剣が物を切るときの「フツ」という音に由来し、武神としての性格を表す。別名の「イワイヌシ」は斎主、つまり「神を斎《いつ》き祭るもの」に由来すると考えられる。17鹿島神宮の項でも述べたとおり、『延喜式』神名帳で「神宮」としてみえるのは伊勢神宮（大神宮）・香取神宮・鹿島神宮の三社のみであった。また、香取神宮と鹿島神宮とは、霞ヶ浦・利根川を挟んだ両岸に位置しており、後述するように古代において両社は東国の鎮守として一体的な存在であった（岡田精司説）と考えられる。

■香取の地名由来

地名「カトリ」の由来については諸説あるが、水上交通との関連が指摘されている。『日本書紀』第九段一書第二に「この時齊主神を号して齊之大人と号す。この神は今、東国の檝取《かとり》の地に在る」とみえ、この記載からすると「檝取」とも表記されていたようで、その場合これは舟のカジを示唆する。

また、『常陸国風土記』には流海（現在の霞ヶ浦）の地域名称として「香取海」（香取浦）とみえる。現在の霞

古代の香取海（千葉県立中央博物館大利根分館所蔵）

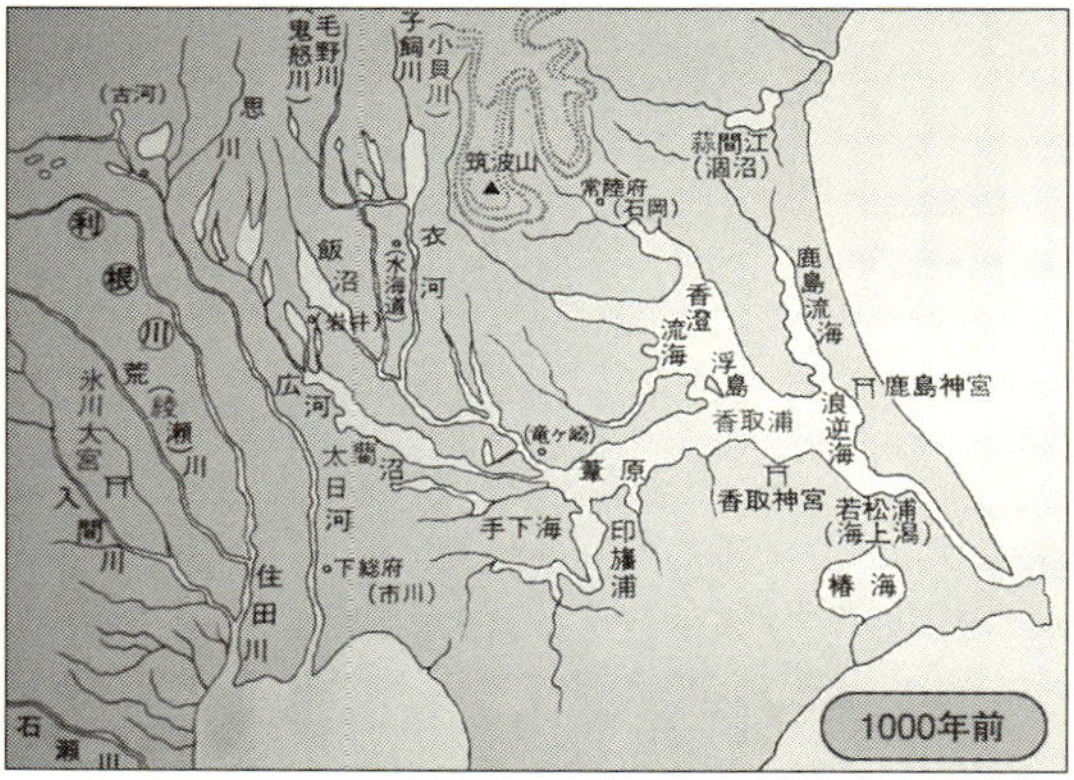

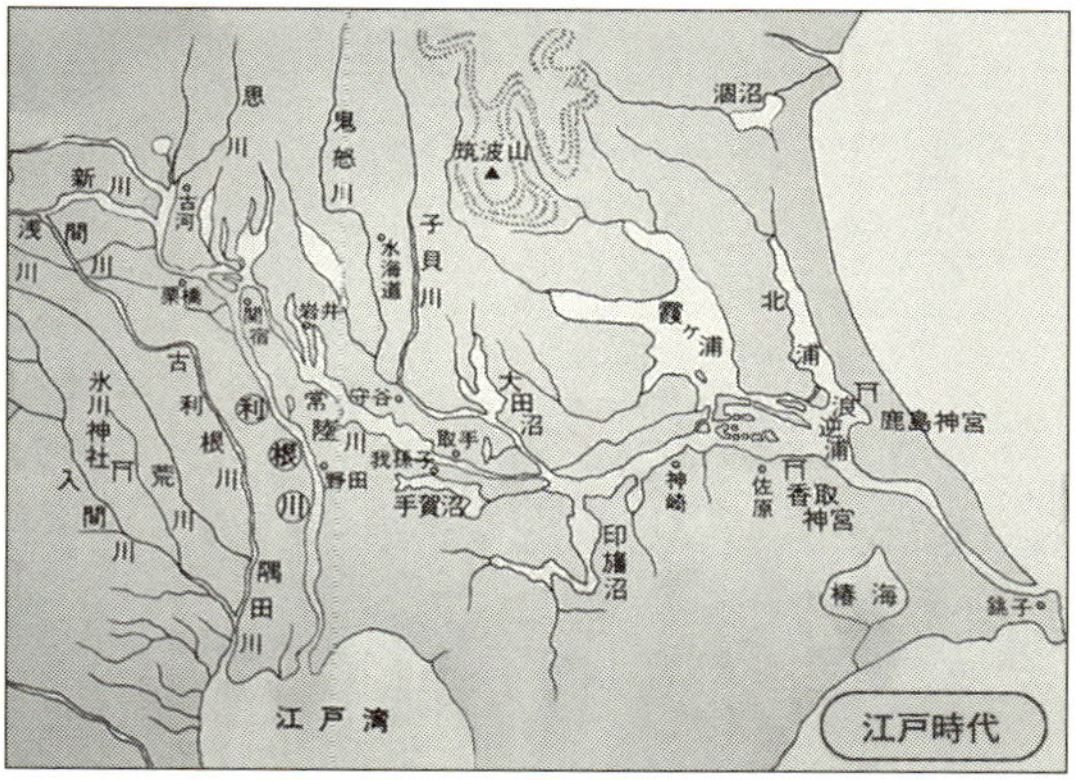

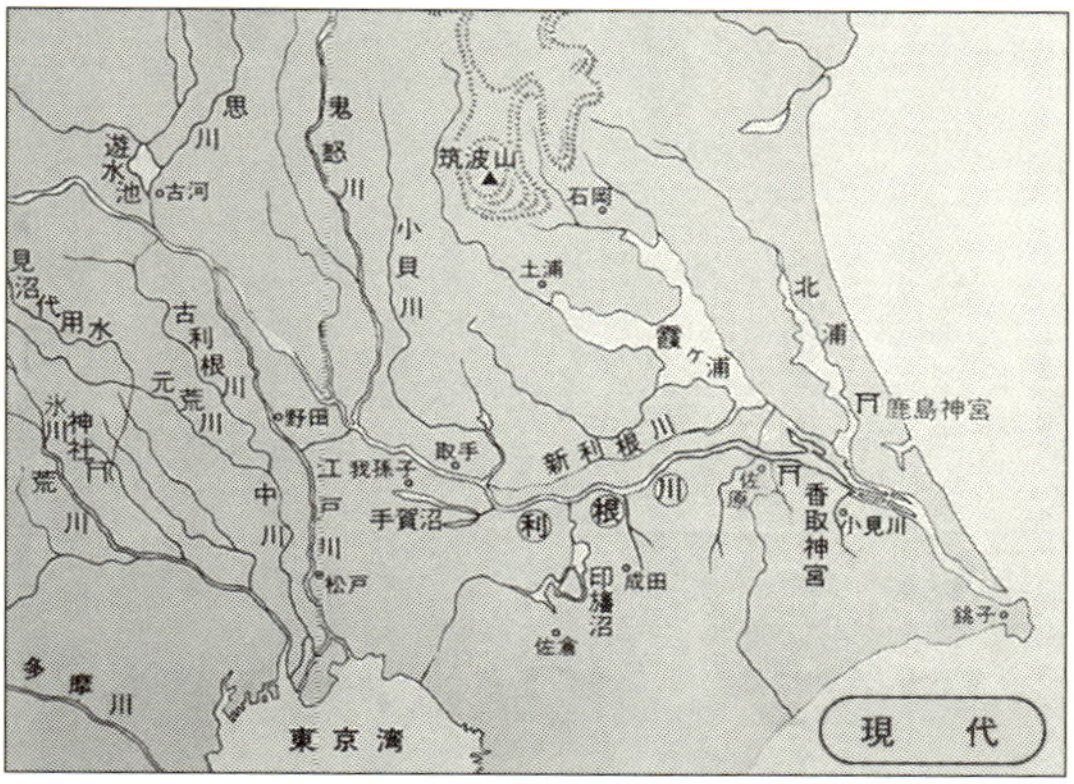

ヶ浦周辺は近世初頭の利根川東遷の影響によって水域が縮小するまで、現在よりも広大な内水面が広がっていた。

これらのことから、当社については鹿島神宮と同じく水上交通との関わりが窺われ、本来はカトリ地域にまつわる在地の神としての「香取大神」として信仰されていたのであろう。

■一対としてのカトリ神・カシマ神

フツヌシ神は『常陸国風土記』（以下『風土記』）信太郡にみえるが、常陸以外にも出雲（意宇郡・秋鹿郡・出雲郡）、肥前（三根郡）の風土記にみえる。肥前国三根郡では、物部郷の地名由来として、推古朝の新羅征討の際に当地でモノノベフツヌシ神の社を建てたことによるとある。出雲では、各郡の郷名由来としてフツヌシ神・ワカフツヌシ神がみえる。その記載からは「記・紀」神話に通じる部分も垣間見え、「記・紀」神話に登場するフツヌシ神との関連も想像される。しかし、ワカフツヌシ神については、『出雲国風土記』では所造天下大神（オオクニヌシ神）の御子神として位置づけられており（出雲郡美談郷《みたみ》）、出雲国内では「記・紀」とは異なる神統譜となっている。

一方、『常陸国風土記』行方郡では、香取神子社として御子神の社の記載がみえる。御子神をどう位置づけるかは難しいものの、親神を核とした信仰圏の広がりを示すものと捉えたい。『延喜式』神名帳では陸奥国に「香取」を冠する神社として二社の記載があるが、鹿島神宮についても貞観八年（八六六）段階で陸奥国にカシマ大神の苗裔神《びょうえいしん》の社が三八あることが記録としてみえる（『日本三代実録』貞観八年正月二〇日条）。

これらは太平洋沿岸域に集中して展開しているが、また、桓武《かんむ》天皇のときの蝦夷征討の際には鹿島神の分霊を奉じており（『類聚三代格』貞観八年正月二〇日付太政官符）、征討軍の守護神として、また征服地の鎮守神として祀られたのであろう。

カトリ・カシマ神は当初、土地名を冠した在地の神であったが、蝦夷平定などの東国経営の重要地と見做したヤマト王権と結びつくことにより、「記・紀」編纂までのいずれかの段階で武神的な性格を併せ持つようになったのであろう。その背景には、香取・鹿島地域のもつ、水陸両面における交通・交流が育んだ地域力があったと思われる。

19 宗像大社

■宗像大社の概要

福岡県宗像《むなかた》市に所在する神社で、宗像市田島の辺津宮《へつみや》（市杵島姫神《いちきしまひめのかみ》）、筑前大島の中津宮《なかつみや》（湍津姫神《たぎつひめのかみ》）、沖ノ島の沖津宮《おきつみや》（田心姫神《たごりひめのかみ》）の三社から構成される。また、筑前大島から沖ノ島を仰ぐ位置には、沖津宮遙拝所も置かれている。平成二九年に「「神宿る島」宗像・沖ノ島と関連遺産群」の構成要素の一つとして世界遺産に登録されたことは記憶に新しい。古代において筑前国宗像郡は当社の神郡とされ、律令国家から特別な待遇を受けていた神社の一つであった。

沖ノ島（写真提供：宗像大社）

沖津宮が鎮座する沖ノ島が古墳時代より王権膝下の祭祀がおこなわれた場所であることはあらためて言うまでもないが、辺津宮周辺には八・九世紀を中心とした祭祀遺跡が発見されている。また、近年、中津宮西側の御嶽山頂上で八〜九世紀の祭祀遺跡（大島御嶽山遺跡）が発見された。辺津宮・中津宮ともに少なくとも記紀が編纂《へんさん》された七世紀後半から八世紀初頭、祭祀の場として機能していたことは間違いなく、このような状況を前提に宗像三女神の神観が語られたのであろう。

■宗像三女神

宗像大社祭神の三女神は、『古事記』や『日本書紀』ではアマテラス大神とスサノヲ神の「誓約」の際に生まれた神とされる。『古事記』では沖津宮にタギリヒメ、中津宮にイチキシマヒメ、辺津宮にタキツヒメが鎮座し、胸形君《むなかたのきみ》等が斎《いつ》く神とある。『紀』では第六段の本文、一書第一、第二、第三に類似の話を載せるが、これらは神名と出生の順序が異なっているため、「記・紀」が編纂された八世紀初頭には所伝あったようだ。

『紀』では、誕生の場面に続いてアマテラス大神が宗像三女神に対して「海北道中《かいほくどうちゅう》」（九州北部から朝鮮半島へ至る玄界灘）に降臨して、天孫《てんそん》を助け奉り天孫から祭られよとの神勅を下したとあり、本文には『記』と同様、三女神が宗像地域（福岡県宗像市・福津市一帯）を本拠とした在地首長「胸肩君」から奉斎される神であることを伝えている。

宗像大社（辺津宮）（写真提供：宗像大社）

ここから、ヤマト王権が朝鮮半島や中国大陸へと広がる玄界灘を要地としてとらえ、その海を渡る航海技術を有す宗像氏や宗像三女神への信仰を重視していたことがうかがえる。また、三女神がアマテラス大神の御子神とされているところにも、三女神に対する王権の意識がうかがえる。

中津宮（写真提供：宗像大社）

なお、三女神は誓約の場面でスサノヲ神の剣から生じたとされるが、『紀』の一書第二ではアマテラス大神の持つ曲玉から生じたとある。『筑前国風土記』逸文（『釈日本紀』所収）では「胸肩の神体は玉たり」とあり、「胸肩」の用字も『紀』と同じであることから、逸文ながら『紀』一書との関連をうかがわせる。なお、鎌倉末期成立とみられる『宗像大菩薩御縁起』にも奥宮（沖津宮）と中宮（中津宮）の神体が玉であるとあり、『日本書紀』受容の点からも興味深い。

■海の正倉院・宗像沖ノ島

沖ノ島は辺津宮から約六〇キロメートルの地点にあり、

韓国の釜山までは約一四五キロメートルに位置する。玄界灘に点在する周辺の島々とは、対馬厳原《つしまいづはら》より七五キロメートル、壱岐芦辺より五九キロメートルと離れており、まさに絶海の孤島である。沖ノ島は周囲約四キロメートルと大きな島ではないが、島そのものがご神体とされ、参拝者の渡島《ととう》や島からの物の持ち出しが厳しく制限されていたことなどにより、四世紀後半（古墳時代前期後半）から九世紀までの祭祀遺跡が残り、古代の神祇祭祀の成立とその変遷をたどることが出来る希有な地である。

　近時、世界遺産に登録されたことで話題になっているが、この島に貴重な遺物が存在していることは既に江戸時代から広く知られていた。しかし、本格的な調査の実施は、昭和二九年からの宗像大社復興期成会によるものを俟《ま》つことになる。

　発掘調査により、沖津宮社殿の北側に屹立する巨岩群に二三カ所の大規模な祭場と約八万点の奉献品が発見され、その中には銅鏡や鉄剣、金製の装飾品、金銅製龍頭や唐三彩などが出土しており、この祭祀跡が四世紀後半から九世紀にかけて展開したヤマト王権と東アジア諸国との対外交渉に深く関わることが明らかとなった。沖ノ島祭祀の特徴は出土遺物の内容とその立地場所から四段階の変遷を概観できる点にある。すなわち、①岩上（四世紀後半～五世紀前半）、②岩陰（五世紀後半～七世紀）、③半岩陰・半露天（七世紀後半～八世紀）、④露天（八世紀～九世紀）と原始的な信仰から社殿祭祀までの移り変わりがみてとれる。また、形態の推移とともに奉献品の内容も変化している。以下、各段階を簡略に紹介しよう。

　①段階では、岩上に巨岩を神が坐す磐座とし、遺物としては碧玉製腕輪、鉄製武器や鉄鋌、滑石製模造品などがある。七〇面を超える銅鏡群は畿内上位層の古墳副葬品に匹敵する質・量であり、鉄鋌は当時朝鮮半島からもたらされた貴重な鉄素材であるため、ヤマト王権主導の祭祀がおこなわれていたと考えられている。

　②段階では、岩陰直下の地面に庇のようにせり出した巨岩の真下の岩陰に小石を並べ、岩上から岩下の岩陰へと移っていく。①で主体だった銅鏡が減少する一方、鉄製武器・武具・工具や金属製雛形品（紡織具や楽器など）などが奉献され、その内容は古墳時代後期の副葬品とも

重なる。舶載品も数多くみえるが、なかでもササン朝ペルシャ伝来のカットグラス碗は伝安閑陵《でんあんかんりょう》出土品や正倉院御物に並ぶ宝器で、当時の東西文化交流の在り方を探る上でも注目される。また、継体天皇の動向と深く関連するとみられる捩り環頭大刀や三葉文楕円形杏葉《さんようもんだえんけいぎょうよう》の奉献からは、朝鮮半島南部を巡る緊迫した国際情勢や筑紫君磐井の乱の勃発など、国内外が混迷を極めていた当該期における王権からのまなざしが推察される。

③段階では、それまで巨岩直下にあったが岩陰の外にまで広がり、露天となる新たな祭祀形態が出現する。この段階では、中国東魏代の金銅製龍頭や唐代の唐三彩など舶載品の中心が朝鮮半島系から中国系へと移行する。律令国家形成段階のこの時期、中国との交渉を重視した王権の姿勢がうかがえる。また、容器・紡織具・琴などの金銅製雛形品は八世紀に定型化する律令祭祀の祭具等と符合することから、この段階は律令祭祀の萌芽期と考えられている。

④段階では、巨岩の集中する場所から離れた露天の緩斜面でおこなわれるようになる。奉献品は前段階と共通するところも多いが、他に奈良三彩小壷《ならさんさいこつぼ》や皇朝銭《こうちょうせん》、八稜鏡などがみえる。

沖ノ島祭祀が始まった四世紀後半は日本と朝鮮半島との交流が活発化し始めた時期である。辺津宮が鎮座する釣川の河口付近は港湾に適した地形で現在も神湊があり、大島へのフェリーが発着している。その沖合の大島（中津宮）、沖ノ島（沖津宮）を結ぶことでヤマトと朝鮮半島とを最短で結ぶ「海北道」が成立する。古墳時代にはこのルートを通って鉄資源や最新の知識・技術が伝来した。『紀』は宗像三女神について、海北道中の道主貴（道中の神）であると記す（第六段一書第三）が、朝鮮半島に至る海上の道の起点となる河口の港湾、それを中継する島々の存在、しかも沖ノ島には航海に必要な水が湧く。このようなことが、古代の人びとが神を感じた背景にあったのであろう。

20 須佐神社

■須佐神社の概要

須佐神社は島根県出雲市佐田町須佐、神戸川の支流である須佐川の南岸に鎮座する式内社で、主祭神はスサノオ神。『出雲国風土記』（以下、『風土記』）飯石郡《いいしぐん》の官社「須佐社」に比定されている。応永二一年（一四一四）の棟札には「十三所御社」とあり、十三所《じゅうさんかしょ》大明神とも称せられた。宝暦一三年（一七六四）以降は「須佐大宮」とみえる。年代は未詳ではあるが、十六世紀中頃と思われる「尼子《あまご》晴久《はるひさ》寄進状《きしんじょう》」には「須佐大明神」、「須佐大宮」ともみえる。

古代の史料にはみえないが、当社の宮司家は少なくとも中世段階より須佐国造を称していることが文書に残っており、現在七八代目になるという。

現存の本殿は大社造で、文久元年（一八六一）に建造されたものであり県指定文化財である。また、種々の古文書類の他、神宝として尼子晴久奉納の兵庫鎖大刀（鎌倉・重要文化財）や黒韋威《くろかわどし》鎧《よろい》残欠《ざんけつ》（南北朝～室町初期か・県指定文化財）・舞楽面《ぶがくめん》納曽利《なそり》（室町・県指定文化財）などが伝えられている。

■『風土記』のスサノオ、「記・紀」のスサノオ

『風土記』には関連地名として飯石郡に須佐郷、大須佐田・小須佐田、須佐川、須佐径などとみえる。須佐郷はスサノオ神が「御魂《みたま》を鎮《しず》め置」き、大須佐田・小須佐田を定めたことを郷名由来としている。これは須佐社創建にかかわる伝承が採録されたものであろうか。大須佐田・小須佐田は須佐にあった大小の田のことを指しているが、スサノオ神に捧げる御料田の起源伝承であるとする説もある（加藤義成）。須佐川は備後国境付近の琴引山《ことびきやま》を源とする神門川上流部分を指す名称で、須佐径も須佐郷付近の道を指すのであろう。

『風土記』のスサノオ神は出雲各地（意宇郡・大原郡）を巡行しているが、その巡行の末に須佐郷に鎮座したと

いう。これは、社を造って土地を開発するといった小規模な国作りの神話とも解される。『風土記』の国作りの神といえば「所造天下大神」とされるオオクニヌシ神がまず思い浮かぶが、スサノオ神が出雲山間部の小地域で国作りの神として語り伝えられている点は注目され、スサノオ神の信仰圏は須佐郷を拠点として出雲山間部に広がっていたことをうかがわせる。また、スサノオ神の御子神たちは意宇・島根・秋鹿・神門・大原の各郡にみえ、平野部・海浜部に多く分布しているが、このことについてスサノオ神信仰圏の拡大をみる説もある（瀧音能之）。

須佐神社（写真提供：島根県観光連盟）

ところで、「記・紀」によるとスサノオ神は、イザナキ神が黄泉国から戻り禊ぎをした際に生まれた三貴子のうちの一神という極めて高い出自をもっている。その性格は複雑で、荒ぶる神、英雄神としての面が強く、また増殖神や根の国の主宰神としての要素も有している。

一方、『風土記』ではそのような面はほとんどみえない。そのため、スサノオ神の神名由来については「荒（すさ）ぶ」という激しい性格をもつ神格からのものと理解する説や、須佐の地の土地神、あるいは首長的な性格をもつ神格からのものと解する説などがある。記紀では前者が、『風土記』では後者の要素が色濃く描写されている。ただ、『風土記』ではスサノオ神の御子神に剣や鉾を神格化した武神的要素をもつ神もみられ、これら御子神たちの性格をスサノオ神に加えると、「記・紀」のスサノオ神像に重なってくる。

また、紀伊国にみられる「須佐」地名から、出雲と紀伊のつながりも指摘されている（5、23参照）。

21 美保神社

■美保神社の概要

『出雲国風土記』（以下、『風土記』）島根郡官社《かんしゃ》の美保社に比定されている美保神社は、島根半島東端の松江市美保関町に鎮座する式内社で、主祭神は事代主命とその母神の三穂津《みほつ》姫命《ひめのみこと》。境外神社の沖之御前《おきのごぜん》、地之御前《ちのごぜん》（ともに祭神は事代主命・活玉依媛命）は、『風土記』島根郡の等々島・土島に比定されている。現在の社殿は文化一〇年（一八一三）に建てられたもので、妻入社殿二棟を並列させ一棟でつなぐ美保造《みほづくり》・比翼大社造《ひよくたいしゃづくり》と称される独特の様式の社殿を持ち、国の重要文化財に指定されている。

また、祭神のコトシロヌシ神は記紀の国譲り神話でオオクニヌシ神の御子神として登場し、父神の代わりに国譲りについて同意する神である。このことにちなんで執りおこなわれる神事として著名なのが青柴垣神事《あおふしがきしんじ》・諸手船神事である。

青柴垣神事は四月の神事で、国譲りの際にコトシロヌシ神が海中に青柴垣をつくって隠れたことを再現している。諸手船神事は十二月の神事で、『日本書紀』の国譲りの際に諸手船に乗せてコトシロヌシ神への使者を送ったことを再現している。これら神事に用いられる船などの道具類は、国および県の指定有形民俗文化財となっている。

美保神社（写真提供：島根県観光連盟）

美保関は古くより海上交通の要所で北前船など諸国の船が往来し、風待ちの港として栄えた。いつしか鳴り物の神としても広く知られるようになり、多くの楽器が奉納された。奉納鳴物のなかには、日本最古のオルゴールやアコーディオン等貴重な資料も数多く、この内、八四六点が国の重要有形民俗文化財に指定されている。

境内には美保神社境内遺跡があり、弥生時代～古墳時代にかけての土器・土馬が出土し、碧玉勾玉《へきぎょくまがたま》の玉作関係遺物、鍛冶関係遺物が出土し、祭祀やそれに用いる祭料の生産がおこなわれていたことが明らかになった。玉作りがおこなわれていたのは古墳時代中期（五世紀）と考えられ、神社成立以前よりこの地が神聖視されていたことをうかがわせる。また、碧玉の素材片や石屑を接合して母岩が復元されている。素材片・石屑から母岩が復元された例は全国でもほとんどなく、これは古代の玉作技術を考える上で貴重な成果といえる。

■御穂須々美命と美保郷

『風土記』島根郡美保郷はミホススミ神が鎮座していたことが郷名由来となっている。ミホススミ神は他にみえない神であるが、ミホは地名で、ススミは稲穂の豊かなみのり進める神と解されている（加藤義成）。豊穣を約す土地神としての神格がうかがえる。『風土記』には郷名と同名を冠する「美保社」が記されており、現在の美保神社につながる社とみられている。前述の郷名由来に従えば、美保郷域の地域神として郷内に広く祀られていたことが想定される。

『風土記』はミホススミ神の父神を所造天下大神、母神を高志（北陸）の河川神であるヌナカワヒメ神としており、これは『古事記』のオオクニヌシ神の妻問いの物語と重なる。

『風土記』冒頭の国引き神話では「高志の都都の三崎」より島根半島の一部を引いてきたとあり、この「都都」については能登国《のとのくに》珠洲郡《すずぐん》（石川県珠洲市周辺）にあてる説もある。『延喜式』神名帳には同郡に須須神社がみえ、現・珠洲神社に比定されている。この神社は能登半島東側の珠洲岬に鎮座し、美穂須須美命を現在祀っている。当社の古代の祭神は明らかでなく、また都都をどこにあてるかも諸説あるが、高志《こし》が北陸地域を指す地域名称であることは認められる。日本海にせり出した美保関が海を介した広域交通の中継地であり、出雲と北陸とを結ぶ交流の拠点であったことが、『風土記』の記載の背景にあるのかもしれない。

22 佐太神社

■佐太神社の概要

島根県松江市鹿島町佐陀宮内《さだみやうち》に鎮座する式内社であり、『出雲国風土記』（以下、『風土記』）の佐太御子社とされている。正中殿を中心に北殿と南殿が左右に配置され、三殿が並立している。大社造の本殿は出雲大社に次いで大きく、文化四年（一八〇七）の造営。大社造の社殿が三殿並立という他に類例がない特徴をもち国の重要文化財に指定されている。主祭神は（正殿）サダ御子大神、（北殿）アマテラス大神、（南殿）スサノオ尊。

九月におこなわれる御座替祭は本殿以下摂社末社の神座の茣蓙を敷き替える神事であり、数ある神事のなかでも重要なものの一つだが、これに伴い舞われる神事舞が「佐陀神能」である。佐陀神能は昭和五一年に国の重要無形民俗文化財となり、平成二三年（二〇一一）にはユネスコ無形文化遺産に登録された。

『風土記』の記載から八世紀の主祭神はサダ大神（サダ御子神）だったと推測される。永享一一年（一四三九）「四郎三郎起請文」に「佐陀三社大明神」とみえ、明応四年（一四九五）の『佐太神社縁起』では中生殿にイザナキ命・イザナミ尊、北殿にイザナミ尊、南殿にアマテラス大神・キヅキ大明神を祀っている。これらのことから、中世にはイザナキ・イザナミ両神とアマテラス神を中心とした祭神に変化したとみられている（井上寛司）。

佐太神社（写真提供：島根県観光連盟）

■佐太大神の信仰圏

『風土記』によれば、サダ大神は島根郡の加賀神埼《かかのかんざき》で誕生した。そのときサダ大神の母神であるキサカヒメ神は、この窟に黄金の弓矢を放った。こうして出来上がったのが松江市島根町の加賀鼻にある海蝕洞窟《かいしょくどうけつ》、加賀潜戸のうちの新潜戸であると伝えられている。この潜戸は高さ四〇メートル、長さ二〇〇メートルの大洞窟で、東西北の三方向に穴が開いて海水が流れ込んでいるが、これは『風土記』の「東と西と北とに貫通する」という記述に合致する。また、『風土記』ではキサカヒメ神の社がここに鎮座しているとあり、新潜戸に西側から入ると左手に鳥居がみえ、その場所は誕生岩と呼ばれている。

この加賀神埼は島根郡に属すが、サダ大神が祀られている佐太御子社は隣の秋鹿郡《あいかぐん》に鎮座している。このように一つの神の活動伝承が複数郡にまたがるのはなぜか。これは、本来広域に及んでいたサダ大神の信仰圏を、ある時期に別々の郡に分割した結果と考えられる。

『風土記』に登場する神々のなかで「大神」と称されるのは熊野大神・所造天下大神《あめのしたつくらししおおかみ》・佐太大神・能城大神のわずか四神で、非常に高い地位の神であったことがわかる。その信仰圏は、『風土記』冒頭の国引き神話にみえる「狭田国」がこれにあたるとも考えられる。

佐太神社から北東に約一キロメートルに所在する奥才古墳群（松江市鹿島町名分）は、古墳時代前期～後期（四世紀～六世紀）に築造され、木棺の中に礫を敷き詰めた特異な墓制をもつ。島根半島中央部ではこのような埋葬施設をもつ古墳が集中的に造られ、ここに葬られた首長層は日本海を股にかけた海人集団の長であったと目されている（『松江市史』）。佐太神社が鎮座する松江市鹿島町を中心に、北は島根町にかけての日本海側、南は浜佐田町・古曽志町一帯の地域は、佐太神社前を流れる佐陀川を介してつながっており、佐太大神の信仰圏は律令制下の地域区分が成立する以前の地域的結合を反映している可能性がある。

加賀の潜戸（新潜戸）
（写真提供：島根県古代文化センター）

23 熊野大社

■熊野大社の概要

島根県松江市八雲町熊野に鎮座する式内社で、平安末からの諸国一宮制では杵築大社《きづきたいしゃ》（出雲大社）と並んで出雲国一之宮であった。主祭神は神祖熊野大神櫛御気野《くしみぬけの》命《みこと》（スサノオ尊）で、熊野に坐す櫛御気野命と解されている。クシミケヌの「クシ」は「奇し」で霊妙なという意味の尊称であり、「ヌ」は格助詞「の」である。神名の核は「ミケ」特に「ケ」にあり、これは食物を表す語である。すなわち、

熊野大社（写真提供：島根県観光連盟）

「熊野に坐す霊妙で豊穣をもたらす食物の神」というのがこの神名の表すところとなる。

■意宇平野の豊穣の神

今も昔も熊野大社は出雲を代表する神社である。『出雲国風土記』（以下、『風土記』）では意宇《おう》郡《ぐん》の官社記載の筆頭であり、杵築大社と並んで他の社と異なる「大社」と表記されている。また、意宇郡の出雲神戸の条にみえるように、出雲神戸は熊野・杵築の両大社の神戸であった。出雲神戸は両

天狗山（写真提供：島根県古代文化センター）

社の所在する意宇郡・出雲郡以外に秋鹿・楯縫《たてぬい》・神門の三郡にもある。また、島根郡朝酌郷《あさくみごう》（松江市朝酌町周辺）は、その地に生活していた人びとが朝夕に熊野大神のために食物を奉ったことを郷名由来とする。

祭神は『風土記』にはイザナキの子である熊野加武呂・熊野大神とあり、『令集解』（九世紀前半）では出雲国造が斎く神であるとみえる。熊野大神は出雲国造が奉祭する食物神であり、島根半島東西の広域エリアを包括する神であった。

その社地は現在松江市八雲町宮内であるが、『風土記』では熊野山（現在の天狗山）頂上付近が鎮座地であるとされ、巨大な磐座が存在する。ただ、『風土記』段階で熊野山に源を発する水系沿いに多くの官社が設定されている（図参照）点から、八世紀の熊野大社は同時に麓に別に設けられていたとする考えもある（松尾充晶）。熊野山は意宇川の水源であり、意宇平野一帯に広く水を供給源であると認識されていた。古墳時代後期（六世紀）の大型木製琴が出土している前田遺跡（松江市八雲町）では、平野に水を配る谷の出口において大規模な祭祀を行っていたと考えられ、これは後の出雲国造出雲臣に連なる広域首長の管掌下でのことと推測されている（松尾充晶）。

また、伊勢神宮が皇祖神たる天照大神を祀る内宮と、在地豪族渡会氏の食物神を起源とする外宮からなる（⑯参

意宇川流域の神社分布図

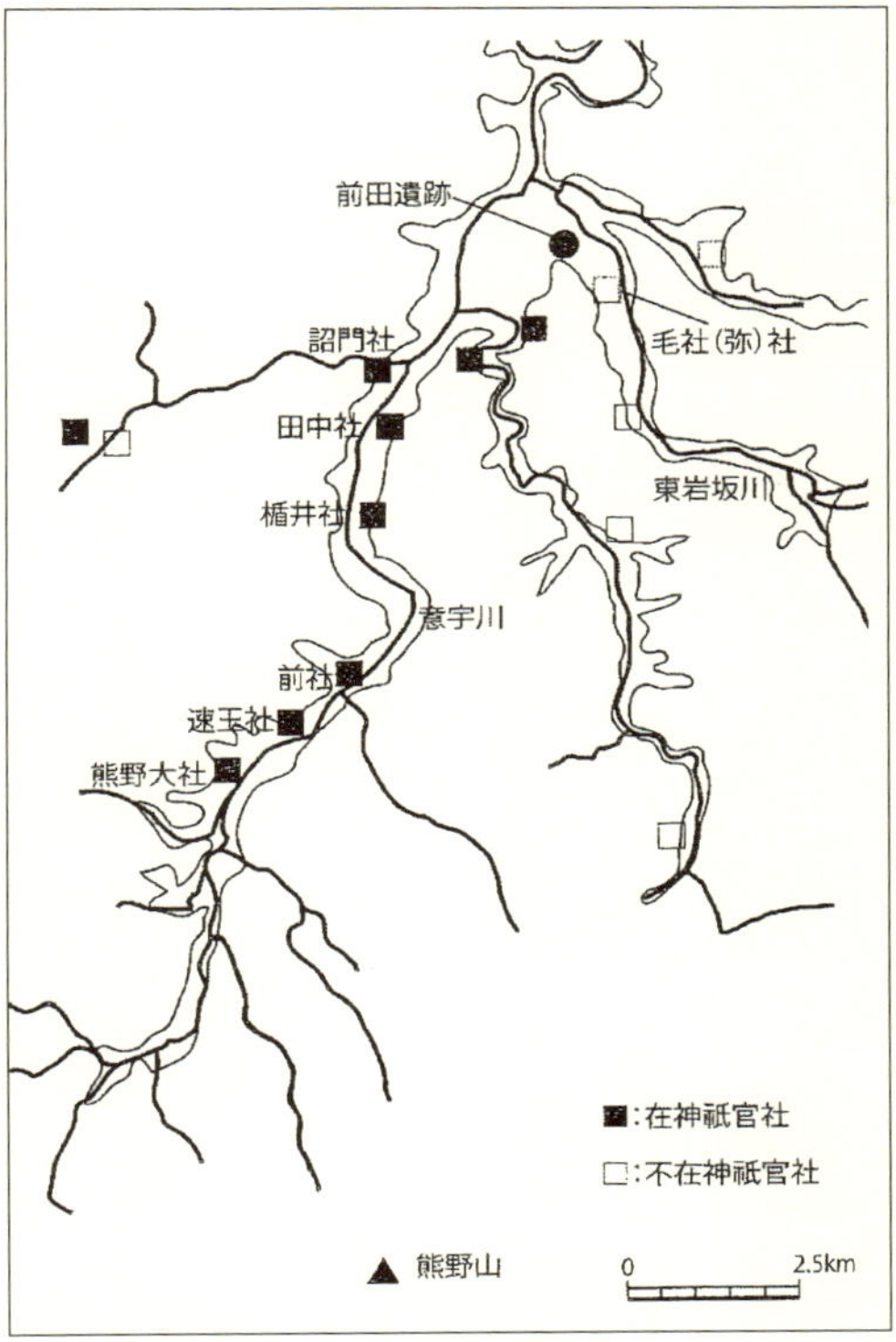

笹生衛「祭祀遺跡からみた古代の出雲」
（『古代祭祀と地域社会』島根県教育委員会）より転載

照）のと同様、熊野大社に杵築大社に対応する食物神としての性格をみる見解もある（平野邦雄）。

■熊野の地名

熊野というと紀伊の熊野も知られるところであり、これとの関係が注目される。『延喜式』神名帳には紀伊国《きいのくに》牟婁郡《むろぐん》に熊野坐神社と熊野早玉神社とがあり、これらは熊野本宮大社と熊野速玉大社《くまのはやたまたいしゃ》とに比定されている。古代において紀伊と出雲に共通する点の多いことは、既に本居宣長以来指摘されており、この共通性をめぐる先学の解釈はさまざまあるが、主に以下の三つに大別される。

①出雲から紀伊への移住説。

②紀伊から出雲への移住説。

③古代人の他界の観念が出雲・紀伊両方に結びつけられたとする説。

未だ定説をみないのだが、『延喜式』には出雲・紀伊以外に近江国・越中国・丹後国にも熊野神社がみえる。また、古代史料上、伊予国・但馬国などにも「熊野」はみられる。これらの場所の共通点としては、海から奥まった場所にあるということである。そのことから「クマ」は「隈」に通じ、「クマノ」は奥まった野（場所）という意味で解される。また、名称としての「熊野」は原初的には普通名詞であったという指摘もある（水野祐）。

これまでの研究では出雲・紀伊の熊野に関心が寄せられてきた。無論、両所について比較検討する意義はおおいにあるのだが、今少し広い視野で考察する必要もあるのではなかろうか。

24 奈具神社

■奈具神社の概要

奈具神社は京都府宮津町由良と京丹後市弥栄町船木に鎮座の神社で、『延喜式』神名帳の加佐郡および竹野郡にある同名社にそれぞれ比定されている。祭神は、豊宇《とよう》賀能売命《かのめのみこと》（京丹後）で、宮津奈具神社でも同神を祀る。宮津奈具神社にかんする詳細は不明だが、京丹後奈具神社の縁起にかかわる伝承が『丹後国風土記』逸文（以下、『風土記』）に記載されているので、紹介しよう。

丹後国丹波郡に比治里《ひじのさと》がある。この里の比治山の頂に麻奈井の泉があるが、今（『風土記』編纂時点）は沼と化している。この泉に天女が八人舞い降りてきて、水浴びをしていた。そのとき、ある老夫婦がこの泉に来て、こっそり一人の天女上着と裳とを隠してしまった。上着と裳のない天女は天に帰れず、とり残されてしまった。そこで、老夫が天女に自分の子になってくれと頼み、天女はしかたなく付き従って老夫の家に住み着き、十余年が経った。

ところで天女は酒をうまく造り、これが万病によく効いた。老夫の家はこれで得た財産によって豊かになる。ところがその後、老夫婦は天女に「おまえは私の子ではなく、仮に住んでいたにすぎない。早く出て行け」と言い渡す。

羽衣伝説の伝わる磯砂山（写真提供：京丹後市観光協会）

天女は泣く泣く家を立ち去ったが、長らく人間世界にいたため、もはや天に戻ることもかなわない。恨みの心をいだき比治里の荒塩村、丹波里《たんばのさと》の哭木村《なききむら》といった各地を転々とする。最後に竹野郡船木里の奈具村に行き着き、やっと「この場所で私の心はなぐしく（穏やかに）なった」といった。そうして、天女はこの村に留まることとなった。これが世に言う竹野郡の奈具社に坐す豊宇加能賣命である。

少々長くなったが、ここにみえる比治里は京丹後市峰山町鱒留・久次付近とされ、同地には『延喜式』丹波郡の式内社「比治麻奈為神社《ひじのまないじんじゃ》」比定社がある。比治山は鱒留の磯砂山のこととされている（北東約一〇キロメートルの久次岳説もある）。この説話の最後、竹野郡の奈具社に比定されているのが京丹後市奈具神社である。奈具村は中世嘉吉年間の洪水で流失したと伝え、その故地は未詳だが、現奈具神社近隣の黒部には小字名「奈具」がある。なお、この天女の移動の道程は、丹波郡比治里の老夫婦の家（峰山町鱒留・久次）→比治里荒塩村（久次付近か）→丹波里哭木村（峰山町内記）→竹野郡船木里奈具村（弥栄町船木）となっており、これは鱒留川沿いに下り、本流竹野川に合流した後、北へ川沿いに下っていく形になっている。

■『風土記』と羽衣説話

羽衣説話（白鳥処女説話）は天女（白鳥）が地上の男に隠された羽衣を発見し、天上に戻るモチーフを共有する説話伝承で、全世界に分布している。東アジアにおいては天界と地上とを往復できる天女（仙女）の羽衣を隠す話として伝承されている。

それらの中でも中国の『捜神記』（三～四世紀成立）の「毛衣女」が最も古く、天女の原身は鳥であった。『常陸国風土記』香島郡白鳥里の条には白鳥が天から飛んできて童女に姿を変え、夕方には天に帰り朝には下りてくるとあり、日本古代にもこうした説話が伝承されていたことがうかがえ、本説話も日本に伝えられた羽衣説話の一類型と考えられている。特に丹後地域は本説話以外にも浦島子伝承など、中国の神仙思想に影響を受けた伝承の舞台とされている。

ところで、本説話では天女が天に戻らず、奈具村において祀られる（豊宇加能賣命）こととなっている。豊宇加能賣命はトヨウケ神と通じ、穀霊神であると考えられる（⑯参照）。鱒留川から竹野川にかけての流域は開けた水田地帯であり、奈具村に祀られていた穀霊神の伝承が底流にあったのであろう。

Ⅳ

タブーと宗教

現代においてもタブーや宗教的なことは気にする人が多いと思う。古代にはどのようなタブーや信仰があったのであろうか。そして、古代人はそれらにどのように向きあっていたのであろうか。

Ⅳ章では、そうしたことがらについて具体的に取りあげ、宗教的世界の一端についてかいまみることにしたい。そこから現代社会との相違点や共通点を考えることができるのではなかろうか。

25 寺院

■仏教の伝来と寺院

仏教は六世紀中頃の欽明《きんめい》天皇の時に百済《くだら》の聖明王《せいめいおう》より日本に伝えられた。六世紀末に創建されたとされる飛鳥寺は、初めて伽藍《からん》をもつ寺院であるとされる。『日本書紀』天武天皇十四年三月条に「諸国に家毎に仏舎を作れ」との詔が出され、持統《じとう》天皇五年条に天武朝の仏教の興隆に倣い、持統天皇の時代も国家が積極的に寺院の造営を促していることがわかる。

しかし、地方においての寺院の状況については『風土記』には神祇信仰を示す神社や神々の記述が多くみられるものの、仏教関係の記載はほとんどみられない。寺院については、『豊後風土記』大分郡に僧寺と尼寺が各一箇寺あると記され、『肥前国風土記』にも神崎郡と佐嘉郡に僧寺が各一箇寺あったことを伝えている。九州の二つの『風土記』には巻首に郡・郷・里・駅・烽・城・寺などの総数が記され、そこに寺が二箇所存在すると明記されている。『尾張国風土記』逸文には二つの寺の記載がみられ、一つは聖武天皇時代の神亀元年（七二四）、愛知郡に聖武天皇の神亀元年に郡の主政である三宅連麻佐《みやけのむらじまさ》が建立したという福興寺があり、俗称を三宅寺と称したことが記述され、もう一つは天武朝に、葉栗郡に小乙中葉栗臣人麿が建立したとされる光明寺という寺があり、葉栗尼寺と名付けられたと記されている。

その他の仏教に関する語句で『風土記』にみられるものは、『常陸国風土記』多珂郡に大海の辺の石壁に観世音菩薩像を彫り造り、今もその像が存在し、仏の濱と呼ばれていることを伝えている。仏の濱とは現在の日立市太田尻の海岸とされ、その地にある観泉寺の石仏がその像であると考えられている。

■『出雲国風土記』の寺院について

最も寺院に関する記述が多いものは『出雲国風土記』である。『出雲国風土記』の寺に関する記述は意宇《おう》郡に四つ、楯縫郡《たてぬいぐん》に一つ、出雲郡に一つ、神門郡に二つ、大原郡に三つの合計十一寺の記述が存在する。十一寺の中で、意宇郡の教昊《きょうこう》寺のみ寺号が記されているが、他の十寺は「新造院」と記されている。意宇郡の教昊寺は教昊という僧が造った寺で、五重塔が建っている寺である。同郡山代郷には二つ新造院があり、二つとも厳堂が建ち、一つは日置《ひおき》君《のきみ》目烈《まれ》が造ったとされ、僧はいないと記述されており、もう一つは飯石郡少領出雲臣《いずものおみ》弟山《おとやま》が造ったとされ、僧一軀《はしら》が住んでいると記されている。

教昊寺跡（写真提供：島根県古代文化センター）

三つ目の新造院は山国郷にあり、三層の塔を持ち、日置部根緒《ひおきのべねを》が建立したとされる。楯縫郡沼田郷には厳堂をもつ新造院があり、大領であった出雲臣《いずものおみ》太田《おおた》が造ったとされる。

出雲郡河内郷には旧大領日置《ひおき》臣《のおみ》布彌《ふみ》が造ったとされる新造院があり、厳堂が建っていると記載されている。神門郡朝山《あさやま》郷には厳堂が建つ新造院があり、神門臣《かんどのおみ》等が造ったとされ、古志郷にも刑部臣《おさかべのおみ》等が造った新造院があり、厳堂が建っていると記されている。

大原郡斐伊郷には大領勝部臣《すぐりべのおみ》虫麻呂《むしまろ》が建立した新造院が存在し、厳堂が建ち、僧五軀がいるとされる。同郡屋裏郷には前少領額田部臣《ぬかたべのおみ》押嶋《おししま》が建立した新造院があり、何層かの塔があり、僧一軀がいるとされる。同郡斐伊郷《ひのさと》にも厳堂を持ち、尼二軀《はしら》がいる新造院が存在し、斐伊郷の人で樋伊支知麻呂《ひのいきちまろ》が建立したという。

このように出雲国九郡のうち五郡に寺院が存在していたことがしられる。これらのことから、他の『風土記』と比較して、『出雲国風土記』に寺院の記載が多いことがよくわかる。

■『出雲国風土記』の新造院について

新造院の研究について、『出雲国風土記』にみられる

新造院の記述の分析を中心とした文献史学と、遺跡の発掘調査などが増加し、古瓦の研究などにより考古学から研究が進められている。新造院の記述から「院」という言葉の意味は垣、垣に囲まれた宮殿、寺、僧の家などであるとされていることから「新造院」は厳堂や塔とは別のものを指すと考えられ、「垣」あるいは「溝」のめぐらされている寺域を含めた建物群などではないかと想定されている。

「新造院」には僧の記述がみられるが、意宇群では「住める僧一軀なり」と記述されているので僧坊があったと考えられ、「新造院」は寺の施設全体を呼称したものではないかという意見もみられる。『豊後国風土記』、『肥前国風土記』には寺が各二寺しかないことを考えると、十ヵ所の「新造院」全てを国家に登録されている寺院と考えるのは難しいと指摘されている。

また、新造院はどのようなものであったのかをめぐって、さまざまな説がだされている。「新造院」は新しく造られた「寺号」が定まっていない寺とする解釈について、『出雲国風土記』の記載の分析から新造院が交通の要衝に位置し、国庁や郡衙などの近くに存在することなどから旅行者の便宜をはかるために設置された「布施屋」の性格をもつものではないかとの説や、天平五年（七三三）前後の「寺院併合令」などの寺院政策から「新造院」を分析され、「寺院併合令」のあと荒廃寺院が併合され、新寺の資格を持つものが「教昊寺」で、未併合もしくは新造で寺号や法人格を持たないものが「新造院」であるという説もあるが、反対に未併合の寺院が「教昊寺」で、併合された寺院が「新造院」であるとする説もだされている。

出雲国の出土瓦の分析から出雲での造寺活動は後進地域であり、造寺活動が活発になる時期は八世紀代であり、天平五年段階では十一ヵ所も成立していないのではないかとされ、新造院の注記は後から注記されたもので、教昊寺より後に建立された寺院は全て「新造院」であると考え、『出雲国風土記』も天平五年の成立後に追記された可能性を指摘する研究もみられる。同じく出雲国内の奈良時代前後の寺院跡などの出土瓦の分析から七世紀末から八世紀初頭に出雲で仏像の造立や堂宇の建設が開始されたと考え、実態がよくわからない神門郡古志郷の新造院を除いて、新造院は奈良時代初期には瓦葺きの堂塔が存在していた可能性を指摘している。

教昊寺の創建については、教昊僧が上腹押猪《うえはらおしい》の祖父という記載されていることから、教昊寺の創建は七世紀後半のことだろうとの説と創建時の瓦の分析から八世紀初頭とする意見もだされている。

神門寺（写真提供：出雲弥生の森博物館）

教昊寺跡は安来市野方町に所在する野方廃寺が有力とされ、意宇郡山代郷の日置《ひおきの》君《きみ》目烈《まれ》が建立したとされる新造院跡は松江市来美町の来美廃寺で、山代郷の出雲臣弟山が建立した新造院跡は松江市山代町の四王寺跡であるとされる。来美廃寺は平成一八年（二〇〇六）までの発掘調査により『出雲国風土記』に記されたあとに金堂の左右に塔二基、講堂がある一大伽藍を形成する寺院であったと推定されている。楯縫郡の新造院は出雲市西郷町にある西西郷廃寺であるとされる。神門郡朝山郷の新造院は出雲市塩次町にある神門寺境内廃寺と考えられ、大原郡斐伊郷の勝部君虫麻呂が建立した新造院は雲南市木次町にある木次駅構内廃寺とされ、同郡屋裏郷の額田部臣押島が建てた新造院は雲南市大東町所在の馬田寺廃寺であると考えられている。

26 神社

■多様な神社記載

『風土記』には「紀・記」に登場する神の他に、各地で信仰されていた神々について多くの伝承を掲載しており、神社についての記述もいくつかみられる。神社や神についての記述は、「神が祀られた」、「社に神が坐す」という表現になっており、例えば、『播磨国風土記』飾磨郡英賀里の地名由来では、イワ大神のみ子の阿賀比古・阿賀比賣の神が此處に在すと表記され、また、『常陸国風土記』行方郡波須武《はずむ》野の北の海辺に香島の神子の社ありと記され、神社について詳細に説明されてはいないが上記のような記述を数多くみることができる。

神社の様子を伝える記述は『常陸国風土記』久慈郡賀《か》毘禮《びれ》の高峯について、この近くに立速男命《たてはやのみこと》(速経和気命《はやふわけのみこと》)という天神が天降り、祟りを及ぼしていた。朝廷は片岡大連を遣わして賀毘禮峰に祀ったとあり、その社は石を垣となし、さまざまな宝や弓、鉾、釜、器などが石の形で残っていると記述されており、山上の古墳の由来に伝える説話と考えられている。

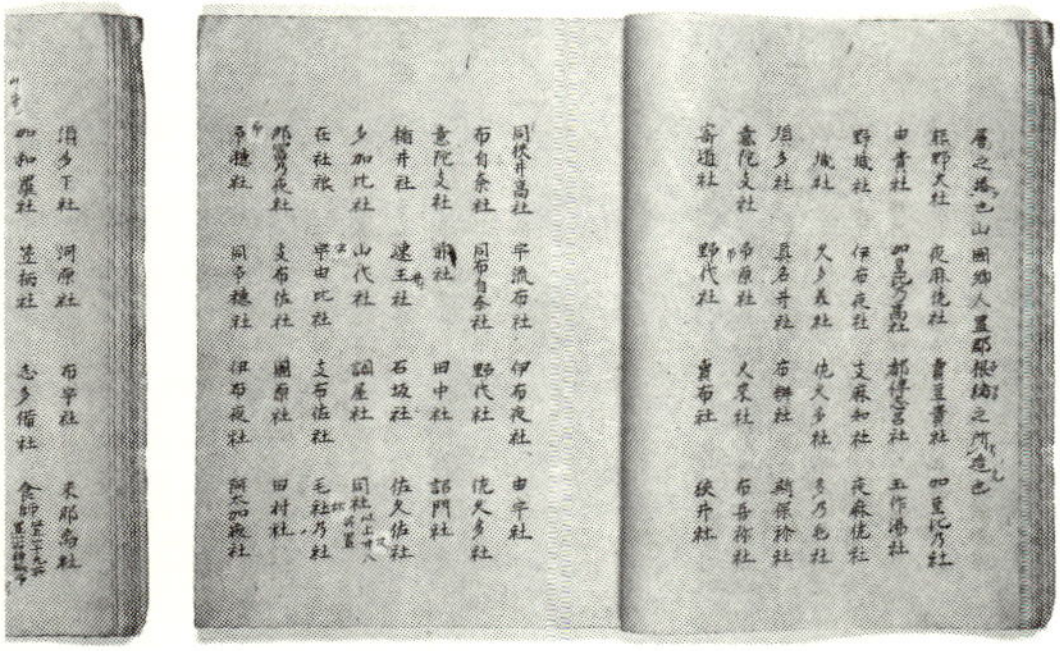

『出雲国風土記』意宇郡の神社記
(写真提供：島根県古代文化センター)

■『出雲国風土記』の神社

『出雲国風土記』の神社の表記は他の『風土記』と違い、出雲国各郡にある神社が全て列記され、神祇官に在る神社と神祇官ではない神社を区別して記述されているという特徴がある。神祇官に在る神社とは、神祇官の神社台帳に掲載されている神社のことを指すと考えられ、神祇官ではない神社とは、その台帳に記載されていない神社のことを指すとされる。

出雲国には三九九所の神社があり、神祇官の台帳にある神社は一八四所で、神祇官の台帳にない神社は二一五所であると記されている。しかし、各郡に列記されている神社の数を数えると、神祇官の台帳に記載のない神社の数が二一五所ではなく、二〇五所となっているので、書写した際に脱落があったと考えられている。

■著名な神社について

常陸国の鹿島神宮について、『常陸国風土記』には香島郡の古老の伝承として孝徳天皇の時に神郡が設けられ、そこに天の大神社、坂戸社、沼尾社の三所を合わせて香島の天の大神とし、香島郡の名称となったことを伝えているが、『常陸風土記』には鹿島神宮の祭神武甕槌神《さいじんたけみかづちのかみ》の名称は記されていない。香島の天の大神の社は天では日の香島の宮といい、地では豊香島の宮と名付けられたという。

天孫降臨に関係する神々で『風土記』に記述される例はあまり見られず、上記の香島の天の大神、『常陸国風土記』に登場する久慈郡の綺日女命《かむはたひめのみこと》、次にあげる賀茂《かも》建角身命《たけつのみのみこと》と『日向国風土記』逸文の天津彦々火瓊々杵《あまつひこひこににぎの》尊《みこと》の四か所のみである。

『山背国風土記』逸文に賀茂社（下鴨社）の由来が記述され、賀茂建角身命《かもたけつぬみのみこと》の子の玉依比賣《たまよりびめ》が丹塗矢で神の子を宿す伝承を伝えている。『尾張国風土記』逸文には熱田社の由緒が記され、日本武命《やまとたけるのみこと》が東国を遠征した際に、尾張連等の遠祖宮酢媛命《とほつおやみやずひめのみこと》を妻とし、その家に宿泊した時に日本武命の剣が輝き神となったので、宮酢媛命に祀るようにと命じ、社が立てられたことを伝えている。『摂津国風土記』逸文には住吉社について記されており、息《おき》長足比賣《ながたらしひめ》の天皇（神功皇后）のみ世に住吉の大神が現れ、沼名椋《ぬなくら》の長岡の前に来た時に「眞住み吉し、住吉の国」といい、ここに社が立てられたことを伝えている。この他にも、『風土記』逸文には、各地の神社の記述があり、「記・紀」に記されている神社以外の由緒を知ることができる。

27 僧と尼

■少ない僧尼の記載

『風土記』には神々や神社の記述が豊富な一方で、仏教関係の記述が少ないことも特徴である。特に僧尼の記述はあまり見られず、『出雲国風土記』に寺や新造院に僧侶がいるかどうかが明記されている。『豊後国風土記』大分郡に僧の寺と尼の寺が各一つ存在することが伝えられている。『肥前国風土記』にも寺についての二か所の記載があり、一つに「僧の寺なり」と記述され、註によると背振山霊仙寺だとされる。常陸国、播磨国には僧尼の記述は見られない。

『風土記』逸文にも寺の記述はいくつかみられるが、僧尼については『志摩国風土記』吉津島に「行基《ぎょうき》菩薩《ぼさつ》、婆羅門《ばらもん》僧正《そうしょう》、僧仏哲《そうぶつてつ》」の記載がみられ、『尾張国風土記』葉栗郡の光明寺は葉栗尼寺という記述があり、尼寺があったことを伝えている。『常陸国風土記』かひやの項に「登蓮法師」という記述があり、『伊予国風土記』湯泉に「恵慈僧《ろうえじ》」、「法王大王」、「恵慈の法師」という記述がみられる。

■『出雲国風土記』の僧尼

意宇郡に教昊寺《きょうこうじ》は教昊という僧が建立した寺であり、僧がいると明記されている。意宇郡には新造院が三つあり、その内出雲臣弟山が作った新造院に僧が住んでいると伝えている。大原郡には新造院が三か所あり、勝部臣虫麻《すぐりべのおみむしま》呂《ろ》が造った新造院には僧五人があり、額田部臣雄嶋が造った新造院には僧一人が居て、樋伊支知麻《ひいきちま》呂《ろ》が造った新造院には尼

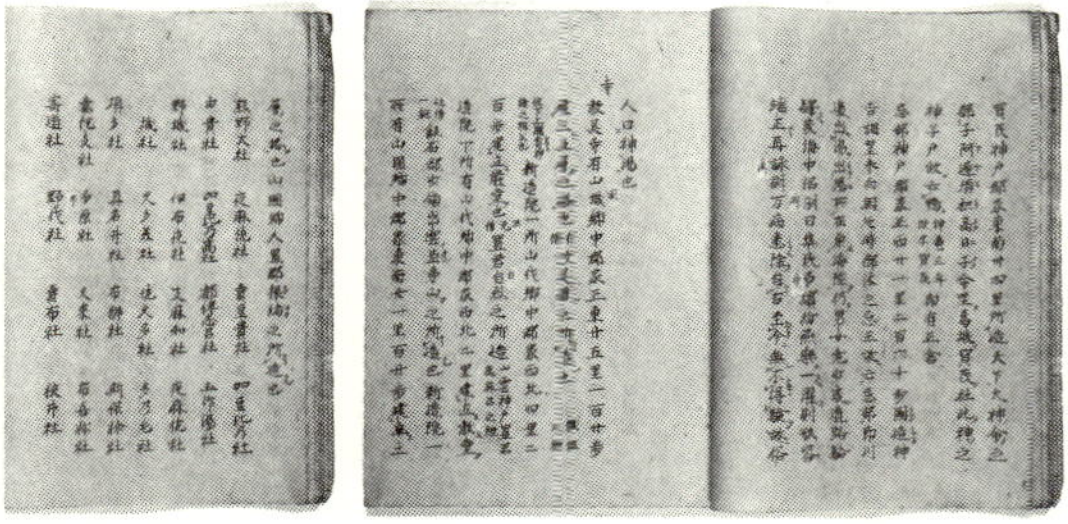

『出雲国風土記』意宇郡の寺院記
（写真提供：島根県古代文化センター）

二人が居たとされる。これらの僧は民部省の度帳に登録された僧を指すとされる。嶋根郡、秋鹿郡、飯石郡、仁多郡には新造院や寺の表記はなく、楯縫郡、出雲郡にはそれぞれ新造院が一か所あり、神門郡には新造院が二か所あるが、僧が居たかどうかの記載はない。

『出雲国風土記』には神社についても、神祇官の神社台帳に記載されているかどうかを明確に区別して表記しており、出雲国内の寺も朝廷に登録されている僧がいるかどうかも記載しているので、国内の状況を現状の通りに朝廷に報告しようとしていた意図が伝わってくる。新造院の僧の有無についての記述は「僧有り」「住僧《じゅうそう》一《いっ》軀《く》」「僧《そう》五《ご》軀《く》有《あ》り」などとなっていて、その表記に統一性がみられない点について、新造院の研究を考える上でも重要な点であるといえる。

■『風土記』逸文の僧について

『志摩国風土記』逸文「吉津島」は三重県度会郡吉津浦にある島について、昔、行基菩薩、南天竺《てんじく》の婆羅門《ばらもん》僧正・天竺の僧仏哲に請い、三角柏を植えて伊勢神宮の大神の御園としたと伝え、天平九年十二月十七日に神事に柏葉を盃として使う祭祀が始められたと伝えている。

行基菩薩は聖武天皇の時代に大仏造立に協力した僧侶で、婆羅門僧正は奈良時代に渡来した南天竺（インド）の菩提僊那《ぼだいせんな》のことを指し、仏哲は菩提僊那とともに日本に来日した林邑という国の僧侶のことをいう。仏哲は大仏開眼会の際に雅楽の師となっている人物である。

奈良時代のこれらの僧侶が伊勢神宮の神事に関与していることを示す伝承であるが、年代などの観点から古代の『風土記』の記事とするのは疑わしいとされる。

『伊予国風土記』逸文の「湯泉」は道後温泉について、さまざまな伝承を伝えているが、上宮聖徳太子が高句麗《こうくり》の恵慈・葛城臣《かずらきのおみ》等と共に道後温泉に来た際に、湯の岡の側に碑文を立てたことを伝えている。碑文には、法興六年（推古四年・五九四）十月に法王大王（聖徳太子）と恵慈法師と葛城臣が夷與の村に来て神の井（温泉）のすばらしい験に感嘆したことが記されている。恵慈法師は慧慈とも表記し、推古天皇の時代の五九五年五月に高句麗から来日した僧侶で聖徳太子の師となった人物である。

28 神仙思想

■不老不死の思想

神仙《しんせん》思想は不老長生の神仙に憧れ、神仙になることを願う思想であり、道教の中核をなす思想である。中国で成立し、渡来人などによって日本にもたらされた。『風土記』の中で、神仙思想の影響を窺わせる話として、浦《うらの》嶼子《しまこ》伝承や羽衣伝承が有名である。『丹後国風土記』逸文の浦嶼子の条をみるならば、水の江の浦嶼子が五色の亀（神女）とともに蓬山《とこよのくに》に行き、その神女（亀比賣）と夫婦となり、蓬山で三年過ごし、郷里に帰ると三百年余が過ぎていた。この「浦島子伝承」は『丹後国風土記』だけでなく、『日本書紀』や『万葉集』にも記述されており、その内容は『丹後国風土記』のものと異なる部分がみられ注目される。

『万葉集』では、場所は墨吉で、亀は登場せず、箱を開けた浦島の子が年老いて白髪となり死んでしまうという内容であり、『紀』の記述は非常に短く、『風土記』逸文の内容とほぼ同じ内容である。『丹後国風土記』逸文の浦嶼子の条の中に「五色の亀」や「蓬山」、亀比賣《かめひめ》の居た「仙都」、そこに住む仙人たちを「郡仙侶等《とこよひとたち》」と表記しており、大海の中にある神仙境の様子を伝え神仙思想を窺わせる内容となっている。『紀』や『万葉集』にも「蓬莱山」「仙衆」「常世」と記され、『風土記』や『紀』の記された時代に、神仙思想が広く浸透していることがわかる。

一方の羽衣伝承については、『風土記』の逸文の三ヵ所に記述されているが、それぞれの話に多少の違いがみられる。『駿河国風土記』三保松原の条では、天より降《くだ》ってきた神女が羽衣を漁人に取られて、漁人と夫婦となった。その後、神女は羽衣を取り返し、天に帰っていき、漁人も仙人となったと伝えている。これは『近江国風土記』伊香小江の条の話も三保松原の話とほぼ同じ内容で、残された天女は羽衣を隠した伊香刀美《いかとみ》と夫婦となり、二男二女を生み、彼らは伊香連等の先祖となったとされている。

最後の『丹後国風土記』奈具社の条では老夫婦が天女の衣裳を隠し、残された天女は老夫婦の子となり、天女は病気が治る酒を作り、その酒により老夫婦は豊かになった。老夫婦は天女を追い出し、天女は天に帰ることができないためトヨウカノメ命となり奈具社に祀られているという。三つの伝承とも天女が天上から降りてくる説話であり、『丹後国風土記』の天女が作る酒は病を癒やす効果があるとされ、天女すなわち仙女のことであり、天女の作る酒は不老長生を求める神仙思想を示唆している。

■常陸国と神仙思想

また、神仙思想に大きく影響されている部分があるとされているのは『常陸国風土記』である。『常陸国風土記』の総記には常陸国は土地が広く、大地も豊かで、海山の産物もたくさん収穫でき、人びとや家が安らかに賑やかに暮らせる国として「常世《とこよ》の国」というのはこの国のことを指すと述べられている。更に、香島郡の香島社（鹿島神宮）の周辺は「神仙の幽居《す》める境」であると記述され、『常陸国風土記』の編纂に関わった人物が神仙思想の知識を持っていたことを示している。『播磨国風土記』揖保郡の神島の条では、石神の顔に五つの色の玉がついていると記され、ここでも神仙思想に関する「五色」が明記されている。他にも、『伯老の国風土記』逸文の粟島の条にスクナヒコ命が、たくさん実った粟の穂に弾かれて常世国に渡ったと記され、『紀』神代巻のスクナヒコ命が常世国に行った伝承と似ている。『伊勢国風土記』逸文の伊勢国の条にも、伊勢国は常世の浪が寄せる場所であると記され、常世国に通じている場所として認識されている。

29

葬送儀礼

▣『風土記』にみられる墓

『風土記』には葬送に関する詳しい記述が、ほとんどみられないが、墓に関する記述は八ヶ所みることができる。『播磨国風土記』賀古郡《かこぐん》、飾磨郡《しかまぐん》、揖保郡《いいぼぐん》、託賀郡《たかぐん》、賀毛郡《かもぐん》に墓についての記述が七つあり、『肥前国風土記』松浦郡に一か所、墓に関する記述がある。常陸、出雲、豊後の『風土記』には墓に関する記述がみられないことも特徴といえる。『播磨国風土記』賀古郡の比禮墓《ひめはか》の条は、景行《けいこう》天皇が印南の別嬢に求婚し、その後、別嬢は亡くなってしまい、日岡という場所に彼女の墓を作ったことが記されている。飾磨郡安相里《あさこのさと》に、但馬国造の阿胡尼命が英保村の女性を妻とし、この村で亡くなり、墓を作って葬ったと記されている。託賀郡伊夜丘には応神天皇の猟犬麻奈志漏が猪と戦って死んだので、犬のために墓を作ったことを伝えている。

葬送儀礼を窺わせる記述については『播磨国風土記』飾磨郡の馬墓の池の条と揖保郡の立野の条の二ヶ所にみられる。馬墓の池では雄略《ゆうりゃく》天皇の時代に上祖長日子は善き侍女と馬を持ち、互いに心を通わせていた。長日子が亡くなる時に自分が死んだ後は侍女と馬もその死に倣うようにといい亡くなった。そして、三つの墓が作られ、それぞれが葬られたという。主人の死にあたって、仕えていた侍女や馬が死を給う殉死の儀礼をみることができる。『日本書紀』垂仁《すいにん》天皇の条に日葉酢媛命《ひばすめのみこと》の葬送の際にノミ宿祢が生きている人を殉死させることは良くないとして、出雲国の土部一〇〇人に人や馬などの形を埴で作らせ、生きている人の代わりに陵墓に並べることを提案し、天皇は陵墓に埴輪を並べることを命じている。古代では主人が亡くなると、仕えていた臣下が殉死して、主人の近くの墓に葬られる風習が存在していたが、埴輪を利用することで殉死を伴わない葬送へと変化したことを伝えている。

一方の立野には、ノミノ宿祢《すくね》が播磨国と出雲国を往来していたが、日下部野《くさかべの》に宿泊した時に病気で亡くなってしまった。その時に出雲国の人びとが連ねて川の礫を運び、彼の墓の山を作ったことを伝えている。人びとが墓を作る様子は『紀』崇神《すうじん》天皇の条にみられる箸墓造営《はしはかぞうえい》にもみえ、箸墓は昼は人が作り、夜は神が作り、大坂山の石を人びとが手から手へ運び、墓を作ったと記されている。このような記述から墓を作る作業が多くの人びとの労働力でおこなわれていたことがわかる。

■墓が造られる場所

賀毛郡玉野村の由来について、仁賢・顕宗天皇兄弟が国造許麻の娘根日女命に求婚し、根日女が求婚を受け入れるつもりでいたが、兄弟は互いに譲り合い日数が経過してしまい、根日女は年老いて亡くなってしまった。兄弟は非常に哀しみ、根日女のために一日中、太陽があたる場所に墓を造り、そこに根日女の骨を納め、玉を以て墓を飾るように臣下に命じている。その墓を玉丘と名づけ、その村を玉野と号したという。日当たりの良い場所は宮殿や陵墓にふさわしい場所と考えられていたとされ、根日女の墓も日当たりの良い場所が選択されていることがわかる。また、『肥前国風土記』松浦郡の褶振の峯の墓で弟日姫子《おとひひめこ》のもとに通う男がおり、その姿を怪しんだ弟日姫子は麻糸を男の衣に付け、後をつけると蛇であった。蛇も弟日姫子も消えてしまったが、沼の底に人の屍があり、弟日姫子の骨であるとし、褶振の峯の南に墓を造り、その骨を納めたと記している。ここでも、太陽がよく当たると考えられる峯の南に墓が築かれていることがわかる。

30

玉

■史料のなかの玉

『風土記』の中には、「玉」あるいは「珠」と記載されている箇所が合わせて四〇余り確認できる。それらは、いずれも地名や神社名・装身具・宝玉について説明するものである。そこで、主な「玉」・「珠」に注目して、それぞれの『風土記』をみていくことにする。

まずは、『播磨国風土記』をみていく。讃容郡《さよぐん》の条には、身分の高い二人の娘の手足に玉が巻かれていたことが記されている。さらに、賀古郡の条でも大帯日子が、腰の剣に八咫《やた》勾玉と麻布都《まふつ》の鏡をかけた姿で求婚したことが読みとれる。

賀毛郡の条では、意奚《おけ》・袁奚《おけ》という二人の皇子が、求婚相手の墓を作り、そこに骨を納めて、玉で墓を飾ろうと述べたとされる。

この墓に比定されているのが、兵庫県の玉丘古墳《たまおかこふん》である。この古墳は後期の前方後円墳であり、副葬品は鉄剣と玉類が伝えられている。

『出雲国風土記』をみてみると、意宇郡の条に玉《たま》作湯《つくりゆ》の社や玉作川・玉作山、巻末記に玉作の街がみられる。街は交差点という意味である。

勾玉などの玉類（堂床遺跡の玉類）
（写真提供：島根県立古代出雲歴史博物館）

これらからは玉造温泉周辺で行なわれた古代の玉作りとの関連性がみてとれる。その他には、霊力のこもった珍玉《うずのみたま》を用いることで国を守るといった記載もみられる。仁多郡の条には、玉峰山の嶺に玉上（たまかみ）の神、すなわち玉作りの神がいたことも読みとれる。

『肥前国風土記』彼杵郡の条には、土蜘蛛である速来《はやき》津姫《つひめ》は、弟がもつ石上の神の木蓮子玉《いたびだま》と白珠《しらたま》、箟簗《のやな》という人物がもつ美しい玉、計三つの玉を天皇に献上することで、服属の姿勢を示したと記されている。そのうちの白珠は真珠とされる。

『常陸国風土記』久慈郡の条には、玉川に琥碧《こはく》に似ている赤い石がみられ、それが火打ち石に使うのに大変よいとある。これは玉髄《ぎょくずい》・瑪瑙《めのう》の産出状況の記事とされ、現在の玉川でも瑪瑙を拾うことができる。

姫川の支流である小滝川のヒスイ峡

『越後国風土記』逸文の中には、八坂《やさか》丹《に》とは宝玉の名前であり、色が青いので、青八坂丹の玉と呼ぶと記されている。この青い玉はヒスイ製とされ、実際に糸魚川市を流れる姫川はその産出地である。周辺には、長者ヶ原遺跡があり、そこから縄文時代のヒスイ製玉類の工房跡が数多く確認されている。

■玉と魂との繋がり

このようにみていくと、『風土記』における「玉」・「珠」の性格には、身分の表示や装飾性、呪術性、服属の証などがあげられ、実に多面的といえる。

特に呪術性について、上述した青い玉と関連させて述べるならば、『万葉集』から人の魂の色彩が青色をしていることが読みとれる。

また、民俗学者の折口信夫は、魂を具体的にシンボライズしたものを「たま」と呼び、それを石などで形づくったのが「玉」としている。さらに、霊魂が中宿として色々な物質に入るものであるとし、霊魂の貯蔵所の一つとして玉を想定している。この折口の推測は、『風土記』の中の「玉」の性格の一側面を考える上で、実に興味深いものといえる。

31

タブー

■古代人とタブー

タブー（禁忌）を信じるか否かは、人によって相違があるであろうが、科学が発達し合理主義万能の感がある現代においても一方では、タブーや占いといった呪術的なものを信じる人も多い。

古代においては、一層、その割合が多かったと考えるのは自然であろう。事実、『風土記』をみると、さまざまなタブーをみい出すことができる。たとえば、『播磨国風土記』の揖保《いいぼ》郡の麻打山《あさうちやま》の条のように、二人の女性が夜に麻を打ったところ、麻を自分の胸に置いて死んでしまったため、この辺りでは夜には麻を打たないという伝承がみられる。麻は朝に打つものであるという、語呂あわせとタブーが合体したようなたわいのないタブーであるが、中には同じ死を扱ったものでも、少々、気味の悪いものもある。

■加賀の新潜戸

それは、『出雲国風土記』の島根郡の加賀《かか》神埼という洞窟にまつわる伝承である。ここには、現在でも大きな海食洞窟が二つあり、それぞれ新潜戸・旧潜戸といわれている。

『出雲国風土記』に載っているのは、新潜戸の方で、ここでサダ大神が誕生したとされる。今もこの新・旧潜

加賀の新潜戸
（写真提供：島根県古代文化センター）

戸をめぐる小型の遊覧船が運航しているが、彼が少しでも高いと欠航になってしまう。

新潜戸は、現在、加賀の集落の突端にあり、日本海につき出したように位置している。三方に出入口があり、遊覧船が出入りすることができる。中に入り、大きな声を出すと四方に響きわたり神秘的なムードを漂わせている。近世には、大坂と蝦夷との間を往来した北前船などが避難用に使ったともいわれている。

『出雲国風土記』の加賀神埼の条には、佐太大神の誕生譚を記したあと、

今の人、是の窟の辺を行く時は、必ず声磅礚《とどろ》かして行く。若し密かに行かば、神現れて、飄風起こり、行く船は必ず覆へる。

と述べている。

すなわち、新潜戸の近辺を船で通る時には、大声を出して行かなくてはならないというのである。そうでないと、神が出現してつむじ風を起こし、船を転覆させてしまうという。これは、実際に新潜戸の中で起こる声が響きわたるという不気味な現象と新潜戸の近辺の波の荒さとがあいまって、航行の安全を願う漁民たちが生み出したタブーといえよう。そして、「今の人」とあることから、『出雲国風土記』が完成した天平五年（七三三）当時においても現実に海民たちによっていい伝えられ、信じられていたタブーとして臨場感があることもみのがせないであろう。

加賀の旧潜戸
（写真提供：島根県古代文化センター）

32 白鳥伝説

■天女と羽衣

白鳥は、その白い翼が天女の羽衣とオーバラップしたのであろうか、天女の化身とみなされていた。羽衣伝承とよばれる一連のものがそれである。天女が下界へ降りてきて人間と交渉をもつというこの伝承のパターンは世界的に分布がみられ、西欧では一般に「白鳥処女型説話《はくちょうしょじょがたせつわ》」といわれている。

『風土記』をみると、まず、近江国に、

　古老の伝へて曰へらく、近江国伊香郡与胡郷の伊香小江、郷の南にあり、天の日と女、倶に白鳥となりて天より降りて、江の南の津に浴みき。

とある。これは、羽衣伝承でも典型的なものとされ、しかも定型を備えたものとしては最古のタイプとされる。伊香小江とは余呉湖のことといわれており、伝承はここに八人の天女が白鳥となって舞い降り、水浴をするところから展開されていく。伝承の続きを追うならば、この時、伊香刀美いう男が白鳥をみてその姿に感じあとを追い水浴の場へとたどりつく。そこで白犬を使って、天羽衣を一枚、盗みとってしまう。この気配に感じて天女達は飛び去ってしまうが、羽衣を奪われた最も年少の天女だけがその場に残されてしまう。

そこで伊香刀美と残された天女は夫婦となり、男子二人と女子二人の四人の子の親となる。これらの子供のうち、男子で兄の意美志留《おみしる》は伊香連の先祖であり、弟の那《な》志登美《しとみ》、川跨連《かわまたのむらじ》（伊香連と同族）の祖とされる。

余呉湖の天女像
（写真提供：長浜市観光協会）

しかし、妻となった天女は、天上へもどることをあきらめず、ついには天羽衣をみつけて、それをまとって天上へと昇っていってしまう。地上では、伊香刀美《いかとみ》がひとり空しく歎くのみであったという。

ここにみられる「天の八女」とは天女、すなわち、仙女のこととされる。仙女とは道教に通じ究極の霊力を得た女性のことであり、不老不死で天空を飛行することなどができるとされている。そうした天女が、地上に降り人間界の若者と夫婦になり子供をなすが、最後には、再び天上へともどっていくというストーリーであるが、『風土記』には別のパターンの羽衣伝承もみられる。

■『丹後国風土記』の羽衣伝承

『丹後国風土記』にみられる羽衣伝承は、奈具神社の由来を述べたものである。その内容をみると、

丹後国丹羽郡。郡泉の西北の隅の方に比治里《ひぢ》あり。此の里の比治山の頂に井あり。その名を真奈井と云ふ。今は既に沼となれり。此の井に天女八人降り来て水浴みき。

比沼麻奈為神社（写真提供：京丹後市観光協会）

という書き出しで始まっており、近江国の伊香小江の条とほぼ同様である。しかし、ここでは、天女が何に変身したかについては明示していない。つまり、この伝承においては、単に八人の天女が下界に降りてきて水浴したとしか記されておらず、白鳥に変身したか否かについてはふれていない。けれども、伊香小江《いかごのおうみ》の条との比較からも、天女と白鳥との関係をこの伝承にあてはめて考えるのが自然であろう。

天女たちが水浴した真奈井の場所に鎮座しているのが式内社の比沼麻奈為《ひぬまない》神社であるとされる。ここに登場するのが、和奈佐の老夫《おきな》・和奈佐の老婦《おみな》という老夫婦である。伝承の続きを追うならば、

此の老等、此の井に至りて、竊かに天女一人の衣裳を取り蔵《かく》しき。即《やが》て衣裳あるもの者皆天に飛び上り

き。但、衣裳なき女娘一人留まりて、即ち身は水に隠して独懐愧《ひとりは》ぢ居りき。爰《ここ》に、老夫、天女に謂ひけらく、「吾は児なし。謂ふらくは、天女娘《あまつをとめ》、汝、児となりませ」といひき。

とある。天女たちの水浴を老夫婦が目撃し、一人の天女の衣を奪ってしまう。そして、その天女に自分たちの娘になってくれというのである。

羽衣を奪われた天女は、娘となって人間界に十年あまり住むことになる。その間、天女は万病に効果のある酒を造ったので、その酒は高価に買われ老夫婦の家は豊かになったという。すると、老夫婦は天女に向って、「汝は吾が児にあらず。暫く借に住めるのみ。早く出て去きね」といって、天女を追い出しにかかる。天女は、自分は好んで娘になったわけでなく、老夫婦の願いによって娘になったのに、どうして今になって追い出すのかと歎くが、老夫婦の怒りはますます激しくなるばかりであった。

天女は、仕方なく家を出て、そののち放浪して荒塩村に至り、「我が心、荒塩に異なることなし」といったとされる。さらに、哭木村《なきき》に至って、槻の木によりかかって泣いたという。そして、奈具村にやってきて、

即ち村人等に謂ひけらく、「此処にして、我が心なぐしく成りぬ。古事に平善きをば奈具志と云ふ。」といひて、乃ち此の村に留まり居りき。斯は、謂はゆる竹野郡の奈具社に坐すトヨウカノメ命なり。

として伝承が結ばれている。すなわち、天女の放浪にかこつけて荒塩村、哭木村の名称の由来を述べ、最後に奈具社の由来を語っている。そして、天女はトヨウカノメ命のことであるとしている。豊宇賀能売命《とようかのめのみこと》は、トヨウケ神のこととされ、穀物神・農耕神とされている。

この伝承は、みてきたように奈具社という神社とその祭神の縁起を語るのが目的であり、そのためのストーリー展開の要素として羽衣伝承が使われているといえる。その意味では、羽衣伝承の変型パターンともいえる。しかし、その一方で、天女が人間界で万病にききめのある酒を造るといった霊力を発揮するなど仙女らしい一面もみられ、神仏思想の影響が強くみられる伝承といえるであろう。

33 浦島伝説

■浦島太郎のルーツ

絵本に親しんだ世代でなくても浦島太郎は知っているのではなかろうか。助けた亀につれられて竜宮城へ招かれ、何不自由ない生活を楽しむが、最後は老人になってしまうという話である。

この話は、昔話として広まり、日本各地に類話を残しているが、そのもとは近世初期に成立した御伽草子のひとつである『浦島太郎』とされている。しかし、その『浦島太郎』のルーツを探っていくと、古代に成立した『日本書紀』・『万葉集』や『丹後国風土記』にいきつくことになる。

しかし、これらをひとつずつみていくと、まず、『紀』はあまり役に立たないことがわかる。具体的に内容をみるならば、雄略《ゆうりゃく》天皇二二年秋七月条に、

丹羽国余社郡の管川の人、瑞江浦島子《みずのえのうらのしまこ》、舟に乗りて釣す。遂に大亀を得たり。便に女に化為《な》る。是に、浦島子《うらのしまこ》、感《たけ》りて婦にす。相逐《したが》ひて海に入る。蓬萊山《とこよのくに》に到りて、仏衆を歴《めぐ》り観《み》る。語は別巻に在り。

とある。ここでは、丹羽国の海辺が舞台となっており、浦島子という人物が主人公になっている。浦島子は漁師であり、つり上げた大亀が乙女に変身したとある。その乙女と夫婦になり、海に入り常世国へおもむいたことが記されているのであるが、それから先のことについては、「別巻に在り」としかのべられていない。そして、その別巻はというと存在しないため詳細は不明としかいいようがないのである。

■『万葉集』の浦島子

それでは『万葉集』はどうであろうか。巻九（一七四〇・一七四一）をみると、伝説の舞台は、墨吉になっている。墨吉というと、摂津がまず思いおこされるが、丹後の墨吉であるとする説もみられる。主人公は、水江の浦島子とある。この浦島子が漁に出たところ大漁で七日

浦島子が漁に出た地に立つといわれる島児神社
(写真提供:京丹後市観光協会)

間、家にも帰らなかったという。すると、海神の娘に出会い、共に常世に行くことになる。ここでは、亀の描写はみられない。

常世では、海神の宮殿に住んだ二人は老いることもなく、永遠の命を楽しんでいたが、そのうち浦島子に里心がわいてくる。故郷に帰って父母に事情を説明してすぐもどってくるという浦島子に海神の娘は箱を渡し、もどってきたければ決してこれを開いてはいけないと告げる。

故郷にもどった浦島子は、景色が一変してしまっているのに驚く。漁に出て三年しかたっていないのにどうしたことかと我を忘れ、聞いてはいけないといわれた箱をあければもとのようになるかと思って少し開いてしまう。すると、白雲が箱から立ちのぼり、浦島子はあっという間に老人となり、ついには死んでしまった、というのである。

以上が、『万葉集』にみられる浦島伝説である。せっかく常世国という不老不死の桃源郷へたどりつき、何不自由ない生活を手にした浦島子が里心を出したため最後は死んでしまうというストーリーが詳細に描写されている。

■『丹羽国風土記』の場合

最後に、『丹羽国風土記』の浦島子についてみてみよう。まず、はじめに、

与謝郡、日置里。此の里に筒川村あり。此の人夫《たみ》、日下部首等が先祖、名を筒川の嶼子《しまこ》と云ひき。

と記されている。ここから、舞台は丹後国の与謝郡であり、主人公は嶼子ということが知れる。この嶼子は「人夫」、つまり、庶民であるが、その一方、在地の豪族である日下部氏の先祖ということにもなっている。

宇良神社（写真提供：伊根町観光協会）

これに続けて、雄略天皇の時代のこととして、

> 独《ひとり》小船に乗りて海中に汎《うか》び出でて釣するに、三日三夜を終るも、一つの魚だに得ず。乃ち、五色の亀を得たり。

とある。これによると、嶼子は三日三晩、一尾の獲物にも恵まれなかったことになっており、『万葉集』の場合とはまったく逆の状況が描かれている。しかし、五色の亀を得、その亀が乙女となって嶼子は常世国へ導かれることになる。

常世国では、夢のような三年間を過ごした嶼子であるが、やはり、望郷の念にかられ故郷にもどってきてしまう。そこで、故郷の風景が一変しているのに驚き、里人にたずねたところ、何と嶼子が漁に出てから三百年あまりも経過していることをきかされ、茫然としてしまう。そして、乙女から渡された箱をあけてしまうのである。すると、「芳蘭《かぐは》しき体《すがた》、風雲に率《したが》ひて蒼天に翩飛《とびか》けり」、嶼子は涙にむせび、おろおろするばかりであった。

以上からわかるように、『丹後国風土記』での舞台は、与謝郡であり、現在でも与謝郡を含む丹後半島には、嶼子（浦島子）を祭神とする古社が各地に分布している。それらのうち、与謝郡の宇良神社と竹野郡の細野神社とは武内社であり、竹野郡の島児神社は、浦島子が常世国へ向かったと伝えられる海岸に鎮座している。

『日本書紀』・『万葉集』・『丹後国風土記』の内容を全体的にみると、浦島伝説には神仙思想の影響が濃厚にみられる。また、舞台については、丹後半島の海岸部と考えられ、ここから海人集団の存在がイメージされ、もともとは彼らの伝承であったと推測される。つまり、こうした二つの要素を中心として形成されたものが浦島伝説ととらえることができるであろう。

34 餅的伝承

■伏見稲荷大社の起源

白鳥と天女との関係は羽衣伝承といわれるが、白鳥と餅との関係も『風土記』にはみられる。もちをその的にしたところ、その的が白鳥となって飛び去ってしまうという伝承である。餅も白鳥も白色である点や丸い的と白鳥が羽をすぼめた姿とが似ているからであろうか、いずれにしても不思議な伝承といえる。

このタイプの伝承として有名なものに、『山背国風土記』の逸文とされるものがある。伊奈利社《いなりしゃ》の条であり、土地の富裕者であった秦公《はたのきみ》伊侶倶《いろぐ》が餅を弓の的にしたところ、それが白鳥の姿に変わって飛び去り、山の峰に降りて稲となったというもので、現在の伏見稲荷大社の縁起となっている。餅が白鳥になり、さらに稲に変わるという点から白鳥は穀霊のシンボルと考えることができよう。伊侶倶が登場する類似の伝承は、『山背風土記』の鳥部里《とりべのさと》の条にもみることができる。

伏見稲荷大社（写真提供：京都伏見稲荷大社）

白鳥が穀霊のシンボルであるということがよりはっきり出ているものとしては、『豊後国風土記』の速見《はやみ》郡田野《たの》の条があげられる。それによると、田野は広大な土地であり、土も肥えていて、耕すのに適していたという。耕作にあたっていた農民たちは豊かでとれる稲はありあまり、畝にすておくほどであった。奢った農民は食料の餅を的にしたところ、その餅は白鳥となって南へ飛び去ってしまった。すると、その年のうちに農民は死に絶えてしまい、以来、水田の出来は悪くなってしまったというのである。

これは、豊かさに甘え奢り高ぶった農民が稲や餅といった食物を粗末にしたため、穀霊が白鳥となってその土地を去ってしまう。そのため作物がとれなくなり、農民は死に絶え、地味は荒れはててしまうという報復説話になっているといえるであろう。

■白鳥から餅へ

『豊後国風土記』には、餅から白鳥へというのとは反対に、白鳥から餅へ変化するという伝承もみられる。冒頭にみられる総記条の伝承がそれである。それによると、景行天皇の時代のこととして、天皇に豊国を治めるようにいわれた菟名手《うなで》という人物が仲津郡の中臣村にやってきて、そこで一泊したところ、不思議な光景に出会う。それは、

明くる日の昧爽《あかとき》に忽ちに白鳥あり。北より飛び来たりて此の村に翔り集ひき。菟名手、即ち僕者に勒《おほ》せて、其の鳥を看しむるに、鳥、餅と化為《な》り、片時が間に、復、芋草数千許株と化りき。花と葉と冬も栄えき。

というものである。

それは、明け方に北方から白鳥が飛去したという。菟名手は従者に命じて白鳥をみさせたところ、白鳥は餅となり、さらに、数千株の芋草に変化した。そして、不思議なことに、芋草の花と葉とは冬でも枯れることはなかったというのである。

この芋草の花と葉とが冬でも枯れないということは、いうまでもなく、ふつうでは考えられないことであり、不老不死の思想に通じるものがある。これは、道教の中核をなす思想である神仙思想の影響と考えられる。道教は中国でおこった民間宗教であり、古代の日本にすでに伝播していることは明らかである。しかし、仏教や儒教などと異なり、国家によって保護されるようなことはなく、個人レベルでの受容であったといわれている。しかし、不老不死などの要素は、為政者《いせいしゃ》、庶民を問わずあこがれの対象であった子とは想像に難くなく、実際に天武天皇は道教の知識をもっていたといわれるし、『懐風藻《かいふうそう》』には神仙思想の要素をもった貴族たちの漢語が収められ

『豊後国風土記』にみられる白鳥と餅の関係

	白鳥 ――― 餅	備考
総記条	⇒	・白鳥は北方より飛来 ・白鳥は餅に変化したあとさらに芋に変化
田野条	⇐	・白鳥は南方へ飛び去る

ている。こうした神仙思想の影響が、『豊後国風土記』にもみられるということは、やはり、興味深いことといえる。

さて、とりあげた『豊後国風土記』の二例について、少し細かくみるならば、いくつかの共通点や相違点を指摘することができる。いうまでもなく一番の違いは、田野里の条では、餅から白鳥へと変化するのに対して総記条では、白鳥から餅へと変化している点であるが、この他にも、たとえば、田野里の条でも総記条でも、白鳥は双方とも北から南へという動きをとっていると思われる。しかし、田野里の条では南方へ飛び去ったという内容であり、総記条では北方より飛来したと述べられている。さらに、田野里の条では、農民が豊かさに奢って稲や餅を粗末に扱って弓の的に用いたことから問題が起こっているのに対して、総記条では、白鳥が餅になったあと、さらに、芋に変化しており、記述内容としては芋への変化がより重視されているように思われる。そして、そこには、弓の的のことは少しもふれられていない。

このように、考えなければならないであろう興味深い点があげられるのであるが、それでも基本的には、田野里の条も総記条も、白鳥から餅へ、もしくは、その逆への変化を示す伝承であり、大きくいえば同一のパターンのものとみて良いであろう。

『風土記』は、基本的には地名の由来・産物の種類・土地の状態・古老の伝承などを記した地誌にほかならない。その点において、ここでとりあげた白鳥と餅との伝承は、いかにも『風土記』らしいものといってよいのではなかろうか。

35 蘇民将来伝承

■茅の輪の神事のルーツ

現在、多くの社寺では一年を通してさまざまな神事や仏事がおこなわれ、たくさんの人びとが参加している。しかし、それらのうち、起源が明日にわかるものは思ったより多くはない。

竹寺の茅の輪（写真提供：（一社）奥むさし飯能観光協会）

ましして、古代にまでさかのぼるものとなると、その数はぐんと限られてくる。

そうした中で、そのルーツが古代にまで確実にさかのぼると思われる神事として、茅《ち》の輪の神事があげられる。

夏の行事として知られる茅の輪の神事は、茅の輪くぐりとも称される神社や寺院の境内に人がくぐれるくらいの茅の輪を作り、それを人びとがくぐって一年の家内安全を祈るというものである。一般に茅の輪くぐりともいわれるこの神事のルーツは古く、『備後国風土記』に記されている。

■蘇民将来伝承

『備後国風土記』は、現在、その多くは散失してしまっていて、ひとつの伝承が残されているのみである。その伝承が蘇民将来伝承《そみんしょうらいでんしょう》といわれるものであり、茅の輪の神事のルーツとなったものである。

内容をみるならば、昔、北の海にいた武塔神《むとうのかみ》が南の海神の娘に求婚するために出かけたという。ところが途中で日が暮れてしまった。ちょうどそこに、二人の兄弟がおり、兄は蘇民将来《そみんしょうらい》、弟は将来《しょうらい》といった。兄はとても貧しく、弟は大変、裕福であった。そこで武塔神はまず、弟の将来に一夜の宿を頼んだがことわられてしまった。ついで、兄の蘇民将来に宿を請うたところ、快よく借りることができた。

数年ののち、武塔神は八柱の子神をひきつれて再びこの地を訪ずれ、

我、将来に報答為《むくひせ》む。汝が子孫、其の家にありや。

といった。それに対して、蘇民将来は、

己が女子《むすめ》と斯《こ》の婦《め》と侍ふ。

と答えると、武塔神は

茅の輪を以ちて、腰の上に着けしめよ。

といい、その夜に蘇民の女子一人を残して、他の人びとをすべて滅ぼしてしまうのである。そして、最後に、

吾は速須佐雄神《はやすさのを》なり。後の世に疫気あらば、汝、蘇民将来の子孫と云ひて、茅の輪を以ちて腰に着けたる人は免れなむ。

といったという。

以上が蘇民将来伝承のあらましである。貧しい兄と豊かな弟、ふつうであれば、経済的にゆとりのある弟が武塔神を接待するのが当り前のように思われる。しかし、武塔神に宿を貸し、もてなしたのは貧しい兄の方であった。のちに、武塔神は、蘇民将来に恩を返すためその子孫の娘だけを残して他の人たちを疫病ですべて殺してしまう。そして、自分はスサノオ神だと名乗り、後の世に疫病が起こったときには、腰に茅の輪をつけ、わたしは蘇民将来の子孫であるといえば疫病から逃れることができるであろうといったことになっている。

従来いわれている通説にそって、蘇民将来伝承を解釈してみた。一見するととりたてて問題はないようにみうけられる。しかし、よくみてみると不思議な点がかなりあるように思われる。

■蘇民将来伝承をめぐる問題点

蘇民将来伝承で最も大きな謎というか問題点は、スサノオ神によって殺されたのは誰で生き残ったのは誰かということである。さらにいうと、スサノオ神をもてなした兄の蘇民将来は死んだのか否かという点である。通説では、蘇民将来は死ななかったとしている。これはもちろん、貧しいのにもかかわらずスサノオ神をもてなした蘇民将来が殺されるのはおかしいという考えによるもの

である。しかし、『備後国風土記』は、「蘇民の女子一人を置きて、皆悉にころしほろぼしてき」と記しているのである。したがって、その通りに訳すと、蘇民将来も死んだことになるであろう。この点をどうとらえたら良いのであろうか。

■殺されたのは誰か

そもそも、スサノオ神が蘇民将来のもとを再訪したさい、「将来」に報いをしようといっているが、この「将来」を通説では、蘇民将来のこととしている。しかし、果たしてそれは正しいのであろうか。この「将来」は人名ではなく、文字通り、未来という意味の一般名詞とすべきではなかろうか。つまり、スサノオ神は蘇民将来自身に報いるのではなく、蘇民将来の未来に報いてやろうといっていると思われるのである。だから続けて、「汝が子孫、其の家にありや」ときいているのである。

この問いかけに対して、蘇民将来は、「己が女子と斯の婦と侍ふ」と答えている。つまり、自分の娘と妻がいますという返答であるが、これもおかしくはないであろうか。というのは、娘は子孫といってよいであろうが、妻は子孫とはいえないからである。そこで、あらためて『備後国風土記』では、どのように記されているかといえば、

己女子与二斯婦一侍止申

とある。これをよくみると、「己が女子、斯の婦と侍ふ」と読むことができるのではなかろうか。このように読むと、子孫はいるかという質問に、娘がいますという答えになるのである。

つまり、スサノオ神は、蘇民将来本人や同世代を対象に報いをしようとしたのではなく、あくまでも未来に対して報いをしようといったのである。したがって、蘇民将来やその妻、また、弟の将来に福や災いを与えようというのではないと考えられる。

また、この伝承でわかるように、茅の輪は娘の腰につけたのであるから、それほど大きなものでなかったことは明らかである。現在の茅の輪の神事で使われる茅の輪とはまったく大きさが違うことも興味深い。

V

生活と風習

古代の人びとがどのような生活を営み、どのような風習や習慣のなかで生きていたのかを知ることは容易ではない。それも、日本列島の各地域の庶民層の生活ぶりとなると、いっそう難しい。『風土記』は、そうしたことに応えてくれる数少ない史料のひとつである。

Ｖ章では、古代人たちの日常に少しでも迫ってみたいと思う。

■土蜘蛛とはどのような人びとか?

土蜘蛛は、主に『古事記』や『日本書紀』にその記載がみられるが、『風土記』においては常陸・豊後・肥前のほか、肥後・日向・摂津・越後・陸奥国の逸文にみることができる。「土蜘蛛」「土蛛」「土雲」「土知朱」など、表記はさまざまではあるものの、読み方はいずれも「ツチグモ」である。また、『常陸国風土記』や『越後国風土記』逸文など、史料によっては「国栖《くず》」「夜都賀波岐《やつかはぎ》」「八掬脛《やつかはぎ》」などと同一視されることもある。

主に「記・紀」に記載されている内容から、土蜘蛛のことを①穴居している、②手足が長いなどの身体的特徴をもつ、といった、朝廷に従わない在地の人びとを蔑視した呼び方であるといわれている。『摂津国風土記』逸文においても、神武天皇の世に偽者（悪賊）がおり、この土蜘蛛が穴の中に住んでいたため、「土蜘蛛（原文は〝土蛛〟）」という賤号が与えられたとある。『越後国風土記』逸文には、崇神天皇の時代に八掬脛という人物がおり、この人物は土雲の後裔であるとしている。『陸奥国風土記』逸文には八名の土蜘蛛が登場し、それぞれ石室に住み、天皇の命に従わなかったことから、応神天皇に遣わされたヤマトタケルによって殺されている。しかし、殺された者ばかりではなく、『肥前国風土記』松浦《まつら》郡《ぐん》の値《ち》嘉島《かのしま》に住む大耳《おおみみ》・垂耳《たりみみ》のように、はじめは天皇に従わなかったために誅殺されそうになるものの、地面に頭を付けて許しを乞いて許された者もいる。

土蜘蛛草子　下（写真提供：国際日本文化研究センター）

■抵抗しない土蜘蛛

一方、『風土記』に登場する土蜘蛛の中には、恭順したり、呪術的な力で奉仕や助言をしたりする者もいる。

例えば、『豊後国風土記』大野郡《おおのぐん》の網磯野《あみしの》にいたという小竹鹿奥《しのかおき》と小竹鹿臣《しのかおみ》という土蜘蛛は、この地に来た景行天皇へ御膳を献上している。網磯野の条の直前に記載されている大野郡の海石榴市《つばきち》・血田《ちた》の条では、同じく景行天皇が海石榴の木で作った槌を武器に、鼠の石窟に住む土蜘蛛たちを襲って殺させたことからその地名がついたと記されている。小竹鹿奥と小竹鹿臣の二人も、本来は誅されるはずの土蜘蛛が、前述の『肥前国風土記』の大耳・垂耳と同様に御膳を献上し恭順の意を示したことにより、許されたという可能性もある。

『肥前国風土記』彼杵郡《そのきぐん》の周賀郷《すかのさと》の条には、鬱比表麻《うつひおま》呂《ろ》という土蜘蛛は、気長足姫尊《おきながたらしひめのみこと》（神功皇后）が新羅を征伐しようとした際、沈んでしまった従者の船を救ったため、「救《すくひ》の郷」が訛って「周賀郷」という地名がついたとある。

また『日向国風土記』逸文においては、ニニギ尊が、日向高千穂二上峯に降り立った際、空は暗く、人も道も物の区別がつかないといった状態であったが、土蜘蛛の大鉏《おおくわ》・小鉏《こくわ》の助言の通り揉んだ稲籾を四方に投げ散らすという呪術的行為によって、暗かった天が晴れて太陽や月が輝いたとある。

以上のように、『風土記』に登場する土蜘蛛が、必ずしも天皇の命に従わない「悪」の存在であるとは限らない。このような奉仕や助言をする土蜘蛛の特徴は、伝承が残る中でも豊後や肥前、日向などに分布している。そのほかの常陸や摂津、陸奥には、中央に反している、穴居している、身体に特徴があるなどといった土蜘蛛の伝承がみられる。地域によって差異がみられるのも、土蜘蛛伝承の特徴と言えるだろう。以上のように一言で土蜘蛛と言っても多様性があるが、それは『風土記』編纂の際、地方から集められた伝承や説話に王権側の潤色が多分に入ったことにより、実態がつかみにくい人びととなっていったと考えられるのである。

37 女性

■女性の首長

『風土記』には男性だけではなく、女性も多く登場する。中でも『風土記』に登場する女性は、巫女やシャーマンといった呪術的な性格がみてとれる者や、女性首長としての性格がみられることが多い。

『肥前国風土記』佐嘉郡《さかぐん》に登場する大山田女《おおやまだめ》・狭山田《さやまだ》女《め》の二人の土蜘蛛は、佐嘉川の川上にいた荒ぶる神を鎮めるために、大荒田《おおあらた》という人物に「土で人形・馬形を作り、荒ぶる神を祀れば、必ず和らぐことでしょう」と助言をし、見事に荒ぶる神を鎮めたという。土で人形や馬形を作って祀るという行為は呪術的な行為であり、祭祀をする女性、いわゆる巫女やシャーマンの性格がみてとれる。また、大荒田・大山田女・狭山田女は、「田」という字を共通して持つことから農耕の指導者ではないかとも考えられており、祭祀で川の荒ぶる神を鎮めたということは、川の氾濫を治める、治水を意味するのではないかとも推測できる。

同じく『肥前国風土記』には女性の土蜘蛛が多く登場するが、松浦郡《まつらぐん》の周賀里《すかのさと》の条には、海松橿媛《みるかしひめ》という女性の土蜘蛛が景行天皇によって誅されており、杵島郡《きしまぐん》の嬢子山《をみなやま》条には、八十女人《やそをみな》という女性の土蜘蛛が、皇命に従わなかったため、景行天皇に派遣された兵により滅ぼされており、「嬢子」として地名の由来となっている。彼杵郡《そのきぐん》には速来津姫《はやきつひめ》という土蜘蛛が天皇に捕らえられた際、弟の建津三間《たけつみま》と一人物の篦簗《のやな》の持つ美しい玉の話をしたため、天皇は二人に献上させている。「具足玉《そなひたま》の国」とその地を呼ばせ、これが訛って彼杵郡になったという地名説話がある。これらの女性は中央に従わない者、恭順する者とその姿はさまざまであるが、いずれも古代の日本に女性首長がおり、勇敢な女性の姿をみることができる。

■強い「女神」像

女性の首長が多く登場すると同時に、女神も多く登場する。

『播磨国風土記』揖保郡《いいぼぐん》の佐比岡《さひおか》の条に登場する出雲の大神という比売神は、交通妨害の荒ぶる神で、出雲国の人が佐比（鍬）を作り祀っても和まず、河内国茨田郡《かわちのくにまむたぐん》の枚方里《ひらかたのさと》の漢人が祀るとようやく和み鎮座したという。この比売神が交通妨害をした理由は、男神が先にこの地へ来たものの鎮座することができず去ってしまったからであるが、後から来た比売神は、それを人びとが祀らなかったからだと言って、通る人びとにやつあたりをしていたのである。この荒ぶる比売神は自然の驚異の象徴とされ、それを渡来系の人びとの持つ最新技術で抑えたものではないかといわれているが、比売神が非常に人間味を持った神として描かれていることは興味深い。

同じく揖保郡の出水里《いづみのさと》を流れる美奈志川《みなしかわ》は、伊和大神の子である石竜比古命《いわたつひこのみこと》と妻の石竜比売命《いわたつひめのみこと》が川の水をめぐって争った。石竜比古命が水路を作って北方の村に水を流すと、石竜比売命は櫛で水路を塞いで新しく溝をつくり、南方の村に流した。それに対して石竜比古命が再び川の流れを奪おうとすると、石竜比売命は地下樋を造り、南方の村に流し出したため、水が絶えて无水川《みなしがわ》と呼ばれるようになったという地名起源説話である。水をめぐる争いが神々の争いに当てはめられたものと考えられている。

また、宍禾郡《しさわぐん》の穴師里《あなしのさと》に穴師川《あなしがわ》という川があるが、この地には穴師比売《あなしひめ》という女神がいた。この女神が伊和大神の求婚を辞退したため、大神は怒り、石で川の水源をせき止めてしまったために川の水量が少ないという。この説話は穴師比売を祀る集団と、伊和大神を祀る集団の水をめぐる争いを、外来の女神が在地の神の妻になることを拒む伝説に替えられたといわれている。『播磨国風土記』には以上のような、男性とも戦う勇敢な女神の伝承が多く残されており、それらは川や自然に関連するものも多い。おそらく川の氾濫などの自然の驚異を、荒ぶる女神に重ねて、女神の怒りを鎮めるために祭祀をしていたのではないか。

38 古代の色

■古代の色彩

古代において、色彩は外敵や病気から身を守る、社会の安定を祈念するなど、美や装飾というよりは祈念に用いられていた。空間や時間とも深く関連付けられており、青龍・朱雀・白虎・玄武といった色の名前を冠する四神が、仏像の台座や古墳などの壁画に描かれている。また「青春」や「白秋」などといった季節を表す言葉も現代の我々になじみの深い言葉である。

古代の官人たちは、着用する衣服や冠の色を規定された。早くは聖徳太子の冠位十二階制度が有名であるが、『日本書紀』にはその色についての記載はない。研究史上では百済や新羅、また陰陽五行説などの影響から、紫・青・赤・黄・白・黒の六色に濃淡を加えた十二色を、それぞれ冠位に相当させたと推測されている。

孝徳朝《こうとくちょう》の大化三年（六四七）には、初めて位階別に冠の色が記載され、ここでは上から深紫・浅紫・真緋《あけ》・紺・緑・黒が用いられていた。

天武天皇の時代になると、朱華《はねず》（ベニバナを染料とした黄色味のある橙色）が上位となり、以下は深紫・浅紫・深緑・浅緑・深葡萄《えび》（葡萄色は茜色が退色した紫色）・浅葡萄と続く。

次の持統《じとう》天皇の時代になると、上位から朱華の名は見えず、黒紫・赤紫・緋《ひ》色・深緑・浅緑・深縹《はなだ》・浅縹と定められる。持統天皇は庶民は黄色、奴には皁衣《くろぎぬ》（ブラウンブラック）の衣服を着るように定められた。

文武天皇の大宝元年（七〇一）になると、皇太子に黄《おう》丹《に》（朱華）、親王・諸王・諸臣一位には深紫と、初めて皇族の色彩が文書によって指定された。

これらからわかるように、同じ色でも色の濃淡で分けられていることが多く、また、色を表す名称も豊富である。いかに古代の人びとが、現代のわたしたちよりもはるかに繊細な色彩感覚を持っていたことがわかるだろう。

■『風土記』に残る色

『風土記』が編纂されることとなった和銅六年（七一三）五月二日の官命によると、「其の郡内に生れる銀・銅・彩色・草・木・禽・獣・魚・虫等の物、具に色目を録し」とある。ここにみられる彩色とは、塗料や顔料を指す。これに関連した記述としては、『常陸国風土記』久慈郡《くじぐん》の河内里《かわちのさと》の土は、薄い藍色をしており、絵を描くときに用いると良い色が出る、と顔料としての用途が記載されている。

ほかにも久慈郡には横穴が穿たれていて黄色く、猿が集まってその土を食べているという谷会山《たにあいやま》や、琥珀《こはく》（黄色がかった青）と赤い石の混じった静織里《しどりのさと》の玉川など、興味深い記述がある。

色が地名として残っていることも多い。地名として多く残っている色は黒で、『播磨国風土記』託賀郡《たかぐん》の黒田里《くろだのさと》や『出雲国風土記』意宇郡《おうぐん》の黒田村《くろだむら》の条などは、「土が黒いから」との理由で地名がつけられている。『播磨国風土記』賀毛郡《かもぐん》の起勢里《こせのさと》の条の黒川は、応神天皇の時代に、播磨国の農村の長ら一八〇人が村ごとに戦った際、天皇の命で長たちをこの地に集めて斬殺したため、血が黒く流れたという、恐ろしい由来を持つ場所もある。『豊後国風土記』速見郡には玖倍理湯《くべりゆ》の井という、黒色で火のように熱いという湯の井がある。ちなみに、『豊後国風土記』には、湯の井の近くに「赤湯の泉」についての記載もある。これは現在でも大分県別府市にある「血の池地獄」の温泉として有名である。

白も多く登場する。白鳥伝説なども有名であるが、『常陸国風土記』行方郡《なめかたぐん》の芸都里《きつのさと》の条では、寸津毘古《きつびこ》と寸津《きつ》毘売《びめ》が、天皇の命に逆らったとして寸津毘古は殺され、寸津毘売は白い幡を挙げて許しを乞いたとある。現代でも降参することを「白旗を掲げる」というが、その例がみられる。現代よりも研ぎ澄まされた色彩感覚により、古代の人びとの生活と色との関係が密接であったことがわかる。

39 宴会の場

■日々の楽しみ

古代の庶民にも歌垣という楽しみがあったが、歌垣は春と秋とにおこなわれるものである。つまり、一年に二回ということになる。庶民の楽しみが年に二度しかないというのはふつうに考えてあまりにも少なすぎないであろうか。

歌垣のような大規模な催しではないが、もっと身近な楽しみが庶民にもきっとあったはずであるという視点で『風土記』をみると、賞味深い記事が目にとまる。『出雲国風土記』の島根郡の邑美《おうみ》の冷水《しみず》の条がそれで、

東と西と北とは山、並びに嵯峨《さが》しく、南は海澶漫《ひろ》く、中央は鹵《いしはら》、灠磷々《いづみきよ》くながる。男も女も、老いたるも少きも、時々に叢《むらが》り集ひて、常に燕会《うたげ》する地なり。

と記されている。

これによると三方が山に囲まれていて、南には海が広がっており、中央に清泉が流れている。まさに景勝の地といってよいであろう。そこへ老若男女が折々に集まって宴会をしているという。おそらくは、歌舞飲食を楽しんでいるのであろう。

また、これに続けて『出雲国風土記』は前原埼《さきはらのさき》の描写をしており、それは、

東と北とは並びに嵯峨《さが》しく、下は則ち陂《つつみ》あり。周り二百八十歩、深さ一丈五尺ばかりなり。三つの辺は草木自ら涯に生ふ。（中略）男も女

邑美の冷水遺跡地（写真提供：島根県古代文化センター）

も随時叢《むらが》り会《つど》ひ、或は愉しみて帰り、或は耽《ふけ》り遊びて帰らむことを忘れ、常に燕喜《うたげ》する地なり。

と記されている。

邑美の冷水とほぼ同じような描写である。すなわち、景勝の地に男女が集い宴会がくり広げられている。そして、ある者は楽しみに時を忘れ、帰るのを忘れてしまう者もいるという。これを言葉通りにうけとってよいかどうかは問題があるにしても、まるで小さな歌垣のようであり、日々の庶民の遊興の様子がうかがわれる。

■忌部《いんべ》神戸《かんべ》での宴会

『出雲国風土記』には、もうひとつみのがせない記載がある。それは忌部の神戸の条であり、現在の玉造温泉にあたる。玉造温泉は今も山陰有数の温泉として知られているが、すでに『出雲国風土記』に「神の湯」と記されている。そこに、

男も女も、老いたるも少きも、或は道に駱驛《つらな》り、或は海中を洲に沿ひて、日に集ひて市を成し、繽紛《みだれまが》ひて燕樂《うたげ》す。

とある。効能のある温泉に人びとが集まって、そこに市が立ち、宴会がおこなわれている。ある意味、現代にも通じる光景である。

玉造温泉（写真提供：島根県古代文化センター）

古代でも歌垣の他にも庶民たちは、当然のことといってしまえばそれまでであるが、それぞれの場で楽しむことを忘れなかったのである。

40 動物・鳥類

■さまざまな種類

古代には、現代よりもさまざまな動物や鳥類が生息していたのではないかと想像したりするが、その実体となるとよくわからないというのが実状であろう。『風土記』はそのような場合にも役に立つ史料である。

『風土記』の中で最も動物・鳥類を詳しく記しているのは、『出雲国風土記』であろう。というのは、『出雲国風土記』は郡別に動物・鳥類の一覧を記載しているからである。出雲国は、中島部・平野部・山間部の三つのエリアに大別されるが、たとえば、平野部の意宇郡をみると、

禽獣には、則ち、鵰《わし》・晨風《はやぶさ》字を或は隼に作る・山雉《やまどり》・鳩・鶉・鶬《ひばり》字を或は離黄に作る・鴟鴞《づく》横一致に作る。悪しき鳥なり、熊・狼・猪・鹿・兎・狐・飛鼯《むささび》字を或は猵に作り、蝠に作る・獼《さ》猴《る》の族あり。至りて繁多にして、題すべからず。

とある。また、半島部の島根郡には、

禽獣には、則ち、鷲字を或は鵰に作る・隼・山・鶏・鳩・雉・猪・鹿・猴・飛鼯あり。

と記されており、さらに、山間部の仁多郡には、

禽獣は則ち、鷹・晨風・鳩・山鶏・雉、熊・狼・猪・鹿・狐・兎・獼猴・飛鼯あり。

となっている。ここにあげられている種類がその郡のすべてか否かについては問題があろうが、少なくともおおよそのものは記載されていると考えてよいであろう。

■古代人の動物・鳥類観

それでは、これらの動物や鳥などに対して、古代人はどのような感覚をもっていたのであろうか。この点については、先の意宇郡の記載の中の鴟鴞の記述が興味深い。鴟鴞は、みみずくやふくろうの類のことをいうが、これらは「悪しき鳥」と明記されているのである。ふくろうは、西洋などでは智恵の象徴として好まれる鳥としてイメージがあり、日本でも置物などとして店先で販売され

ている。ところが古代人には、好ましいどころか、むしろ悪い鳥としてみられていたようである。ふくろうを良く思っていなかったであろうことは、『常陸国風土記』もうかがわれる。すなわち、茨城郡の郡名由来条をみると、土ぐもの伝承がみられる。土ぐもに関しては、以前は国家に従わなかった民というとらえ方が一般的であった。現在では、単純にそうした理解だけではすまなくなってきているが、いずれにしても、あまり好ましい存在とはいえない。その土ぐもについて、「狼の性《さが》、梟《ふくろふ》の情《こころ》にして、鼠《ひそか》に寝ひ、掠め盗み」と表現している。この中に梟の情とあり、これは梟のような悪い心ということに他ならない。ここからもふくろうが良くない鳥とみられていたことがわかる。さらに、狼の性とあることにも注目したい。土ぐもは、狼のような性格というのであるが、もちろん、良い意味でないことは明らかであろう。狼も古代人にとっては好ましからざる動物であったといえよう。

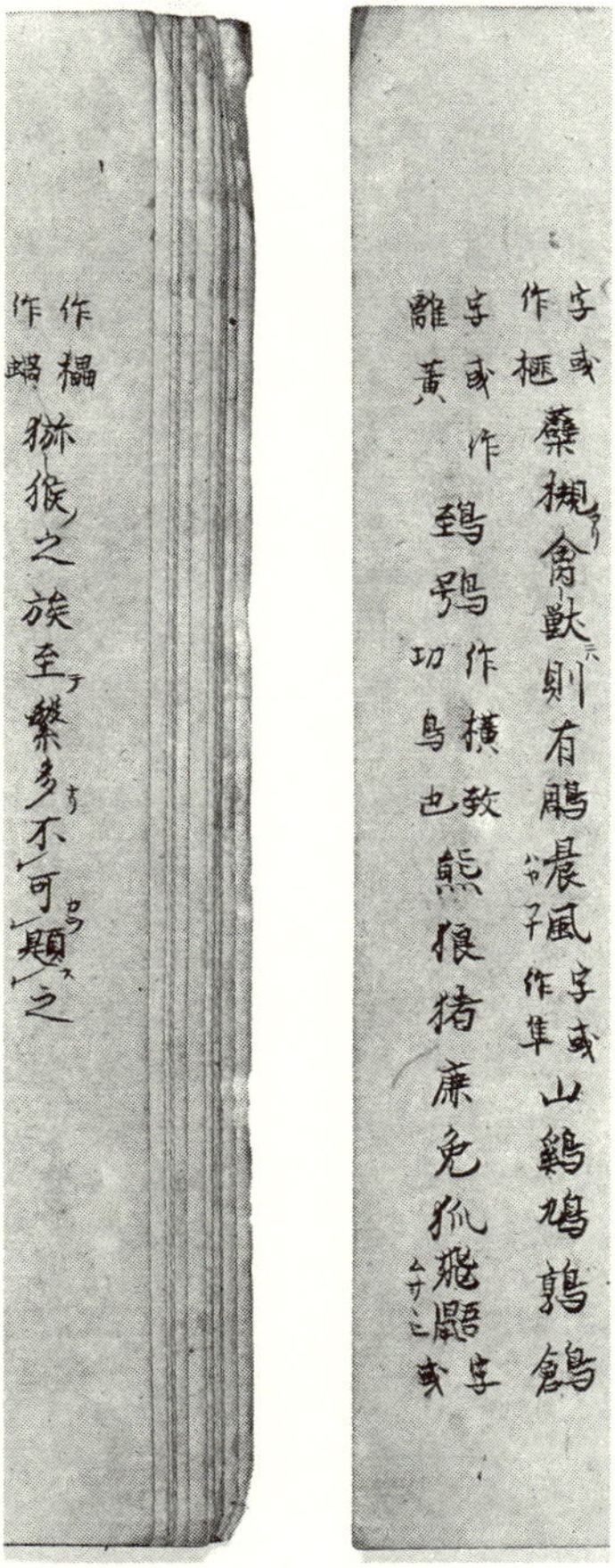

『出雲風土記』意宇郡の禽獣列記
（写真提供：島根県古代文化センター）

41 植物

■出雲国の植物と薬草

『風土記』の中で、植物が一番、まとまった形で記載されているのは、『出雲国風土記』であろう。郡ごとに生息する植物をまとめて書き上げており、ひと目でその郡の植物をみることができる。たとえば、意宇《おう》郡をみると、

凡《すべ》て、諸の山野に在るところの草木は、麦阿冬《やますげ》・獨活《つちたら》・石斛《いはぐすり》・前胡《のぜり》・高良姜《かうらはじかみ》・連翹《いたちぐさ》・黄精《おほゑみ》・百部根《はとづら》・貫衆《おにわらび》・白朮《をけら》・薯蕷《やまついも》・苦参《くらら》・細辛《みらのねぐさ》・商陸《いをすぎ》・藁本《さはそらし》・玄参《おしぐさ》・五味子《さねかづら》・黄芩《ひひらぎ》・葛根《くずのね》・牡丹《ふかみぐさ》・藍漆《やまあさ》・薇《わらび》・藤・李・桧・杉字を或は椙に作る・赤桐・白桐・字を或は梧に作る・楠・椎・海榴・楊梅・松・栢字を或は榧に作る・蘗《きはだ》・槻なり。

とある。これらの植物については、単にその郡にみられるものを列挙したのではないとする見解がみられる(伊藤清司「風土記と中国地誌」)。伊藤氏は、十世紀の初めにまとめられた『延喜式』の中の諸国からの黄進薬草に注目し、『出雲国風土記』所載の植物がこれらの薬草と重なるものが多いと述べている。伊藤氏が主張していることをわかりやすくまとめると左の表のようになる。この表をみると、『出雲国風土記』にみられる植物は、薬草であるという点を基準にして列挙されているということもそれなりに根拠のあることといってもよいのではなかろうか。『出雲国風土記』の植物を薬草とすることの是非については、ひとまずおくとしても、何らかの基準にもとに植物を記していると考えることは妥当であろう。とするならば、『出雲国風土記』の植物を薬草とみる説は魅力的なものといえるのではなかろうか。

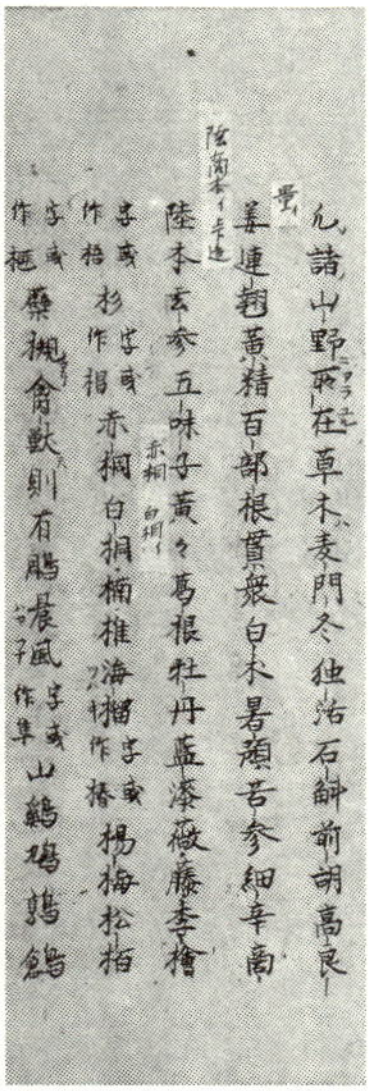

『出雲風土記』の意宇郡にみられる植物列記(写真提供：島根県古代文化センター)

『出雲国風土記』所載の植物

	名称			名称			名称			名称	
1	麦門冬（ヤマスゲ）	◎	20	牡丹（フカミグサ）	○	39	白芨（カガミ）	○	58	芍薬（エビスグスリ）	○
2	独活（ツチタラ）	◎	21	藍漆（ヤマアサ）	◎	40	決明（エビスグサ）	◎	59	狼毒（ヤマクサ）	×
3	石蔛（イワグスリ）	○	22	薇（ワラビ）	○	41	白蘞（ヤマカガミ）	◎	60	茈（紫）胡（ノゼリ）	○
4	前胡（ノゼリ）	◎	23	白頭公（オキナグサ）	◎	42	草薢（トコロ）	◎	61	薺頭高（オハギ）	×
5	高良姜（コウラハジカミ）	◎	24	百合（ユリ）	○	43	当帰（ヤマゼリ）	◎	62	人参（カノニケグサ）	○
6	連翹（イタチグサ）	◎	25	王不留行（カサクサ）	◎	44	大蓟（オオアザミ）	×	63	自前（芀）（ノカガミ）	×
7	古参（クララ）	◎	26	薺苨（サキクサナ）	○	45	赤箭（カミノヤ）	◎	64	苗芋（ニツツジ）	○
8	細辛（ミラノネグサ）	◎	27	瞿麦（ナデシコ）	◎	46	秦皮（トネソコノキ）	○			
9	商陸（イオスギ）	◎	28	升麻（トリノアシクサ）	○	47	杜仲（ハイマユミ）	○			
10	藁本（サワソラシ）	◎	29	抜葜（サルカキ）	◎	48	竜胆（エヤミグサ）	◎			
11	黄精（オオエミ）	◎	30	桔梗（アリノヒフキ）	○	49	秦椒（カワハジカミ）	○			
12	百部根（ホトヅラ）	◎	31	地楡（エビスネ）	◎	50	巻柏（イワクミ）	◎			
13	貫衆（オニワラビ）	○	32	附子（オウコマツケ）	○	51	石葦（イワカシワ）	○			
14	白朮（オケラ）	◎	33	狼牙（コマツナギ）	◎	52	茯苓（マツホド）	◎			
15	薯蕷（ヤマツイモ）	◎	34	離留（ネアザミ）	◎	53	薇蕨（ワラビ）	×			
16	玄参（オシクサ）	◎	35	続断（ヤマアザミ）	◎	54	夜干（カラスアフギ）	◎			
17	五味子（サネカヅラ）	○	36	女委（エミクサ）	◎	55	蜀椒（ナルハジカミ）	◎			
18	黄芩（ヒイラギ）	○	37	菩茄（ムコギ）	○	56	女青（カワネグサ）	○			
19	葛根（クズノネ）	○	38	白芷（ヨロイグサ）	◎	57	貝母（ハハクリ）	○			

○印　『延喜式』の典薬寮貢進薬草
◎印　出雲国が典薬寮へ貢進する薬草
×印　典薬寮貢進薬草でない植物

42 水産物

■常陸国と鯨

古代人、それも庶民レベルでどのような水産物を食べていたかということを把握するのは、そう簡単なことではないが、それだけ心ひかれる点でもある。『風土記』はそうした欲求をかなえてくれる絶好の史料といえる。たとえば、『常陸国風土記』の行方《なめかた》郡の行方海《なめかたのうみ》の条をみると、「海松、及び塩を焼く藻生ふ。凡て海にある雑の魚は載するに勝《た》ふべからず」とあり、豊富な水産物が獲れていたことを推測させるが、それに続けて、

　但、鯨鯢《くじら》は曽《むかし》より見聞かず。

と記している。ここから、行方海では鯨のことは昔から見ききしないことがわかるのであるが、これは逆に常陸国の人びとが鯨を知っていたことをものがたっていよう。そのことは、同じ行方郡に鯨岡という地名がみられ、その由来として「上古の時、海鯨《くじら》、匍匐《はらば》ひて来り臥せりき」とあったり、久慈郡の条に、「小さき丘あり。体、鯨鯢に似たり」とあることなどから、少なくても八世紀初めの常陸国の人びとが鯨に対する認識をもっていたことがうかがわれる。

■出雲国にみられる水産物の具体名

水産物の記載で最も詳細な記載がみられるのは、出雲国である。全九郡のうち、飯石・仁多・大原の三郡は内陸部に位置しており、川魚の品目が記述されている。品目のなかでは、年魚《あゆ》がまずあげられ、他には麻須《ます》・魴《なよし》・鯉などがみられる。他の郡では、意宇郡の伊久比や出雲郡の鮭などもあげられる。

海産物では日本海に面した島根半島の四つの郡、すなわち、島根・秋鹿《あいか》・楯縫《たてぬい》・出雲といった郡や神門郡に記載がみられる。たとえば、最も漁獲量が多かったと思われる島根郡をみると、

　凡て、南の入海に在るところの雑の物は、入鹿・和爾《わに》・鯔《なよし》（ボラ）・須受枳《すずき》・近志呂《このしろ》・鎮仁《ちに》（クロダイ）・

白魚・海鼠・鰝鰕《えび》・海松《みる》等の類、至りて多にして、名を尽すべからず。

出雲国の海岸部

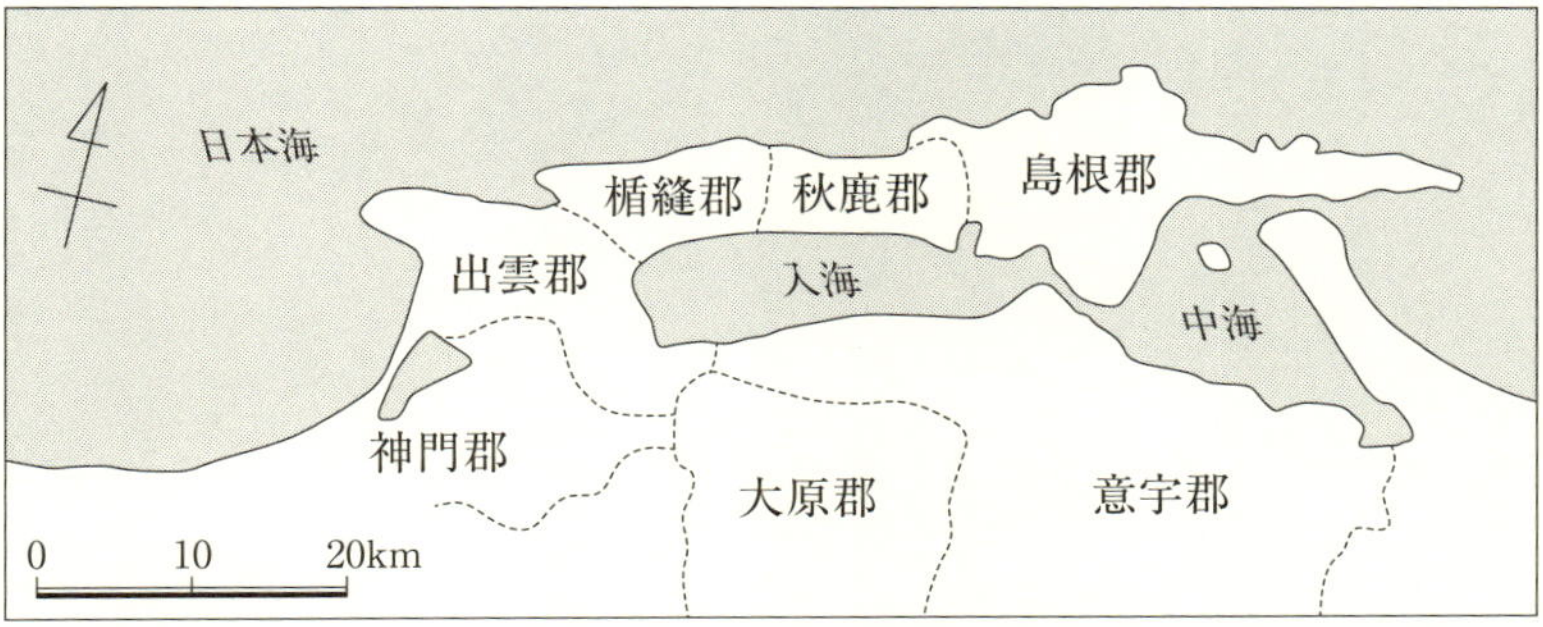

とあり、現在の中海側で獲れるものが列挙されている。また、日本海側のものに関しても志毗《しび》・鮐《ふぐ》・沙魚《さめ》・烏賊・蜛蝫《たこ》・鮑魚・螺・蛤貝《うむぎ》・蕀《うに》・甲蠃《かせ》・蓼螺《にが》子《し》・蠣子《かき》・石華《せ》・白貝・海藻・海松・紫菜《むらさきのり》・凝海菜《こるもは》などの産物が記載されている。

この中で興味をひかれるものとして、中海にみられる和爾と日本海の沙魚とがあげられる。一緒に古代の史料に登場するワニは、サメのことといわれているが、『出雲国風土記』では、このようにワニとサメとは書き分けられており、同一のものとは考えにくいのである。それでは稲羽の素兎など古代の史料に登場するワニは現在の何にあたるのかというと、いまだ結論はでていないもののハンマーヘッドシャーク（撞木鮫）とするのがよいのではなかろうか。

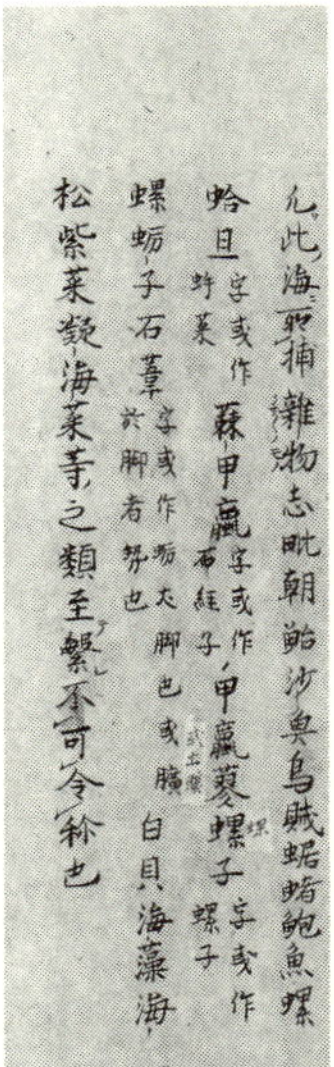
『出雲風土記』の島根郡の北海（日本海）の水産物列記
（写真提供：島根県古代文化センター）

43

古代人と温泉

▣〝神の湯〟といわれた玉造温泉

火山国である日本には多くの温泉があり、わたし達の生活とも深い関わりをもっているといってよいであろう。『風土記』をひらくといくつかの温泉の記載がみられ、古代から温泉が活用されていたことがわかる。そして、それらの中には、現在も日本を代表する温泉といいものも含まれている。

たとえば、島根県の玉造温泉は、山陰有数の温泉として知られるが、『出雲国風土記』にすでに記載がある。具体的にいうと、意宇《おう》郡の忌部神戸《いんべのかんべ》の条に、「川の辺に湯出づ」と記されている。これは現在もそうであり、玉造川から湯がわき出ている。そこへ、老若男女が集まり宴会をして楽しんでいるという、何やら現代人の温泉利用にも通じるようでもある。

忌部神戸には市も立ち、にぎわっている様子が描かれているが、温泉の効能として、

玉造川（写真提供：島根県観光連盟）

> 一たび濯《すす》げば、形容端正《かたちきらきら》しく、再び沐《ゆあみ》すれば、万病尽く除《い》ゆ。古より今に至るまで験《しるし》を得ずといふことなし。故、俗人《くにひと》、神の湯といふ。

と記されている。

一回、入浴すると美肌・美顔にきき、再び入浴すると万病に効き目があるというのである。さらに、いままで効き目がなかったことはなく、人びとは神の湯といっている、とまでいい切っているのである。現代にも通じそうな見事なキャッチコピーといえる。このキャッチコピーの真偽はともかくとして、美容や病気に良いといってお

り、これもまた現代人の温泉利用に同じである。

■別府の間欠温泉

『豊後国風土記』にも温泉記事がみられる。それは別府温泉であり、速見郡の赤湯の条をみると、

別府温泉の間欠泉（写真提供：別府地獄組合）

此の湯の泉の穴は、郡の西北の竈門山《かまどやま》にあり、其の周りは十五丈許りなり。湯の色は赤くして、埿《ひじ》あり。用ゐて屋の柱を塗るに足る。埿、流れて外に出づれば、変わりて清水となり、東を指して下り流る。因りて赤湯の泉といふ。

とある。これは、現在の柴石《しばせき》温泉の血の池地獄のこととされるが、伝承によると、温泉とともに出る赤色の土は顔料として使用でき、柱に塗ったりされるとしている。

また、玖倍理湯《くべりのゆ》の井《い》の条には、

人、竊《ひそか》に井の辺に到りて、声を発《あ》げて大言《さけ》べば、驚き鳴りて涌き騰ること、二木許りなり。其の気、熾《さか》りて熱く、向かひ昵《ちかづ》くべからず。その縁辺《ほとり》の草木は、尽皆枯れ萎《しぼ》む。因りて慍湯《いかりゆ》の井といふ。

とあり、これは、現在の鉄輪《かんなわ》温泉の間欠泉のことといわれる。そっとこの温泉の側に行って大きな声を出すと驚いて湯が六メートルあまり噴き出すというのは、ユニークな表現であり、また、「慍湯《いかりゆ》」というのもいかにも間欠泉らしさがあふれる表記といえよう。

44 衣類

■裳と裙

古代の人びとがどのような衣類を身にまとっていたであろうかということは、興味深い点であるが、あまりに身近な話題のせいか、記録にはなかなか残りにくい。日常の生活ぶりにかなりふみこんだ記述を含む『風土記』においてさえもそのことがいえる。

高松塚古墳壁画の女性群像
（写真提供：明日香村教育委員会）

そうしたなかで、『肥前国風土記』の松浦郡の条に、裳《も》の記載がみられることは重要である。これは、神功《じんぐう》皇后が裳をほどき、その糸を用いて年魚釣りをしたという伝承である。

また、『筑前国風土記』逸文の芋湄野《うみの》の条には、裙《も》の記載がみられる。これも神功皇后に関わる伝承であり、身重の皇后が三韓平定へ向かおうとしたところ、腹の子がちょうど産まれようとして動いたというのである。そこで皇后は、出産を遅らせるために、ふたつの石を裙の腰の部分にはさみつけて朝鮮半島へ渡ったと記されている。

裳も裙も「も」であり、女性の腰から下を被う衣類である。現在のスカートに相当するとされており、高松塚古墳の壁画にみられる女性群像のファッションがそれにあたる。

裳と裙の相違は、『和名類聚抄』によるならば、表につけるものを裙といい、下に着するものを裳というとある。

■褶と帯

褶《ひれ》は領巾・帔なども表記され、片に垂らした長い布である。女性の装飾用に使用されたが、『肥前国風土記』の松浦郡の褶振峯《ひれふりのみね》の条にみられるように、呪具でもあった。すなわち、そこには、

大伴狭手彦連、船発して任那に渡りし時、弟日姫子、此に登りて、褶を用ちて振り招きき。

と記されている。

大伴狭手彦《おおとものさでひこ》との別れの際に弟日姫子《おとひめこ》は褶振峯に登って、褶を振ったという内容であるが、単なる別れの場面というだけではなく、褶を振りそれを引き寄せることによって、相手が無事に必ずもどってくるという呪術的な意味もこめられているのである。

帯については、『播磨国風土記』の揖保郡の意此川《おしかわ》の条に興味深い記載がみられる。ここの伝承は、交通妨害の神である荒ぶる神についてのものであり、この神を和らげるために祈り、さらに、斎場を造り、神のための酒屋を造り、

宴遊《うたげ》して甚く楽しび、即ち、山の柏を櫟《と》りて、帯に桂け、腰に挿みて、此の川を下りて相壓しき。

と記されている。

すなわち、神のために酒宴を開き、柏の枝を帯にさしてみんなで押し合って川下りをおこなったというのである。ここにみられる押し合って川を下る行為も神を祝う祭りと解釈されている。そして、柏をさした帯に関しては、現在のベルトや帯と同様なものととらえてさしつかえないであろう。

45 狩猟

■古代の狩猟

古代の日本というと、農耕社会というイメージが強い。これは誤りではないが、その他にも多様な生産形態があったことを見のがしてはならないであろう。狩猟もそうした中のひとつである。

古代人が具体的にどのような獲物を狩猟の対象にしていたかについては、『出雲国風土記』が郡ごとに植物などと共に簡潔にまとめて記載している。たとえば、意宇郡には、禽獣としてワシ・山鶏・ハヤブサ・鳩・ウズラ・ヒバリ・ズク・熊・狼・猪・鹿・兎・狐・ムササビ・猿などの名が上げられており、それに加えて、はなはだ多様で全部はあげきれないとしるしている。これらの禽獣すべてが、実際に狩の獲物であったかは厳密にはわからないが、おそらくその多くは、狩の対象であったと思われる。

また、意宇《おう》郡の記載で興味深いことは、ズクのことを「悪しき鳥なり」としていることである。古代人が個々の禽獣に対してどのような感情を持っていたかについては、史料的制約からなかなか知ることができないのが現状である。しかし、意宇郡の記載から、ズクすなわち、ミミズクやふくろうに対して古代人は良い印象をもっていないことが知れる。ヨーロッパなどでは、ふくろうは智恵のシンボルとしてとらえられていることを考えるな

悪しき鳥とされたミミズク

らば、興味深い記事といえよう。

■狩猟の方法

それでは一体、どのような狩猟方法がとられていたのかというと、具体的に知ることは容易ではない。しかし、それをうかがわせる記載が、『出雲国風土記』の秋鹿郡大野郷にみられる。

和加布都努志命《わかふつぬしのみこと》、御狩為すしし時、即て郷の西の山に狩人を立て給ひて、猪《い》犀を追ひて北の方に上らすに、阿内《おうち》の谷に至りて、其の猪の跡忘失せき。

これがその記載であり、神による狩猟であるが、要所に狩人、すなわち勢子《せこ》を配置して狩猟をおこなっている。ここから勢子を動員した狩がおこなわれていたことがうかがわれる。

また、『播磨国風土記』の託賀《たか》郡の伊夜丘《いやおか》の条をみると、

伊夜丘は、品太天皇《ほむだのすめらみこと》の獦犬名《かりいぬのな》は麻奈志漏《まなしろ》、猪と此の岡に走り上りき。天皇、見たまひて、「射よ」とのりたまひき。

とあり、応神天皇が猟犬を使って狩をした伝承が残されている。この伝承で興味深いことは、猟犬の名が麻奈志漏であるということまで記されていることである。もちろん、これはあくまでも伝承であるが、少なくても猟犬を用いた狩がおこなわれていたであろうことをうかがわせられる。

さらに、『播磨国風土記』の揖保郡伊刀島《いとしま》の条には、

品太天皇、射目人を飾磨の射目前に立てて、み狩したまひき。

と記されていて、射目人、すなわち射手の存在がみられる。

これらの伝承を総合的にふまえると、狩場に配置させた勢子や猟犬などが獲物を追い出し、それを射手が仕とめるという古代の狩の状況がうかんでくるのではなかろうか。

46 争乱

■神々の争い

『風土記』をみると、具体的な戦争の叙述は顕著ではない。しかし、神と神とが争ったという記述はみることができる。たとえば、『播磨国風土記』の神前郡の糠岡《ぬかおか》の条をみると、

伊和大神《いわのおおかみ》と天日桙命《あめのひぼこのみこと》と二はしらの神、各軍を発して相戦ひましき。その時、大神の軍、集ひて稲舂ききき。其の糠聚《ぬかあつま》りて丘と為る。又、其の簸置《ひお》ける糠を墓《つか》といひ、又、城牟礼山といふ。

とあり、イワ大神とアメノヒボコ神の争いがみられる。この伝承には、さらに、「一《ある》ひといへらく」として、

城を握りし処は、品太天皇の御俗《みよ》、参度り来し百済人等、有俗の隨に城を造りて居りき。其の孫等は、川辺里の三家《みやけ》の人、夜代等なり。

と記されている。播磨国の在地の大神であるイワ大神と渡来神のアメノヒボコ神の争いの背景には、イワ大神を信仰する人びととアメノヒボコ神を崇拝する渡来人の存在があり、両者の争いがあったのかもしれない。後半部分の応神朝のこととして語られている百済人の渡来、そして、彼らが百済風の城を造ったということ、さらにその子孫が川辺里に居住しているという点にしても単純に記載どおりに受けとることはできないながらも前半部分と符合する点があることは興味深い。

■国境をめぐる争い

同じく『播磨国風土記』の託賀郡の都太岐《つたき》の条には三国の神々の争いがみられる。昔、サヌキヒコ神がヒカミトメ神に求婚したところ、女神はこれを拒否したという。しかし、サヌキヒコ神がさらに強引に迫ったので、ヒカミトメ神は、タケイワ神を雇って「兵を以ちて相闘ひ」サヌキヒコ神を破ったというのである。

さらに、法太里《ほうだのさと》の条には、サヌキヒコ神がやっとの思いで逃げたことや続く甕坂《みかさか》の条には、サヌキヒコ神を追

撃したタケイワ神がこの坂のところで御冠を置いて、以後、この境界を越えてはいけないと宣言したである。御冠については別伝承があり、大甕《おおみか》をここに埋めて境にしたとも伝えている。

ここに登場するサヌキヒコ神とは、とりもなおさず四国の讃岐の神であり、ヒカミトメ神は丹波の氷上郡の女神とされている。これに対して、タケイワ神は播磨の神といわれている。このようにとらえてよいとすれば、この伝承は、播磨の託賀郡を舞台として、丹波と讃岐の神々が争い、それに播磨の神が丹波側について参戦したということになる。この三国の神々の争いについても、簡単にいうことはできないが、丹波・讃岐・播磨の各々の勢力が入り乱れて争ったことを反映しているとみることもできるのではなかろうか。

丹波・讃岐と播磨の争い

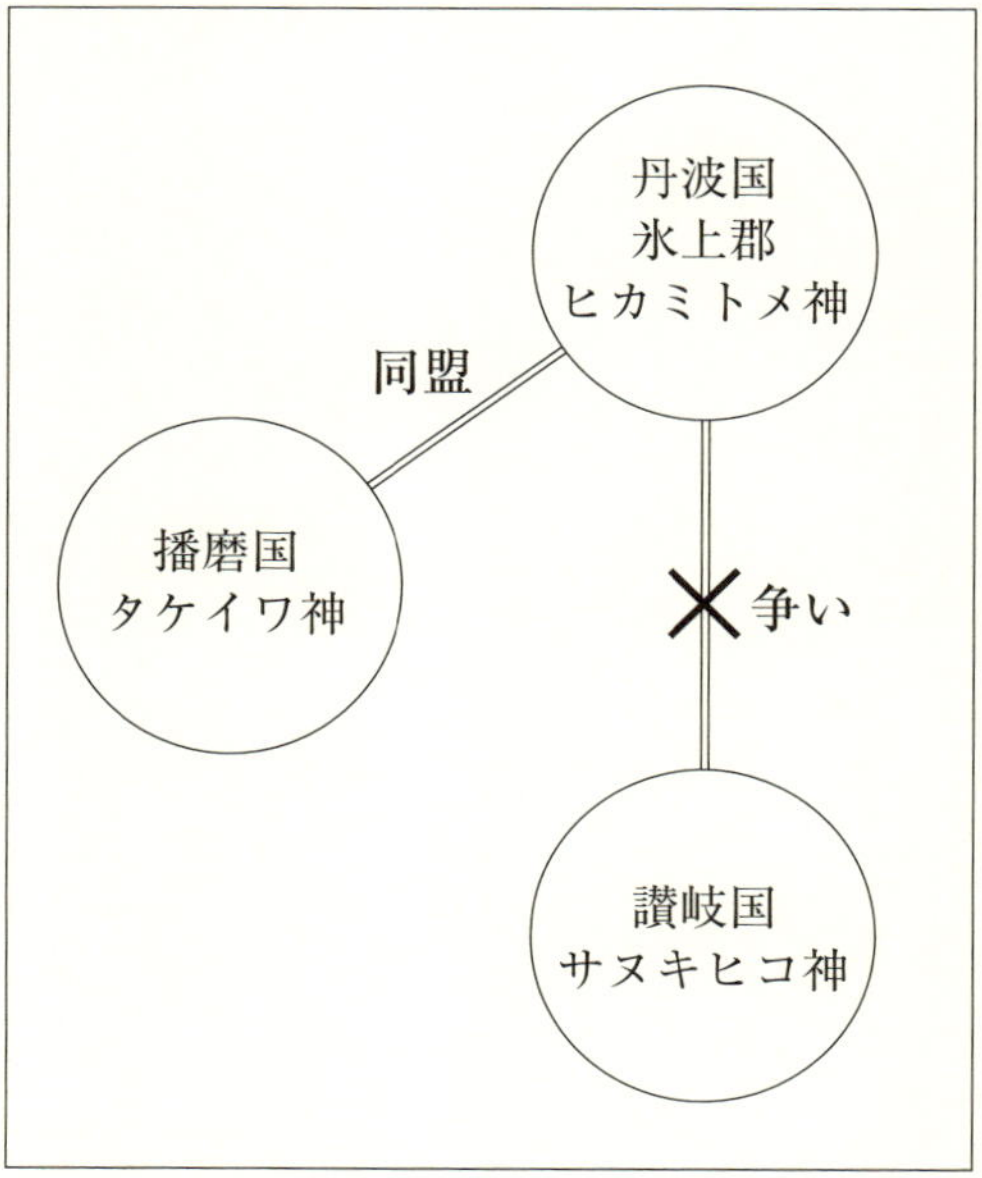

47 歌垣

■古代人の楽しみ

古代の民衆たちの生活ぶりを具体的に知ることは、なかなか難しい。教科書的にいうならば、租《そ》・庸《よう》・調《ちょう》をはじめとする重い負担に苦しめられ、息つくひまもない毎日であったという印象を受ける。山上憶良の「貧窮問答歌」の世界である。

しかし、本当にそうであるなら、古代人は生きていけないのではないだろうか。そうした視点でみていくと、歌垣が思いうかぶ。

歌垣は、男女が景勝地に集まって飲食や歌舞を通して交歓し、一夜を明かすというもので、歌嬥《かがい》・嬥歌とも称される。現在、日本列島ではおこなわれていないが、中国の南西部などでは、その風習が残されているといわれている。男女が多数あつまって一夜を明かすということで、そこに古代の性の明るさをいい、あたかも乱交がおこなわれていたかのようにみえるが、はたしてそうであるかというと、疑問が残る。

■筑波山の歌垣

歌垣というと、九州の杵島山《きしまやま》と並んで、『常陸国風土記』に記載されている筑波の歌垣が有名である。筑波山は、西の峰は雄の神といわれ、登ることができないと記されている。現在、男体山といわれているのがこれである。

これに対して、東の峰（女体山）の方には、春と秋の二度、関東諸国の男女が飲食物をもって登ってきて、歌の

杵島山（写真提供：香月正文）

やりとりをして楽しんだ。しかし、男性たちは、ただ飲食物のみを持参すればよいというものではなかった。「娉《つまどい》の財」といわれるものをあらかじめ用意していかなくてはならなかったのである。

したがって、歌でいくら女性に求愛して、相思相愛になったとしても、この「娉の財」がなければ、カップルは成立しないということになる。いうまでもなく、「娉の財」とは、女性への高価な贈り物ということになる。したがって、歌垣に備えて男性たちは、前もってそれなりの準備をしなければならなかったことであろう。

筑波山（写真提供：フォトライブラリ）

それでは、歌垣は女性の方が都合の良いものであったかというと、いちがいにそうともいえないようである。『常陸国風土記』の筑波山の歌垣には、歌が二首あげられており、いずれも女性にふられた男性のぼやきの歌であるが、その一方で、「娉の財を得ざれば児女《むすめ》とせず」とも記されている。これは、歌垣の場で、異性たちからまったく求愛されない女性は一人前とはみなされないということであろうが、あまり男性を選びすぎて、結局、「娉の財」を得れなかった女性も一人前とはみなされないということも含まれているように思われる。

したがって、女性としてもそれなりの男性をみつけ、カップルにならなければならなかったと考えられる。このようにとらえるならば、歌垣にも作法というか、決められたルールがあったのではなかろうか。

■童子女《うない》の松原での歌垣

同じく『常陸国風土記』の香島郡の童子女《うない》の松原の条をみてみたい。ここには、「那賀の寒田の郎子《いらつこ》」と「海上の安是の嬢女《いらつめ》」という二人の男女が登場する。二人とも周囲にきこえた美男・美女で、互いにそのことを伝え聞いて、どうしても会いたいと思っていた。そんな二人が歌垣の場で会うことができた。二人は歌をおくりあい、さらに、語りあいたいと歌垣の場をこっそりぬけ出すことになる。

そのあと二人は、人目を避けて松の下に隠れ、手をとりあって膝を並べて互いに思いのたけを述べあうことになる。甘美な時間はあっという間に過ぎ、気がつくともう夜明けになっていた。そこで二人は、どうしてよいかわからず、人にみられることを恥じて松の木になってしまったという。郎子の方は奈美松《なみまつ》、嬢女の方は古津松《こつまつ》と名づけられ、今にいたっていると記事はしめくくっている。

この僮子の松原にみられる歌垣の記事からは、いくつかの情報を得ることができるように思う。まず、歌垣は男女の集団に歌舞飲食がおこなわれたと考えられる。その中で、歌のやりとりが成立したカップルは、歌垣の場から離れて、二人だけになって一夜を過ごすことになる。しかし、夜明け前には二人とももとの集団の輪にもどっていなければならなかったようである。僮子の郎子と嬢女がそれぞれ、奈美松・古津松になってしまったのは、とりもなおさずこのルールを破ったためではなかろうか。

以上、筑波山の歌垣と僮子の松原の歌垣とをみてみた。両者ともたしかに庶民の大きな楽しみだったことがうかがわれる。しかし、それは無秩序な乱交ではないといえる。まず、回数であるが、春と秋の二回である。これは、春の田植えのあとと秋の収穫のあとであろう。男女が景勝地に集まるのであるが、男性は女性への「娉の財」を用意しなければならなかった。ただ歌だけを女性に向かって贈ってもだめだったのである。そして、カップルが成立しても夜が明けるまでには、もとの集団にもどるのがルールとされていたと考えられる。こうしたことが、きちんと守られた上で、歌垣の場が成立していたわけであり、歌垣は決して男女の野合の場ではなかったと思われる。

Ⅵ

産業と技術

現代と比較して古代の産業や技術は、未発達だったような印象をうけかねない。発達、未発達をどの観点からみるかで評価は変わってこようが、手による工芸などの技術は、奈良時代がひとつのピークであるという人もいる。

Ⅵ章では、農業や漁業をはじめとした産業やそれぞれの技術にスポットをあて、古代の人びとの智恵について探れればと考えている。

■麻多智の伝承からみえるもの

土地の開発はいうまでもなく、古代の一大事業であった。『風土記』にもさまざまな形で開発の伝承がのべられているが、ここでは『常陸国風土記』の行方《なめかた》郡のものをとりあげてみたい。ここには、時代を隔てて二人の男が登場する。一人目は、継体《けいたい》天皇の時代に開拓を行なったとされる箭括麻多智《やはずまたち》である。

箭括麻多智が、郡役所の西の谷を開発しようとしたところ、多数の「夜刀神《やつ》」が現れ妨害したという。この夜刀神は、頭に角をもつ蛇で、この神から逃げようとしたときに姿をみた者は、子孫にいたるまで滅ぼされるという。

夜刀神とは谷《やつ》の神と考えられるが、この神に対して麻多智がとった行動は、甲冑に身をかため茅を手にとり夜刀神たちを打ち殺し追いかけるという、すさまじいものであった。そして、山の登り口まで夜刀神を追いやった麻多智は、ここに堀を作り、境界として林を立てて、ここより上は神の地、下は人の地と夜刀神に告げたのである。

その上で、麻多智は自ら神社を造り、夜刀神を祭り、十町余りの田を寄進し、代々の子孫もこれを継承したとある。継体朝《けいたいちょう》という時代設定をまにうけてよいかは問題があるものの、一応、六世紀はじめのころの状況として考えるならば、麻多智は

『常陸国風土記』の夜刀神を祀る愛宕神社（写真提供：綿引計展）

開墾を妨げる神に対し、敢然とたちむかい、打ち殺してしまっている。しかしその一方、山口より上は神の地として認め、神社を設け祭ってもいる。ここには畏敬の念が十分にあらわれている。つまり、人間のための開発をさえぎる神を許しはしないが、一方では神を祭り恐れる気持も十分に持っているといえる。

■麿の伝承からみえるもの

　時代かわって孝徳朝のこととされる。壬生麿という人物がこの谷に池の堤を造ろうとしたところ、夜刀神が現れ、時がたっても去ろうとしなかった。すると麿は大声を発し、「この池を造るのは民のためである。天皇の風化に従わないのは、何という神であるか」と叫んだ。そして、池造りをしていた人びとに「工事を妨げるものは、恐れることなくすべて打ち殺せ」というと、その言葉がいい終わるや否や夜刀神たちは姿を隠してしまったというのである。

　孝徳朝というと、七世紀の中ごろとなり、継体朝から百年あまり後のこととなる。この時代の人とされる麿は、夜刀神に対して容赦ない態度をとっている。そのバックボーンになっているのは、天皇の権威である。つまり、天皇の勧農政策（教化）に逆うものは、神であってもかまわずにすべて打ち殺すといっているのである。これは継体朝の麻多智の態度とは全く異なるといってよいであろう。

　ここにみられる行方郡の伝承のみをもって、開発をめぐる古代人の神観念の変化を総合的に語ることは、もちろん慎重にならないといけないであろう。しかし、そのことは、この伝承がもつ魅力を損うものでは決してないであろう。

49 農業

■土地の状況

古代の産業のなかで、最も比重の大きいいものは何といっても農業である。和銅六年（七一三）に出された『風土記』作成の命の中にも「土地の沃塉」、すなわち、土地の良し悪しについて報告するようにとの一項目がわざわざ入れられている。これは、農業にとって土地が第一に重要であることを考えるならば、当然のことといえよう。

政府の求めた要求に対して、各国の『風土記』はいかに対応しているかというと、必ずしも明確に対応しているとはいい難い気もする。

たとえば、一例として『常陸国風土記』の総記の条をみると、

堺は是広大《ひろ》く、地も亦緬《ほうか》にして、土壌も沃墳《つちこ》え、原野も肥衍《つちこ》えて、墾発《ひら》く処なり。

とあり、さらに、

古の人、常世国といへるは、蓋《けだ》し疑ふらくは此の地ならんか。

とまでいっている。

こうした記載をみる限り、常陸国は、農業に最適な理想郷のように思われる。しかし、これらの記述のすぐあとには、

但、有らゆる水田、上は小《すくな》く、中の多きを以ちて（後略）

と記されている。これをみると、「常世国」のようであるなどというい方は、誇大広告だということが明らかである。

土地の状態を具体的に最も詳しく記しているのは、『播磨国風土記』である。そこでは、土地を上・中・下の三等に区分し、さらに、各等を上の上・上の中・上の下というように三段階に分け、合わせて九等制で土地を評価している。しかし、実際のところは、中の上と中の中の土地が大半を占め、上の上はなく、下の下は一例のみと

なっている。

■直播と田植え

稲作の方法には、田に稲種を直接まくやり方と苗代を作り田植えをする方法とがあり、『風土記』には、両方をうかがわせる伝承がみられる。

まず、直播の伝承としては、『出雲国風土記』の飯石郡多称郷の伝承があげられる。

天の下造らしし大神大穴持命《おおなもちのみこと》と須玖奈比古命《すくなひこのみこと》と天の下を巡り行てましし時、稲種を此処に墜したまひき。

というもので、神話ではあるが、直播の様子を描写したものと思われる。

これに対して、『播磨国風土記』の讃容《さよ》郡の郡名由来の条には、

大神妹妋《いもせ》二柱、各、競ひて国占めましし時、妹玉津《いもたまつ》日女命《ひめのみこと》、生ける鹿を捕り臥せて、其の腹を割きて、其の血に稲種《いねま》きき。仍りて、一夜の間に、苗生びき。即ち取りて殖ゑしめたまひき。

とある。

鹿の腹を割き、その生血に稲種をまくという内容的に少々、生々しい話であるが、すると一晩で苗ができたので、それを田にうえたというもので、田植えを意識した伝承とみてよいであろう。

ふつうに考えるならば、一夜にして苗ができるということは考えられないことであり、その伝承は、呪術的な要素を多分に含んでいるといえる。その呪的な力の背景としては、

①鹿という動物による。
②その鹿が、「生きている」という状態であること。
③血が用いられたことによる。
④血が赤であるという色による。

などが考えられる。

いずれにしても、水稲耕作は弥生時代に大陸から伝わり、直播から田植えへと技術進歩していくが、八世紀前半に成立した『風土記』にはこのように両方の伝承をみることができる。

50 市と交易

■古代の市

人が集まるところに市が立ち、さまざまなものが交易される。これは自然のなりゆきであり、古代も同じであったであろう。

平城京や平安京には、東市・西市という二つの市が設置され、市司がこれを管理していた。地方にも当然のことながら多くの市があったであろうが、その実態は不明なところが多い。

『日本書紀』をひらくと、大和の海柘榴《つばき》市、河内の餌《え》香《が》市・阿斗桑市《あとのくわのいち》・軽市《かるのいち》などがみられる。特に、武烈《ぶれつ》天皇即位前紀条にみえる海柘榴市では歌垣が行なわれており、武烈天皇と平群臣鮪《しび》とか影姫をめぐって争っている。ここから、市では単に物の売買だけではなく、歌垣などの場でもあったことがうかがわれる。この武烈天皇即位前紀条は、市の機能を考える上で興味深い記事といえよう。

■『出雲国風土記』の市

それでは、『風土記』の中には市はどのように描写されているかというと、『出雲国風土記』に二か所、市の記載がみられる。

まずひとつ目は、意宇《おう》郡の忌部神戸《いんべのかんべ》の条である。ここは、現在の松江市玉造温泉にあたる場所である。一体、どのようなロケーションかというと、川の辺に湯がわき出ており、そこを中心に老若男女が集まって、「日《ひび》に集ひて市を成し」ているとある。さらに、多勢が歌舞飲食に興じ、宴会がくり広げられているという。温泉という場を利用して群集が楽しんでいる様子が想像され、それにかこつけて商人たちも集まり市が成立しているわけである。

もうひとつは、島根郡の朝酌《あさくみの》（促戸《せと》）渡《のわたり》の条である。ここは、『出雲国風土記』をみると、「朝酌促戸の渡」と「朝酌渡」との二通りの書き方がなされていて、渡が一か所なのかそれとも二か所なのかいまだに問題がある部分である。

いずれにしても、国庁から北上して、現在の大橋川を渡船で越え、島根半島にたどりついた地点となる。つまり、島根半島側となるが、現在のどこにあたるかピンポイントで指すことは難しい。しかし、この渡はここからさらに北上して日本海側の千酌浜に至り、そこから隠岐へ向かうというルート上にあり、交通の要地といってよいであろう。現在、大橋川には矢田の渡しが設置されていて、渡し船のムードを味わうことができる。しかし、いうまでもなく、これが古代の朝酌（促戸）渡とどれくらい関係があるかは不明である。

復元された朝酌市（島根県古代出雲歴史博物館）

朝酌（促戸）渡に関して『出雲国風土記』は、「大き小き雑魚、時に来湊《きあつな》りて、筌《うへ》の辺に駆駭《はせおどろ》き、風を壓《お》し、水を衝《つ》く。或は筌を破壊り、或は日に腊を製る。ここに捕らるる大き小き雑魚に、浜譟《さわ》がしく家闐《にぎは》ひ、市人四より集ひて、自然に鄽《いちくら》を成せり」と記している。

大小さまざまな魚が飛びはね、それらを捕獲して人びとがにぎわい、自然と市が形成されているというのである。豊富な魚を中心に種々の物が市に並べられていたであろう。

ここから東北の方角へ少し行ったところにある大井浜では、陶器が生産されており、これらも市に並べられていたかもしれない。

51 酒造

■古代人と酒

古今東西を問わず、また貴賤の別なく酒がたしなまれてきたことはいうまでもなかろう。日本も、もちろんその例外ではない。

『魏志』倭人伝には、すでに酒を好む倭人が描かれている。『魏志』倭人伝の記事をどのくらい信用してよいのかについては問題もあるが、日本人が神事や儀礼・宴などさまざまな場面で飲酒を行なっていたことはまちがいないであろう。

『風土記』には、民衆の最大の楽しみのひとつとして、歌垣の記載がいくつかみられる。春と秋との二回、人びとが景勝地などに集まって、歌舞飲食に興じるのであるが、このようなときにも酒は欠かすことのできないものであった。しかし、古代における酒の造り方はというと謎の点が多い。

■二種類の造酒法

『風土記』をみると、造酒に関するものとして、二通りの伝承が記載されている。ひとつは、『播磨国風土記』の宍禾《しさわ》郡の庭音《にわと》村の条であり、

> 大神の御粮《みかわひ》、沾《ぬ》れて梅《かび》生えき。即ち、酒を醸さしめて、庭酒《にはき》に献りて、宴しき。故、庭酒村といひき。今の人は庭音村といふ。

とある。イワ大神の乾飯《ほしえ》が水濡れてカビが生えたので、それを利用して酒を造り、大神に献げて宴会をしたという内容である。

ここにみられるカビは、酒母のことであり、コウジカビによる発酵の力によって酒を造るという方法は、基本的には現在の酒造法に通じるといって良いであろう。ただし、現在のような清酒は近世以降のものとされており、古代の場合は、にごり酒であったであろうといわれている。

酒の造り方としては、もうひとつユニークな伝承が、『大隅国風土記』逸文の譲酒の条にみられる。その内容はというと、

大隅ノ国ニハ、一家ニ水ト米トヲマウケテ、村ニツゲメグラセバ、男女一所ニアツマリテ、米ヲカミテ、サカブネニハキイレテ、チリ〴〵ニカヘリヌ。酒ノ香ノイデクルトキ、又アツマリテ、カミテハキイレシモノドモ、コレヲノム。名ヅケテクチカミノ酒ト云フト云々。

というものであり、口かみの酒といわれている造酒法である。

ひとつの家に水と米とを用意して、村中に酒造りを知らせる。集まった男女は米を口でかんで酒ぶねに吐き入れる。作業が終わると家々にもどり、酒ができた頃に集まって、酒造りに従事した人びとがこれを呑むというのである。

唾液による発酵を利用した酒造りであるが、これを飲むことができるのは、実際に労働を行なった者だけとされているところは興味深い。つまり、この酒造りに加わらなかった者には、酒を飲む資格が与えられないわけであり、村という共同体の中での論理をかいまみるようにも思われる。

■鉄の産地

弥生時代に大陸から伝播した金属器は、その後の列島社会に大きな影響を与えた。しかし、『風土記』からそうした金属および金属器の痕跡を探ろうとすると、思いの他、手がかりが少ないことに驚かされる。たとえば、鉄についてもそのことがあてはまる。

そうした状況の中、まず、鉄はどのような場所で採取されているかというと、『常陸国風土記』の香島郡高松浜の条に、慶雲元年（七〇四）のこととして、当時の国司であった婇女《うねめ》朝臣《あそん》が鍛冶の佐備《さび》大麻呂《おおまろ》らを率いてやってきて、「若松浜の鉄を採りて、剣を造りき」とある。さらに、ここの鉄は剣を造るのに大変、良いとも記されている。

ちなみに、ここに記載されている若松浜は高松浜の誤りかともいわれているが、いずれにしてもこれは、砂鉄の種類でいえば浜砂鉄の採取のことをいっているのであろう。

また、『出雲国風土記』の飯石郡の波多小川と飯石小川の条をみると、いずれも「鉄あり」と記されていて、川砂鉄の存在がうかがわれる。川砂鉄に関しては、『播磨国風土記』の宍禾《しさわ》郡の大内川・小内《おうち》川・金内《かなうち》川などの川の条にも「鉄を生《いだ》すは金内と称ふ」という記載がみられる。

こうした川砂鉄を原料とした製鉄もおこなわれていたと思われる。

同じ『播磨国風土記』宍禾郡の敷草村《しきくさむら》の条には、村内には山や沢があるとして、そこから「鉄を生《いだ》す」とある。これは、おそらく山砂鉄のことであろう。山砂鉄は、他の浜砂鉄や川砂鉄と比較するとより良質の砂鉄といわれる。

山砂鉄は、讃容郡にも産出することが記述されている。それも鹿庭山の四方の十二の谷すべてからも産出されていたとある。さらに、ここをみつけたのは別部犬《わけべのいぬ》であり、その孫の代になって孝徳《こうとく》天皇に献上されたということまで記されている。

■鉄から作られる利器

これらの鉄からは、太刀などの武器から鎌・鍬をはじめとする農具、はたまた鍋や釜といった日常生活用具といったものまで、さまざまなものが作られていたであろうことはいうまでもない。それは、『出雲国風土記』の仁多郡の条に、ここから出土する鉄は、「雑《くさぐさ》の具を造るに堪《た》ふ」とあることからも明らかである。

具体的な記述としては、先ほど『常陸国風土記』香島郡高松浜の条でみたように、剣の製造があげられる。剣をはじめとした武器類は為政にとって必要不可欠であり、高松浜の条が伝承とはいえ、国司の命令のもとに剣が造られていることは注目される。

一方、農民の側にたてば、鉄製のものというと、農具ということになろう。この点については、『播磨国風土記』の美嚢《みなぎ》郡の志深《しじみ》里の条に、

たらちし　吉備の鉄の　狭鍬《さぐは》持ち
田打つ妙《な》す　手拍て子等
吾は舞ひせむ。

とある。これは、袁奚《おけ》、のちの顕宗《けんぞう》天皇がうたった歌謡とされているものである。この中で、吉備の鉄で作った鍬といっている部分に注目したい。吉備は古代から良質な鉄の産地として知られており、そこの鉄で造った鍬とうたっているのである。歌謡の中の一節ではあるが、農具として鉄鍬がポピュラーであったことをうかがうことができるのではなかろうか。

53

漁業

■筌を使った漁法

『風土記』をみると、実に多くの水産物が列挙されている。最もまとまった形で記載されているのは『出雲国風土記』である。『出雲国風土記』には、多くの川や島にそこで獲れる水産物や郡ごとに日本海で捕獲できるものについて記されている。

それによると川では、年魚が一番ポピュラーであり、ウグイ・フナ・サケ・ハモ・マスなどもみられる。日本海では、イルカ・スズキ・白魚・エビ・サバ・イカ・フグ・紫ノリなどがみられる他、ワニ・サメといった種類もみられる。

これらをどのように捕獲していたのかというと、具体的に知ることは難しいが、『出雲国風土記』の島根郡の朝酌の促戸《せと》の渡には、筌《うえ》を用いた漁法の描写がみられる。

則ち、筌を東西に亙《わた》し、春秋に入れ出だす。大き小き雑の魚、時に来湊《あ〓》りて、筌の辺に駈駭《はせおどろ》き、風を壓し、水を衝く。或は筌を破壊り、或は日に腊を製る。ここに捕らるる大き小き雑の魚に、浜譟《さわ》がしく、家闐《にぎは》ひ、市人四より集ひて、自然に鄽《いちくら》を成せり。

これが朝酌の促戸の渡の描写であり、大小の魚が多数あつまってくる良い漁場となっているようである。そこで、竹製の漁具の筌をあちこちに仕かけ魚を獲っているのであるが、魚が勢よくはね、筌を破ることもあったと記されている。捕獲した魚は、丸干しなどにされ、市の商品として売買された。

もとより、古代の漁法は筌によるものばかりではない。しかし、朝酌の促戸の渡の条から、古代の漁民や市人のエネルギッシュな活動ぶりをうかがうことは十分にできるのではなかろうか。

■年魚釣りとウケイ

川魚の代表である年魚は、朝廷への貢納される贄《にえ》としても知られるが、その釣り方について興味深い記載が『肥前国風土記』の松浦郡の条にみられる。神功皇后が三韓平定の途中ここに立ち寄り、玉島の小河で針を曲げて釣針にして飯粒を餌とし、裳《も》の糸を釣糸にして、「三韓平定が成功するならば年魚よ釣針をのめ」とウケイをおこなった。すると時をおかずに年魚が釣れたというのである。そして、伝承は、四月には婦人たちがぬい針を曲げてそれで年魚を釣るとあり、男性は釣りをしても年魚はとれないとしている。この最後の部分、すなわち、四月に女性が年魚釣りをするということは、その背景に農耕の予祝もしくは、その年の収穫占いがあるのではということもいわれている。

いずれにしても、釣針による年魚釣りの様子を、この伝承からうかがうことができるであろう。

『出雲国風土記』にみられる郡別の水産物一覧

郡名	地　名	産　物　名
意宇	伯太川	年魚・伊久比
	飯梨川	年魚・伊久比
	筑陽川	年魚
	意宇川	年魚・伊久比
	玉作川	年魚
	来待川	年魚
	塩楯島	蓼螺子
	蚊島	螺子・海松
島根	水草川	鮒
	法吉坡	鮒・須我毛
	（浜）	白魚｝朝酌の渡と大井浜間に所在
	（浜）	白魚
	鯉石島	海藻
	宇由比浜	志毗魚
	盗道浜	志毗魚
	澹由比浜	志毗魚
	加努夜浜	志毗魚
	美保浜	志毗魚
	等等島	禺禺
	黒島	海藻
	比佐島	紫菜・海藻
	長島	紫菜・海藻
	赤島	海藻
	宇気島	海藻
	黒島	海藻
	黒島	紫菜・海藻
	黒島	紫菜・海藻
	亀島	紫菜・海藻
	蘇島	紫菜・海藻
	問島	海藻
	毛郡島	紫菜・海藻
	黒島	海藻
	小黒島	海藻
	比羅島	紫菜・海藻
	黒島	紫菜・海藻
	赤島	紫菜・海藻
	三島	海藻
		☆入海—入鹿・和爾・鯔・須受枳・近志呂・鎮仁・白魚・海鼠・鰝鰕・海松など
		☆日本海—志毗・鮐・沙魚・烏賊・蜛蝫・鮑魚・螺・鮐貝・蕀甲蠃・甲蠃・蓼螺子・螺子・石華・白貝・海藻・海松・紫菜・凝海菜など
秋鹿	恵曇池	鮒
	白島	紫苔采
	著穂島	海藻
		☆入海—鯔魚・須受枳・鎮仁・鰝鰕など
		☆日本海—鮐・沙魚・佐波・烏賊・鮑魚・螺・胎貝・蚌・甲蠃・螺子・石華・蠣子・海藻・海松・紫菜・凝海菜
楯縫	御津島	紫菜
	能呂志島	紫菜
	許豆島	紫菜
		☆入海・日本海—秋鹿郡の産物と同じ
出雲	出雲大川	年魚・鮭・麻須・伊具比・魴・鱧など
	意保美小川	年魚
	西門江	鮒
	大方江	鮒
	気多島	紫菜・海松・鮑・螺・蕀甲蠃
	大前島	海藻
	脳島	紫菜・海藻
	黒島	海藻
	御厳島	海藻
	等等島	蚌貝・石花
	栗島	海藻
	黒島	海藻
	御埼	鮑
		☆入海—秋鹿郡｝と同じ
		☆日本海—楯縫郡
神門	神門川	年魚・鮭・麻須・伊具比
	多岐小川	年魚
	神門水海	螺魚・鎮仁・須受枳・鮒・玄蠣
		☆日本海—楯縫郡と同じ
飯石	三屋川	年魚
	須佐川	年魚
	磐鉏川	年魚
仁多	横田川	年魚
	室原川	年魚・麻須・魴・鱧など
	灰火川	年魚
	阿伊川	年魚・麻須
	阿位川	年魚・麻須
	比太川	年魚
大原	斐伊川	年魚・麻須
	海潮川	年魚
	須我小川	年魚

54 渡来人

■渡来人と技術

古代の列島社会に渡来人が果たした役割の大きさは、いまさらいうまでもないことである。技術・文化・文物などさまざまな方面に及んでいる。渡来人がやってきた時期を限定することはできないが、おそらく時期を選ばず多くの人々が海を渡ってきたと思われる。一般には、応神《おうじん》朝にとりわけ多くの渡来があったといわれている。

たとえば、応神紀十四年条には、弓月君が、十六年には、王仁が、二十年条には阿知使主がそれぞれ渡来したとある。

これらの人びとは、なかば伝説上の人として有名であるが、弓月君は機織・養蚕の技術を伝え、王仁《わに》は『論語』や『千字文』をもたらし、漢字を伝えたといわれている。また、阿知使主《あちのおみ》は出納の技術にたけていたとされている。

こうした渡来人たちは、中央の大和のみならず、地方にも多くが居住したと思われ、『風土記』にその生活などの実態がどのように描写されているかは、興味深いことと思われる。

■播磨国と渡来人

『風土記』をみていくと、渡来人およびそれに関連する伝承は、『播磨国風土記』に集中していることに気がつく。さらにいうと、揖保《いぼ》郡と餝磨《しかま》郡とに多くみられる。このことの理由のひとつとしては、播磨が交通の要地に位置していることがあげられよう。

具体的に伝承をみるならば、餝磨郡の新良訓《しらくに》村の地名由来として、

昔、新羅国の人、来朝ける時、此の村に宿りき。故、新羅訓と郷く。山の名も亦、同じ。

とあり、新羅との関係をのべている。また、餝磨郡の草上の条は、

韓人山村等が上祖、柞《なら》の巨智《こち》の賀那《かな》、此の地を請ひて田を墾《は》りし時、一聚の草ありて、其の根尤《いて》臭かり

き。故、草上と号く。

と記されており、渡来人が開墾の技術をもっていたことをうかがわせている。しかし、一方では、餝磨郡の手苅丘の条のように、

　韓人等始めて来たりし時、鎌を用ゐることを識らず。
　但、手以て稲を苅りき。

というような伝承もある。

　これによると、渡来人たちは初めは鎌を知らなかったというのである。稲かりの手段としては弥生時代に石包丁から鉄鎌へと変わるわけであるが、渡来人が鎌のことを知らないというのは不可思議な一見、伝承という気がする。

　渡来人の技術は開墾にのみ限ったものではない。餝磨郡の韓室《からむろ》里の条をみると、

　右、韓室と称ふは、韓室首玉等が上祖、家大《いた》く富み
　饒《にぎは》ひて、韓室を造りき。故、韓室と号く。

とある。これは、韓室首宝の祖先が裕福であったので、韓室を造ったというものである。ここにみられる韓室は、詳細は不明ながら、オンドル施設をもった朝鮮半島系の住居とみることもできよう。

　このように、『風土記』のなかからも、さまざまに技術を生かして生活する渡来人たちの活動をうかがうことができる。

市之郷遺跡のオンドル遺構（姫路市）
（写真提供：兵庫県立考古博物館）

55 特産物

■特産物の起源

現在、日本列島の各地には、さまざまな特産品がみられ、人びとを楽しませてくれている。しかし、これらの品々がいつごろから有名になったのかといわれると明らかにすることができないものも多い。

日御碕（写真提供：古代文化センター）

そもそも特産という意識は古代にもあったのだろうか。この問に答えることは難しいが、『出雲国風土記』の楯縫部《たてぬいべ》の条をみてみよう。そこには、「北の海に在るところの雑の物は、秋鹿郡に説けるが如し」とあって、そのあとに「但、紫菜は楯縫郡、尤も優れり」とある。すなわち、日本海からあがる海産物は、東に隣接する秋鹿郡と同様であるとした上で、紫菜に関しては楯縫郡が最も優《まさ》っているというのである。ここでは、楯縫部で獲れる紫菜《のり》は、出雲国では一番よいものであり、特筆に値するとしている訳で、紫菜を楯縫部の特産物としてもよいのではなかろうか。

類似の記載は、楯縫郡の西に位置する出雲郡にもみることができる。

凡《すべ》て、北の海に在るところの雑の物は、楯縫郡に説けるが如し、但、鮑は出雲郡、尤も優れり。捕る者は、謂はゆる御埼の海子《あま》、是なり。

これがその記載であり、ここではアワビが出雲郡の特産物であるといっており、しかも、「御埼《みさき》の海子」が捕るものが最高品であるとしている。御埼の海子とは、島根半島の西端に位置する日御埼の海人たちのことであろう。

■特産物としての鉄

『出雲国風土記』にみられる海産物に注目して、特産物の紹介を試みたが、山間部の仁多郡にも興味をひかれる記載がある。

仁多郡は、三処《みところ》・布勢・三沢・横田の四郷から構成されているが、これらの郷の記載に続けて、

以上の諸郷より出すところの鉄、堅くして、尤も雑の具を造るに堪ふ。

と記されている。ここから、仁多郡のすべての郷からは鉄が採れ、その鉄は堅くて、さまざまな物を造るのに最もよいということがうかがわれる。

羽森第三遺跡（雲南市）（写真提供：雲南市教育委員会）

出雲と鉄の関係は、古代からいわれており、『出雲国風土記』をみても、仁多郡の西に位置する飯石郡を流れる飯石小川や波多小川には、「鉄あり」と記されており、川砂鉄が採取されていたであろうことが推測される。こうした川砂鉄や山から採った山砂鉄を用いた鉄製産がなされていたと思われるが、考古学的な面からいうならば現在までのところ、出雲エリアに相当する地域からは、羽森第三遺跡などをはじめとして、古墳時代後期をさかのぼる製鉄遺跡は発見されていない。

しかしながらいずれにしても、『出雲国風土記』から、仁多郡の鉄が特産品であった可能性は十分にいえるであろう。

さらに、とりあげた特産物がすべて郡単位であることもみのがせない点である。このことに注目するならば、古代においては、郡ごとに特産物がいわれていたのかもしれない。

Ⅶ

風土記と天皇

『風土記』を開くと、初代天皇とされる神武から始まって、四六代の孝謙までの天皇が姿をみせている。もとより、これら四六代の天皇すべてが登場しているわけではなく、また、『風土記』と天皇の関係は、歴史的事実というよりは、むしろ伝承というべきである。しかし、それぞれの国の『風土記』のなかで、どんな天皇が姿をみせているのかは、地域と天皇という視点からも興味深いことである。

神武天皇

■初代の天皇

『日本書紀』『古事記』に初代と伝える神武《じんむ》天皇の「神武」は漢風諡号《かんふうしごう》で、八世紀後半に淡海三船によって撰進された諡号であることが『釈日本紀』にみえる。和風諡号はカムヤマトイハレビコ、七一二年に成立した『記』では「神倭伊波礼毘古命《かむやまといわれびこのみこと》」、七二〇年に成立した『紀』では「神日本磐余彦天皇《かむやまといわれびこのみあらみこ》」と漢字表記された。

神武天皇は、「記・紀」の天孫降臨神話《てんそんこうりんしんわ》で日向の高千穂に天降りた皇孫ニニギ尊の四世孫で、ウガヤフキアへズ尊の第四子となる。『紀』の神武東征では、「西偏（にしのほとり）」より東征しようと、筑紫の宇佐、安芸、吉備、難波の海路を経て河内国の草香邑《くさかのむら》に到り、胆駒山《いこま》（＝生駒山）を越えて中洲《うちつくに》（＝ヤマト）に入ろうとしたが、長髄彦の軍と戦うこととなり戦況が不利となった神武天皇は、紀伊から熊野を経て、頭八咫烏《やたからす》（＝八咫烏）に先導されて山路を進軍した。その後、菟田《うだ》（＝宇陀）、吉野を経て、磯城彦《しきひこ》の軍、長髄彦《ながすねひこ》の軍を倒し、畝傍山《うねびやま》の東南にある橿原の地で即位した。

『記』と比較すると、地名の漢字表記、東征の年数、熊野からの進軍の経路が異なるが、筑紫より難波に至り、熊野よりヤマトに入って、橿原（記は白檮原）で即位する大まかな道筋はほぼ同様で、神武天皇の東征に多くの紙幅を割く構成となっている。これに対し、『風土記』での神武天皇の登場は、摂津国、山城国、伊勢国の風土記逸文に三例を数えるのみである。

今井似閑が採択した「摂津国風土記」逸文（『釈日本紀』土蜘蛛の条）では、「宇祢備能可志婆良能宮御宇天皇《うねびのかしはらのみやにあめのしたしろしめししすめらみこと》（畝傍の橿原の宮で天下を治めた天皇の意）」の世に土蜘蛛がおり、穴に住んでいたとある。この「宇祢備能可志婆良能宮御宇天皇」は、神武天皇を指す。

神武天皇は、実在が疑われる天皇であるが、「記・紀」の完成に先立って詠まれた柿本人麻呂《かきのもとのひとまろ》の歌には「玉だすき　畝傍の山の　橿原の　日知の御代ゆ〈或いは「宮ゆ」〉生まれしし」（『万葉集』二九）と、畝傍山の橿原で誕生した歴代天皇が天下を治めたとする長歌がある。このことから橿原で即位した神武天皇を第一代とする伝承は、「記・紀」成立以前のものと考えられる。「摂津国風土記」逸文では、「記・紀」にみえる和風謚号の「神《かむ》倭《やまと》伊波礼毘古《いわれびこ》」「神日本磐余彦《かむやまといわれびこ》」ではなく、「宇祢備能可志婆良能宮御宇天皇（＝畝傍橿原宮御宇天皇）」の表記で描かれており、『記』の「坐畝火之白檮原宮、治天下也（畝傍の橿原の宮で天下を治めた）」と共通する天皇号の表記となっている。これは「摂津国風土記」の成立が早いことを示すが、奈良時代の天皇の和風謚号に用いられる「御宇」が使用されていることから、七一三年の風土記編纂命後の成立したと考えられる。

■『風土記』の中の神武天皇

同じく「山背国風土記」逸文（『釈日本紀』頭八咫烏の条）の「加茂社」に、賀茂社の地名・祭神の由来に描かれている。神武天皇の東征の先頭に立って、葛木山に住んでいた賀茂建角身命《かもたけつぬみのみこと》が山背国《やましろのくに》の賀茂に鎮座する伝承で、「天孫降臨に随伴した賀茂建角身命が、神武東征の際に神倭石余比古（神武）の御前に立ち、大倭《やまと》の葛木山《かつらぎやま》の峰に宿っていたが、その場所より山代にある岡田の賀茂に遷って山代の河（＝木津川）を下り、葛野河《かどのかわ》（＝桂川）と賀茂川の合流する場所に至り、賀茂川を見渡して「石川瀬見小川」と名付けた。さらに、賀茂川を遡上して久我の国の北の山元に鎮座した」とある。

「記・紀」では天孫降臨に随伴する神に賀茂建角身命は見えないことから、賀茂社側が天孫降臨に随伴の神に祭神である賀茂建角身命を仮託した伝承としたものと考えられる。神武天皇の東征に先立ち、賀茂建角身命が賀茂川流域に鎮座した伝承を示すことで、祭神としての正当性を示す。「山背国風土記」逸文でも、本文中には「山代」と地名が表記されており、律令の国郡制以前の賀茂社に伝来する古さをうかがわせる。この逸文は、その正当性を示す根拠として神武東征説話《じんむとうせいせつわ》が利用されていると考えられる。

57 崇神天皇・垂仁天皇

■実在した初代の天皇

崇神《すじん》は、「記・紀」において第十代に数えられる天皇であるが、実際に存在した天皇（大王）としては初代にあたる、とする説が有力である。そうした意味でも重要な天皇といえる。

『風土記』では、『肥前国風土記』総記に崇神天皇の治世の話として以下の伝承がある。「肥前国は、元は肥後国と合わせて一つの国であった。昔、磯城瑞籬宮《しきのみずかきのみや》御宇御間城《みまき》天皇（崇神）の世に、肥後国の益城《ましき》郡《ぐん》朝来名《あさくな》の峯に土蜘蛛の打猴《うちさる》と頸猴《くびさる》の二人がいた。百八十余人の卒兵を率いて天皇の命令を拒み服従しなかった。朝廷は、勅《みことのり》を出して肥国《ひのくに》らの祖先である健緒組《たけおくみ》を派遣して征伐させ、反逆者を討ち滅ぼさせた。その時に国内を巡り、八代郡の白髪山《しらひげやま》に到り、日が暮れたので宿をとると、その夜、大空に火があり、自然に燃えて、だんだん山に近づいて燃え広がった。これを見て不思議なことだと驚いた健緒組は、朝廷に参上して「天皇の命令で、遠く西方の蛮族を征伐しましたが、刀を血で濡らすことなく、反逆者は自然に滅びました。天皇のご威力でなければこのようなことはできないでしょう。」と燃える火の状況について奏上した。それを聞いた天皇は「そのような話はこれまで聞いたことがない。天から火が下った国なので、火の国というべきである。」と仰せになり、健緒組の功績をたたえて、火の君という姓と、健緒紕という名を与え、この国を治めさせた。その後、この国を前後に分け、肥前国、肥後国というのである。」とある。

崇神天皇像

（写真提供：瀧音能之）

■『常陸国風土記』と崇神

それに対し『常陸国風土記』では、行方郡の条にみえる板来《いたく》村の条に「斯貴満垣宮大八洲所馭天皇《しきのみずかきのみやにあめのしたしろしめしすめらみこと》（崇神）の世に、東国の辺境の荒ぶる賊を平定しようとして建借《たけかし》間命《まのみこと》（那賀郡の国造の初祖）を派遣した。建借間命は兵士を引き連れて、行く先々で荒ぶる賊を討伐して、安婆島《あんばじま》から海の東の浦を眺めると、ちょうどその時に烟が見えた。建借間《たけかしま》は、人がいると思い、天を仰いで誓《うけひ》をして「もし、天人の烟ならば、私の頭上をたなびけ。もし荒ぶる賊ならば、海原の方にたなびけ。」と言うと、烟は海の方へたなびいたので賊がいることを知り、海を渡った。その賊である国栖《くず》がおり、穴を掘り砦を築いて常にその中に住み、朝廷軍に抵抗していた。建借間命が攻めると、賊は砦へ逃げて門をしっかり閉じるので、攻め入ることが出来なかった。そこで建借間命は策略を思い付き、葬送の設えをして七日七夜舞い、盛大な音楽を奏でた。賊の一族は、建借間命の葬儀だと思って、立てこもっていた砦から浜に出てきて喜び合った。建借間命は、素早く騎兵を砦に向かわせて門を塞ぎ、背後から襲撃して尽く一族を捕らえ、砦を焼き払った。この時に「痛く（イタク）殺す」といった所を伊多久郷《いたくごう》といい、「臨（フツ）に斬る」といった所を布都奈村《ふつなのむら》といい、「安く殺る（ヤスクキル）」といった所を安伐里《やすきりのさと》といい、「吉く殺く（ヨクサク）」といった所を吉前邑《えさきのむら》という。」という国栖討伐を由来とする地名起源説話がみえる。

新治郡の条にも美麻貴天皇馭宇《みまきのすめらみことのあめのしたしろ》（崇神）の世に「荒ぶるにしもの」を平定した記事がみえ、崇神天皇の治世における常陸の国域における平定説話と地名伝承が結びついていることがわかる。

他にも香島郡の条では、「記・紀」を反映した記事も確認することができる。「高天原から御孫命《みまのみこと》（天照大神の孫であるニニギ命のこと）が豊葦原水穂国《とよあしはらのみずほのくに》に天降りした時に共に降ってきた香島天大神《かしまのあめのおおかみ》が鎮座する豊香島宮に、初国所知美麻貴天皇（崇神）の世に供えられたとする御幣の伝承がみえ、土地の人びとの言い伝えとして「美麻貴天皇の世に、大坂山（奈良県の二上山から河内に出る交通の要所）の頂上に、立派な衣服を着て、白い桙を持った神が現れ「我が御前をお奉りすれば、汝が治めている大小の国を統治できるようにしよう」とおっしゃった。それを聞いた天皇は、奉仕する多くの部《べ》を集めて神託の意味を尋ねた。すると、大中臣の神聞勝命《かむききかつのみこと》が「大八嶋は、汝が統治する国であると、香島国に鎮座する天津大御神がお教えになっておられます。」と申し上げた。天皇はそれを聞いて、幣帛を神宮に奉納されたのである。」という説話を載せる。

『常陸国風土記』に崇神天皇の記事が散見されるのは、崇神皇子の豊城入彦命《とよきいりひこのみこと》（『記』では豊木入日子命）が、『紀』では東国の治定に派遣されたことや、『記』に上毛野・下毛野の祖とある氏族伝承と関連すると考えられるが、これがヤマト政権の東国平定の伝承として崇神天皇の治世に組み込まれたものと考えられる。

■垂仁天皇とミカツヒメ

次いで即位した垂仁《すいにん》は、歴代としては、第十一代目の天皇である。

『風土記』では、『尾張国風土記』逸文の丹羽郡吾縵郷《あづらのさと》の地名由来として、「巻向珠城宮御宇天皇《まきむくのたまきのみやにあめのしたしろしめしいすめらみこと》（垂仁）の世に、品津別皇子は、七歳になっても言葉を話さなかった。群臣に問いたけれども、皇子は言葉を話せるようにはならなかった。その後、皇后の夢に「私は多具国《たく》の神、阿麻乃弥加都比《あめのみかつひ》女《め》である。もし私を祀るのならば、皇子は言葉をよく話すようになり、天寿を全うするだろう」とお告げがあった。そこで天皇は、人に命じて神を探し求める人を占ったところ、日置部等の祖先である建岡君を占い当てた。そこで建岡君を派遣して神を探し、美濃国の花鹿山に到り、榊の枝をよじり取って、頭に飾る縵を造って、神意を問う誓（ウケヒ）をして「吾がこの縵を落としたところに、きっと、この神はいらっしゃるだろう」といった。その縵は、飛んで行き、落ちた場所に神がいることを知った。そこに縵の神社を建てて祀り、それに因んで里の名としたが、後世の人は訛って阿豆良《あずら》里と言うようになった。」という話を伝える。

垂仁天皇像
（写真提供：瀧音能之）

また、『尾張国風土記』逸文に登場するこのアメノミカツヒメは、『出雲国風土記』秋鹿《あいか》郡伊農《いぬ》郷の条にみえる『天瓺津日女《あめのみかつひめ》』、楯縫郡神名樋山の条に登場する「天御梶日女」と同神だとする説がある。『出雲国風土記』では、楯縫郡の神名樋山（現在の大船山）の西にある石神は、オオクニヌシ神の子のアジスキタカヒコ神の妻で、多具村にやって来たアメノミカツヒメが産んだタキツヒコの魂が石神に依りついており、日照りの時に祈ると雨が降る、と伝えている。

58

景行天皇

■稲日太郎姫との婚姻譚

景行《けいこう》天皇は、第十二代とされる天皇で、父は垂仁《すいにん》天皇、母は皇后の日葉洲《ひばす》媛命《ひめのみこと》（丹波道主王女）で、『日本書紀』には「大足彦尊《おおたらしひこのみこと》」「大足彦忍代別天皇《おおたらしひこおしろわけのすめらみこと》」、「大足日子天皇《おおたらしひこのすめらみこと》」と、『古事記』には「大帯日子淤斯呂和気天皇《おおたらしひこおしろわけのすめらみこと》」と表記される。

『風土記』のなかでは『豊後国風土記』や『肥前国風土記』など九州の風土記に多く登場する。これらの伝承のうち風土記で注目されるのは『播磨国風土記』の婚姻譚による地名起源説話で、賀古郡《かこぐん》と印南郡《いんなみぐん》の条にみられる大帯日子天皇《おおたらしひこのすめらみこと》（景行）とヤマトタケルの母である播磨稲日大郎姫《はりまのいなびのおおいらつめ》の婚姻譚が、播磨国の地名起源説話となっている点である。

『播磨国風土記』は巻頭を欠くため、賀古郡から始まるが、この冒頭の賀古郡の由来となる日岡という岡にある比礼墓（褶墓）は印南別嬢の匣《くしげ》と褶《ひれ》を葬った墓だとする伝承で、大帯日子命（景行）と印南別嬢の婚姻譚が地名起源説話として掲載されている。「大帯日子命が求婚しようとして印南別嬢の元へ出かけられた時に、媒酌人として賀毛郡山直らの始祖である息長命と共に都から下って行き、摂津国の高瀬済《たかせのわたし》に到着して「朕公《あぎ》よ、渡しておくれ」と言って舟の渡し賃を出して川を渡った場所を朕公済といい、明石郡の廝《かしわで》の御井《みい》に到着し、この地の神に柏手を打って食事を献げた場所を廝の御井という。その時、印南別嬢は天皇が求婚に来たと聞き、驚いて小島に逃げ渡った。天皇は、賀古の松原に到着して印南別嬢を探し出そうとした。そして、この小島に渡ろうとして、阿閉津《あへつ》に到着して御食を献げたので阿閉村と、また、江の魚を捕って御坏物とし、また舟に乗って若枝で祭器を置く棚を

景行天皇像
（写真提供：瀧音能之）

作ったので、その港を榭津と名づけた。ついに島に渡って別嬢と会い、天皇が「この島に愛妻隠びつ（愛しい妻が隠れていた）」と言ったので小島は南毘都麻《なびつま》という名となった。

その後、天皇と別嬢の舟をつなぎ合わせて海を渡り、印南の村に着き、密事をしたので、その村を六継村とし、天皇が高宮に遷った村を高宮村、酒殿を建てた村を酒殿村、贄殿《にえどの》を建てた村を贄田村、舘を建てた村を舘村と名づけた。

■ヒレ墓伝承

また、城宮田村に遷って結婚した後、別嬢の寝室の清掃に奉仕した出雲臣の須良比売を、媒酌人の息長命の妻とした。息長命の墓は、賀古駅の西に記されている。

年が過ぎて、別嬢が城宮田村の宮で亡くなったので、墓を日岡に作って葬った。遺骸が印南川を渡る時に、大きなつむじ風が起こって遺骸が川の中に巻き込まれ、匣と褶だけが残されたので、その二つを葬ったため比礼墓と名づけたのである。」というものである。

この播磨の賀古郡と印南郡条にみられる印南別嬢が『紀』に登場する播磨稲日大郎姫《はりまのいなびのおおいらつめ》に比定される女性だが、この伝承によると稲日大郎姫は播磨の印南で天皇と結婚し、その後に同地で亡くなったことになる。

また墓の伝承に、播磨国の賀古に埋葬された息長命と出雲臣比須良比売《いずもおみひすらひめ》の婚姻譚も組み込まれており播磨と出雲の交流を思わせるが、『出雲国風土記』における景行天皇の伝承は、出雲郡の健部郷《たけるべごう》に健部を定めた伝承のみで播磨との交流の伝承はみられない。

59

応神天皇

■応神の出生

応神《おうじん》天皇は、父は仲哀《ちゅうあい》天皇、母は神功《じんぐう》皇后（『日本書紀』では気長足姫尊《おきながたらしひめのみこと》、『古事記』では息長帯比売命《おきながたらしひめのみこと》）である。父の仲哀が神託に従わず崩御したため、母の神功皇后が三韓征伐をおこなうこととなったが、産み月であったため、石を腰に挿んで「事が終わって還る日に生まれるように」と祈り、征伐を終えて新羅より帰った時、筑紫の宇瀰《うみ》（『記』では宇美）で生まれた。腰に挿んだ石は伊都《いと》県の道辺（『記』では筑紫国伊斗《いと》村）にあるという伝承をもつ天皇である。（即位前紀では、筑紫の蚊田《かだ》で誕生とあり、宇美が蚊田の旧名とする説と、別とする説がある。）

『紀』では神功紀に「誉田別皇子《ほむたわけのみこ》」、応神即位前紀《おうじんそくいぜんき》に「誉田天皇《ほむたのすめらみこと》」、『記』では「品陀和気命《ほむだわけのみこと》」と漢字表記され、「ホムタワケ」と呼ばれた。即位前紀にみえる名の由来は、生まれた時に腕の肉が鞆のように盛り上がっていたので鞆の古名である「ホムタ」と名付けたとする伝承と、太子の時に越国の角鹿の笥飯大神《けひのおおかみ》（『記』では気比大神）と「去来紗別（記では伊奢沙和気）」の名を取り替えたとする伝承を載せる。

応神天皇像
（写真提供：瀧音能之）

『記』ではヤマトにある「軽島の明宮」で天下を治めたとするが、『紀』には応神天皇二十二年三月条に「天皇難波に幸し、大隅宮に居す」、同四十一年二月条には「天皇、明宮に崩ず。時に年一百十一歳なり。〈一に云はく、大隅宮に崩ず〉」とあり、ヤマトから難波に遷都したとも読み取れる伝承がみられる。

このため、明治以後に強調された「万世一系」に対し、応神天皇の九州で誕生した伝承や、難波の大隅宮で崩御した別伝から、批判的検証が重ねられ、戦後は三王朝交替論や、九州王朝、応神王朝、難波王朝などの学説が隆盛することとなった。「記・紀」において応神天皇は、古代の天皇系譜を考える上で際立つ伝承を持った天皇といえよう。

ところが現存する『風土記』では、『播磨国風土記』飾磨郡《しかまぐん》賀野里《かやのさと》の条のように「品太天皇（応神）が巡行した時に、殿を作って蚊帳を張ったので賀野と名付けた」というように、天皇巡幸に因んだ里や丘などの地名起源伝承が多数採録されているが、「記・紀」にみえるような際立った特徴はない。

■応神と三韓平定伝承

一方、『風土記』の逸文には、「記・紀」に類似する伝承がみられる。『釈日本紀』にある「筑前国風土記」逸文の怡土郡児饗野《いとぐんこうの》の条には「児饗野の西に石が二つある。昔、気長足姫尊（神功皇后）が新羅を征伐しようとしてこの村に到り、にわかに子どもが生まれそうになったので、石を二つ腰に挿んで、西の堺を定めて凱旋した後に子どもが生まれるように、と祈った。遂に西の堺を定めて還った後に生んだ子どもが誉田《ほむた》天皇（応神）である。時の人はその石を名付けて皇子産の石と呼んだ。今は鈍って児饗の石を言う。」とあり、神功皇后の腰石の伝承が怡土郡にみえる。また戦後『八幡御託宣記《はちまんごたくせんき》』（『石清水八幡宮記録』）から「筑前国風土記」逸文に認定された糟《かす》屋郡《やぐん》瀰夫能泉《みふのいずみ》の条では「気長足姫尊《おきながたらしひめのみこと》が新羅より還幸して、この村で誉田天皇を生み、この泉の水を御産の湯としたので「瀰夫《みふ》の泉」という。」とある。糟屋郡の「宇美」にある「宇美宮」が、平安末には石清水八幡宮の支配下にあったことが『石清水文書』から確認でき、「記・紀」に関連する伝承が『筑前国風土記』逸文にあったことがわかる。

また『万葉集註釈』裏書の『摂津国風土記』逸文の比売嶋の松原の地名伝承には、「軽島豊阿伎羅宮《かるしまとよあきらのみや》御宇《におわしまし》天《すめら》皇《みこと》の世」と、応神天皇の居所であった「軽島の明宮」を冠する天皇名がみえる。「応神天皇の治世に、新羅国の女神が夫の神から逃げて、筑紫国の「伊波比乃比売嶋《いわいのひめしま》」に住んだが、さらに遠くに逃げて、摂津の比売嶋に留まった」とあり、応神記の「天之日矛神話《あめのひぼこしんわ》」に類似するものの、「記・紀」の三韓征伐と異なる伝承がみえる。

60 仁徳天皇

■聖帝としての仁徳

仁徳《にんとく》天皇は、第十六代に数えられる天皇で、『日本書紀』では名を「大鷦鷯天皇《おおさざきのすめらみこと》」「大鷦鷯尊《おおさざきのみこと》」、『古事記』では「大雀命」とする。父の崩御後、菟道稚郎子《うじのわきいらつこ》と皇位を譲り合い、菟道稚郎子が大鷦鷯尊（仁徳天皇）に位を譲るために自殺したため、即位して難波の高津宮を都とし、葛城磐之媛《かずらきのいわのひめ》を皇后として、履中天皇《りちゅうてんのう》・住吉仲皇子《すみのえのなかつみこ》・反正天皇《はんぜいてんのう》・允恭天皇《いんぎょうてんのう》らの皇子を儲けた。

即位の翌年に高台の登り、民の暮らしを遠望したが、炊飯の烟が立ち上らないことから窮乏を察して三年間課役を免じたとする「聖帝の世」の説話がみえ、『記』には大阪湾から平野にかけて、現在の淀川の河川整備を行った記事が散見される。民の窮乏から課役を免じ、民が豊かになれば、堀江や茨田堤《まんだのつつみ》の築造、茨田屯倉を設置、また山背（のちに山城と改名）の栗隈県《くりくまのあがた》に大溝を掘って田を開墾するなど、理想的な天皇として描かれる。一方で、皇后の留守中に八田皇女《やたのみこ》（記では八田若郎女）を宮中に召し入れたことに激怒した葛城磐之媛《かずらきのいわのひめ》は、難波の高津宮には戻らず、山背川（淀川上流）を遡っての筒城宮《つつきのみや》（記では筒木宮）に移って仁徳天皇には会おうとせず、その地で没し那羅山《なら》（奈良県奈良市と京都府木津川市の境の山）に葬られたとする。難波に宮をもつ仁徳と、山城に宮を営んだ皇后の別居伝承は、嫉妬であることを強調するが、本拠地の異なる豪族が婚姻によって同盟関係を持つものの、「天皇の都」に権力が集中していないことを示しており、日本最大の前方後円墳とされる「伝仁徳天皇陵《でんにんとくてんのうりょう》」の被葬者のイメージと異なる。

仁徳天皇像
（写真提供：瀧音能之）

なお、仁徳天皇は『記』では八十三歳で崩御し（『紀』では在位八十七年で没時の年齢は不明）、その陵墓は、墳丘の全長が四八六メートルある日本の最大の大山古墳（大阪府堺市）に比定されるが、現在は仁徳天皇を被葬者とする説は、皇統譜と古墳の築造順の相違から疑問視されている。

■『風土記』のなかの仁徳

こうした「記・紀」の「聖帝」の伝承に対し、『風土記』における仁徳天皇の登場回数は十回に満たず、その多くは地名起源説話で、「記・紀」にみえる皇后の嫉妬や求婚説話はみられない。特筆する記事としてあげられるのが、地名起源となる開墾説話で、『播磨国風土記』飾磨郡の条にある「飾磨の御宅という理由は、大雀《おおさざき》天皇の御世に、天皇は、人を派遣して、意伎・出雲・伯耆・因幡・但馬の五つ国造をお召しになった。この時に、派遣した使の人を船の水手（船を漕ぐ人）として都に向かったので、この事を罪として、播磨国に追い払って田を作らせた。この時に、作った田を意伎田・出雲田・伯耆田・因幡田・但馬田と名づけた。すなわち彼の田の稲を納める御宅を飾磨の御宅と名づけ、また賀和良久《かわらく》（ガラガラと鳴るの意で石ころまじりの悪い田）の三宅と呼ばれる。」という記事である。内容的にみて後の山陰道の諸国となる地域から徴発した人びとを播磨の開墾に用いている点が興味深い。

その一方で『播磨国風土記』揖保郡の条には、「記・紀」に皇位を譲ったと描かれる菟道稚郎子が「宇治天皇」と記され、その治世に匣岡・魚戸津・朸田の開墾があったことを伝える。これは『播磨国風土記』が、天皇の歴代が成立する『日本書紀』成立以前に編纂されたことを示すが、ほかにも『山背国風土記』逸文では、宇治若郎子（菟道稚郎子）が、桐原の日桁宮を造営した記事がみえ、風土記の仁徳天皇は、「記・紀」と異なる伝承を伝えている。

■倭王武

雄略《ゆうりゃく》は、第二十一代に数えられる天皇で、名を大泊瀬《おおはつせ》皇子（『記』では大長谷王子）という。「記・紀」では、兄の安康《あんこう》天皇が眉弱王《まよわのおおきみ》に殺害されたため、眉弱王とその王をかくまった葛城の円大臣（記では都夫良意美《つぶらのおみ》）、眉弱王を攻めなかった兄の坂合黒彦皇子《さかいのくろひこのみこ》（記では境之黒日子《さかいのくろひこの》王《みこ》）と八釣白彦皇子《やつりしろひこのみこ》（『記』では八瓜之白日子王《やつりのしろたこのみこ》）を殺害し、その後に従兄弟で履中《りちゅう》皇子の市辺押磐皇子《いちのべのおしはのみこ》（『記』では市辺之忍歯王《いちのべのおしはのみこ》）を狩りに誘い出して殺害するなど、皇位継承の候補となる皇子を殺害した後に即位し、泊瀬朝倉《はつせあさくら》（記では長谷朝倉）を宮に定め、仁徳《にんとく》天皇の皇女の草香幡《くさかのはた》梭姫皇女《びひめのみこ》（『記』では若日下部王《わかくさかべのみこ》、または波多毘能若郎《はたびのわきいらつ》女《め》）を皇后とし、また殺害した葛城の円大臣の娘の韓媛《からひめ》（記では韓比売《からひめ》）を妃として清寧天皇を儲けた。

「記・紀」では、熾烈な皇位争いの末に即位したことを思わせるが、即位後は、葛城山で一言主神と会った際に「幼武尊である」と名乗って共に狩猟を行い、人びとに「有徳天皇」と讃えられたとする伝承や、吉野に行幸してトンボを誉め、倭を「蜻蛉島《あきづしま》」と歌を詠む伝承を伝える一方で、吉備の采女伝承や、朝鮮半島への遠征、中国のとの交渉を伝える記事が散見され、国内の統治が東アジアの動乱の時期と関わる伝承をもつ天皇だといえよう。

雄略天皇像
（写真提供：瀧音能之）

古代中国の史料の『宋書』や『梁書』に朝貢をした記事がある倭の五王のうち、順帝の昇明二年（四七八年）に上表文を送った「武」は「幼武《わかたける》」の名をもつ雄略天皇に比定されており、埼玉県行田市の稲荷山古墳から出土した金錯銘鉄剣《きんさくめいてっけん》銘に「辛亥年」「獲加多支鹵（ワカタケル）大王」の文字が判読されことなどから、現在、有力視されている。

また、これによって熊本県玉名郡和水町《たまなぐんなごみまち》の江田船山古墳から出土の銀象嵌鉄刀銘《ぎんぞうがんてっとうめい》「獲□□□鹵大王」も「ワカタケル大王」であった可能性が高くなったことから、「辛亥年」とされる四七一年段階で、ヤマト政権の支配は関東から九州にかけて及んでおり、「杖刀人」や「典曹人」の職掌をもつ豪族が大王に奉仕する段階に入っていたものと考えられる。

■雄略と播磨

しかし、『風土記』では、雄略天皇は、『播磨国風土記』に「大長谷天皇《おおはつせのすめらみこ》」、『丹後国風土記』逸文に「長谷朝倉《はつせあさくらの》宮御宇天皇《みやにおわしましすめらみこと》」として登場する二例のみである。「丹後国風土記」逸文は、有名は浦島子伝承が雄略《ゆうりゃく》天皇の時の物語として描かれるが、『播磨国風土記』飾磨郡の条にみえる伝承は、墓の外縁の堀が農業用の貯水池として利用されたことを示す記事である。

その内容は「貽和《いわ》の里の船丘の北辺に馬墓の池がある。昔、大長谷天皇（雄略）の御世に、尾治《おわり》連の遠い祖先である長日子が、優れた婢と馬とを持っていて、共にとても気に入っていた。その長日子が臨終の時に、その子に「わたしが死んだ後、皆墓を作る時は、婢も馬もわたしのようにせよ」と言った。第一に長日子の墓を作り、第二に婢の墓を作り、第三に馬の墓を作った。あわせて三つある。後に、上生石の大夫が国司であった時に、墓の辺に池を築いた。そのため、右の事情によって馬墓の池というのである。」とある。

このように、例えば『播磨国風土記』には、『紀』にみられる道中や舟の交通を阻害する播磨国の御井隈《みいくま》の人の文石小麻呂《あやしのおまろ》の宅を焼き討ちにする記事などの播磨国に関係する伝承も全くみられず、「記・紀」との比較について検討する課題は多い。

稲荷山古墳出土鉄剣
（所有：文化庁　写真提供：埼玉県立さきたま史跡の博物館）

62

顕宗天皇・仁賢天皇

■「記・紀」のオケ・ヲケ

履中《りちゅう》天皇（第十七代）の皇子である市辺押磐皇子《いちのべのおしはのみこ》（『古事記』では市辺忍歯別王《いちのべのおしはのみこ》）の子である顕宗《けんぞう》天皇（第二十三代）と仁賢天皇（第二十四代）は兄弟で、弟の顕宗《けんぞう》、兄の仁賢の順に即位した。「オケ・ヲケ」の名で登場する伝承が有名で、兄のオケ（仁賢天皇）は『日本書紀』では「億計天皇《おけのすめらみこ》」「島稚子《おけのおおきみ》」「大石尊《おおしのみこと》」「大脚《おおし》」「大為《おおす》」、『記』では「意祁王《おけのおおきみ》」「意富祁王《おおけのおおきみ》」、弟のヲケ（顕宗天皇）は『紀』では「弘計天皇《おけのすめらみこ》」「来目皇子《くめのみこ》」、『古事記』では「袁祁王《おけのおおきみ》」「袁祁之石巣別命《おけのいわすわけのみこと》」の名が伝えられる。

『紀』では、オケ・ヲケの二皇子の父である市辺押磐皇子は、安康《あんこう》天皇（第二十代）が皇位を譲ろうとした事が、安康弟の雄略《ゆうりゃく》天皇（第二十一代）に恨まれ、狩りに誘われて出かけた近江の来田綿《くたわた》の蚊屋野で射殺された。兄弟は、日下部連使主《くさかべのむらじおみ》らと丹波国から播磨国に逃れたが、日下部連使主は播磨国の縮見山《しじみのやま》の石屋で経死した。ところが雄略天皇の崩御後に即位した子の清《せい》寧《ねい》天皇（第二十二代）には皇嗣《こうし》がいなかった。清寧二年に新嘗《にいなめ》の供物を調達するために明石郡に派遣された山部連の租である伊与来目部小《いよのくめべのお》楯《たて》（『記』では山部連小楯《やまべのむらじのおたて》）が、新室の新築祝いをしている縮見（『記』では志自牟）屯倉首の宴で、オケ・ヲケの二皇子を発見し、白髪天皇（清寧）に迎えられた。兄弟はお互いに皇位を譲りあい、まず弟が、次いで兄が即位することとなった、と叙述されている。

顕宗天皇像
（写真提供：瀧音能之）

一方『記』では、清寧《せいねい》天皇の崩御後に皇嗣がいなかったので、市辺忍歯別王の妹（『紀』では娘）の飯豊青皇女《いいとよあおのひめみこ》（『紀』では飯豊王）が発見された二皇子を迎えた、という点に相違がある。

■播磨とオケ・ヲケ

このオケ・ヲケ伝承は、『播磨国風土記』の美嚢郡《みのうぐん》志《し》染里《じみのさと》にもみえ、内容は、「於奚《おけ》（仁賢）・袁奚《おけ》（顕宗）の天皇等が、この土地にいらっしゃったのは、御父の市辺天皇命が、近江国の摧綿野《くだわたの》（『紀』では来田綿）で殺された時に、日下部連《くさかべのむらじ》意美《おみ》を率いて逃れて来て、この村に石室に隠れたからである。意美は、自らが重い罪であることを悟り、乗ってきた馬たちの筋を切断して追い放ち、持ち物や馬の鞍などを全て焼き捨て、首をくくって死んだ。二人の皇子は、身分を隠して彷徨い、志深村《しじみむら》の首長、伊等尾の家で使われる身となった。伊等尾が新室を祝う宴をするために、二人の子に祝いの歌を詠わせると、兄弟は互いに譲りあい、やがて弟が歌って市辺《いちのべ》天皇（市辺押磐皇子）の血筋であることを明かした。これを聞いた針間（播磨）国の山門領に遣わされた山部連《やまべのむらじの》小楯《おたて》が二人に会いに来て話を聞き、「二人の母である手白髪命が、昼は食事をせず、夜は寝ず、生きた心地もせずに泣いて恋しく思っておられる皇子たちである」と言って、母君の元に参上し、皇子たちの様子を伝えた。母君は、皇子を参上させるために、小楯を志深に遣わして皇子を参上させて面会し語り合った。その後、皇子たちは宮をこの土地に造って住んだので、高野宮、少野宮、川村宮、池野宮がある。また屯倉を造った場所を御宅村と名付け、倉を造った場所を御倉尾と名付けた。」というものである。

『播磨国風土記』のオケ・ヲケ伝承は、播磨国の屯倉の設置に関わる話として地名由来となるが、二皇子を迎えるのが母の手白髪命である点が「記・紀」の伝承と異なる。二皇子の母は『紀』では葛城蟻臣女《かつらぎのありおみのむすめ》の荑媛《はえひめ》で、手白髪（『紀』では手白香）は仁賢天皇の女である。『播磨国風土記』は七一三年に出された風土記編纂命令後の早い時期に作成されたと考えられており、オケ・ヲケ伝承は、『記』成立の七一二年と『紀』成立の七二〇年の間の国史・地誌編纂を検討する上でも、重要な伝承と言えよう。

仁賢天皇像
（写真提供：瀧音能之）

63 継体天皇

■応神天皇の五世孫

継体《けいたい》は、第二十六代に数えられる天皇で、『日本書紀』では「男大迹王《おおとのおおきみ》」、またの名を「彦太尊《ひこふとのみこと》」、『古事記』では袁本杼命《おおどのみこと》とする。

『紀』によれば、応神《おうじん》天皇の五世孫で、父は彦主人王《ひこうしのおおきみ》、母は垂仁《すいにん》天皇の七世孫である振媛《ふるひめ》である。彦主人王は、振媛を迎えて妃とし継体天皇を儲けたが、その彦主人王は早くに薨去《こうきょ》したため、母の振姫は故郷である越前の高向に帰って継体《けいたい》天皇を育てた、とある。その後、継体天皇が五十七歳の時に武烈《ぶれつ》天皇が崩御し継嗣《けいし》が絶えたため、大伴金村《おおとものかねむら》が物部麁鹿火《もののべのあらかび》や許勢男人《こせのおひと》らと協議して継体天皇を越前から迎え、継体天皇は河内の樟葉宮で即位し、手白香皇女を皇后に立てた。その後、継体天皇十二年には山背の弟国に、継体天皇二十年には磐余玉穂《いわれのたまほ》に都を定めた、とある。『記』では、継体天皇は「近淡海国《ちかつおうみのくに》（近江国のこと）」から上京して手白髪命《たしらひげのみこと》と結婚し天下を統治したとあり、河内より大和盆地に入るまでに長い年月をかけている。「記・紀」以前の成立と考えられる『上宮記』逸文には「乎富等大公王《おおどのおおきみ》（継体天皇）」を「凡牟都和希王《ほむたわけのおおきみ》（応神天皇）」の五世孫とする系譜があり、近江や越前に勢力をもつ豪族が、河内や大和盆地を制圧し、前王権の皇女である手白香と婚姻を結び、応神天皇の後裔とすることで、ヤマト政権下で大王となった伝承があったものと考えられる。

継体天皇像
（写真提供：瀧音能之）

■磐井の乱の伝承

『風土記』には、こうした継体天皇の即位に関連する伝承は見られず、『常陸国風土記』行方郡の条に「石村玉穂宮大八洲所馭天皇」の治世の夜刀神伝承と、『釈日本紀』所収の「筑後国風土記」逸文にみえる「雄大迹天皇」の治世の磐井の乱が特筆すべき事項である。

なかでも『筑後国風土記』逸文には、上妻県《かみつまのあがた》に磐井の墓の伝承がみえる。県の南の方角から二里（約一キロメートル）のところに、筑紫君の磐井の墓がある。墳の高さ七丈（約二十メートル）、周囲は六十丈（約百八十メートル）、墓域は南辺と北辺が各六十丈、東辺と西辺が各四十丈（約一二十メートル）ある。交互に陣列が組まれ、周囲を巡っている。東北の角には一つの区画があり衙頭という。〈衙頭とは政所である〉その中に一つの石人がある。悠然と大地に立っているのは解部という。前にの大地に伏している一人は、裸で盗人である。〈生きている時に猪を盗んだので、罪を受けているのである。〉その側にいる石の猪は、賊物である〈賊物とは盗んだ物である〉。

またその場所に石馬三疋、石殿三間、石倉二間がある。古老の言い伝えによると、「雄大迹天皇の世に、筑紫君磐井は、強い勢力を持っていて天皇に従わなかった。磐井は生前にこの墓を作っていた。俄に官軍が攻めようと出発しようとした時、官軍との勢力が強く勝ち目がないと判断し、一人で豊前国の上膳県に逃れ、南の山の険しい嶺の奥地に隠れた。官軍は追い探したが、その後を見失った。このため逃げられた兵士の怒りは尽きず、石人の手を打ち折、石馬の頭を打ち落とした。」という。また古老がいうには、「上妻県に重い病気の者が多いのは、あるいは、このことが原因しているのであろうか」と、磐井が生前に造営した墓の様子を伝える。

『日本書紀』には、朝鮮半島の動乱と、ヤマト政権の対外交渉の失敗を背景に、継体天皇二十一年に、筑紫国造の磐井（記では竺紫君の石井）が新羅と結んで反乱を企て、物部麁鹿火によって平定される記事があるが、その磐井の墓は『筑後国風土記』逸文から、福岡県八女市にある岩戸山古墳に比定されており、人物や馬などの石人を現在に伝える。

欽明天皇

■仏教公伝のときの天皇

欽明《きんめい》天皇は、第二十九代に数えられる天皇で、異母兄の宣化天皇の崩御後の五三九年に即位し五七一年に崩御した、とされる。『日本書紀』によると、母を皇后の手白香皇女とする継体《けいたい》天皇の「嫡子」とあるが、年が若いために、先に安閑《あんかん》天皇と宣化《せんか》天皇の二人の異母兄が即位した。磯城島《しきしま》に宮を営み、磯城島金刺宮と名づけた（『古事記』では師木島《しきしま》大宮《のおおみや》）。宣化皇女で皇后の石姫との間に敏達《びたつ》天皇、蘇我稲目女《そがのいなめのむすめ》の堅塩媛《きたしひめ》との間に用明《ようめい》天皇と推《すい》古《こ》天皇、その同母妹の小姉君（『記』では叔母）との間に崇峻《すしゅん》天皇らはじめ多くの子女を儲けた。和風諡号は『紀』では「天国排開広庭天皇」、『記』では「天国押波《あめくにおしは》流岐広庭《るきひろにわ》天皇《のすめらみこと》」、風土記では「志貴島《しきしま》宮《のみや》御宇《におわしましし》天《すめら》皇《みこと》」と宮名を冠した名が表記される。

欽明の治世は、はじめ前政権を引き継いで大伴金村《おおとものかねむら》と物部尾輿《もののべのおこし》が大連、蘇我稲目《そがのいなめ》が大臣に再任されたが、金村は尾輿に継体治世下での朝鮮半島をめぐる外交の失策を非難されて住吉の宅に引退した。一説に失脚したとされており、安閑・宣化と欽明の対立を指摘する研究もある。その後五三八年（もしくは五五二年）に、百済の聖明王から仏像や経典が欽明天皇に贈られ、仏教が公式に日本側に伝えられると、崇仏を主張する稲目と反対する尾輿の対立が激化した。稲目の娘が二名、欽明后妃であることから、それ以前に勢力が強かった大伴氏・物部氏に対し、蘇我氏は稲目の頃に政権下での勢力を拡大したと考えられよう。

欽明天皇像
（写真提供：瀧音能之）

しかし、『風土記』における欽明治世における記事として特筆されるのは部に関する記事で、政権内部の対立を反映させる記事はみあたらない。

■欽明と部

『播磨国風土記』餝磨郡《しかまぐん》少川里《おがわのさと》の条には、「少川里、本の名は私里だった。私里と名づけた理由は、志貴島《しきしまの》宮御宇天皇《みやにおわしましすめらみこと》の世に、私部の弓束等が祖である田又利《たたりの》君鼻留《きみひる》が、この地を天皇に願い出て開墾し、住んだ。そのため私里と名づけた。その後の庚寅年に、上の大夫が国宰であった時に、名を改めて小川の里とした。」とある。私部とは、『紀』敏達六年春二月甲辰朔条にみえる「詔して日祀部《ひまつりべ》・私部を置く。」の私部だと考えられ、后妃の宮に奉仕するために設けられた部で、『釈日本紀』秘訓では「キサイチへ」と訓む。中国では漢代に皇后に付属する官を「私官」「私府」と称していたことが『漢書』張放伝《ちょうほうでん》・百官公卿表《ひゃっかんくぎょうひょう》、『後漢書』百官志にみえ、日本でも后妃に奉仕する部に「私」の漢字を宛てたものと考えられる。「私部」以前の部の名称は、忍坂大中姫《おしさかのおおなかつひめ》（允恭《いんぎょう》皇后）の刑部、藤原宮にいた衣通郎姫《そとおりのいらつめ》（允恭《いんぎょう》皇妃）の藤原部、草香幡梭姫皇女《くさかのはたびひめのみこ》（雄略《ゆうりゃく》皇后）の日下部などのように、特定の后妃の宮号を冠していたが、各地の豪族と天皇や后妃の個別の奉仕関係が、代々の奉仕関係に安定するとともに各地に散在する后妃の部を、「私部」に集約しようとする動きがあったものと考えられる。『紀』では部の記事には、安閑・宣化・欽明が天皇であったと考えられる六世紀前半から後半にかけて、各地に天皇（大王）や后妃、皇子女に税物を貢納する屯倉や部が設けられており、餝磨郡《しかまぐん》にある私部もその一つであったと考えられる。『播磨国風土記』では、この私部は「庚寅年」に「少川里」名称を変更されているが、この時の「庚寅年」とは持統四年におこなわれた全国的な戸籍作成（庚寅年籍）を指すと考えられ、私部は郷となり、部民は良民として戸籍に登録されたことを示す。

その他の『風土記』には、『出雲国風土記』意宇郡舎《おうぐんと》人郷《ねごう》の条には「志貴嶋宮御宇天皇《しきしまのみやにおわしましすめらみこと》（欽明）の御世に倉舎人君《くらとねりのきみ》の祖で日置臣志毘《へきのおみしび》が都で大舎人として奉仕した。この地は志毘が住んだ所であるので、舎人という。」とあり、敏達六年の日祀部、私部の設置に関連する記事がみえ、欽明期の地方支配の具体的な様相をうかがうことができる。

65

推古天皇

■初の女帝

推古《すいこ》天皇は「聖徳太子を摂政とした「初」の女帝」として有名な天皇である。幼名は「額田部皇女《ぬかたべのひめみこ》」、和風諡号は「豊御食炊屋姫尊《とよみけかしきやひめのみこと》」（記では、豊御食炊屋比売命《とよみけかしきやひめのみこと》）、欽明《きんめい》天皇の皇女で、母は大臣蘇我稲目《おおおみのそがのいなめ》女《のむすめ》の堅塩媛《きたしひめ》である。聖徳太子（厩戸皇子）の父である用明《ようめい》天皇の同母妹、崇峻《すしゅん》天皇の異母姉で、異母兄の敏達《びだつ》天皇の皇后となった後に、小治田宮（紀では小墾田宮）で即位した。没後「聖徳太子」の尊称で呼ばれた厩戸《うまやど》皇子には、敏達《びたつ》天皇と推古《すいこ》天皇の間に生まれた菟道貝蛸皇女《うじのかいたこのひめみこ》という妃がいたが、二人の間に嗣子はいなかった。

『古事記』では推古は下巻の最後に登場する天皇だが詳しい叙述はない。一方『日本書紀』には、三十九歳の時に崇峻天皇が暗殺され、蘇我馬子らに推戴されて天皇となり、厩戸皇子を皇太子として政務を委ねた事が描かれている。『紀』の推古の治世は、仏教興隆、冠位十二階の制定、十七条憲法の制定、遣隋使の派遣など中央集権的な法令や組織の整備が描かれれているが、「摂政」の厩戸皇子の業績を含め潤色を指摘する研究もある。

推古天皇像
（写真提供：瀧音能之）

以上の『紀』にみられる推古治世の業績は『風土記』にはみられず、推古が登場するのは『肥前国風土記』三根郡物部郷条にある物部経津主神を鎮め祭る神社の由来が述べられる一ヶ所のみである。内容は「物部郷にある神社は、物部経津主神を祭る。昔、小墾田《おはりだに》御宇《おわしましし》豊御食《とよみけ》炊屋姫天皇《かしきやひめのすめらみこ》（推古）が来目皇子《くめのみこ》を将軍として新羅を征伐しようとした時に、来目皇子が筑紫に到着して、この地に物部の若宮部を派遣して、この村に社を立て、この神を鎮め祭らせた。このため物部郷という。」とある。

■推古朝の東アジア情勢

この来目皇子は厩戸皇子の弟で「上宮聖徳法王帝《じょうぐうしょうとくほうおうてい》説《せつ》」の系譜にも「久米王」として確認でき、『紀』推古十年二月条では、推古天皇が来目皇子を将軍として二万五千人の兵士を授けた記事がみえる。来目皇子は四月に筑紫に到着して島郡に駐屯したが、六月に病に倒れ、翌年二月に没した。次いで当麻《たいま》皇子の征新羅将軍としたが、随行した妻の舎人皇女が播磨の明石で没したため、この計画が実行されることはなかった。

『紀』には、この来目皇子が新羅征討の将軍となる前の六〇〇年に、任那（加羅諸国）救援と新羅征討のため、境部臣を大将軍、穂積臣を副将軍として派遣する記事がみえるが、朝鮮半島側の歴史書『三国史記』には、五六二年に加羅諸国が新羅に滅ぼされた記事がみえるものの、六〇〇年に日本側が新羅に征討する記事はみえない。このことから日本側には新羅を征討する計画があり、六〇二年に来目皇子が筑紫に向かった記事が『肥前国風土記』に反映されたと考えられる。この時期は、六〇〇年と六〇七年に遣隋使が派遣されている事が『隋書』から確認でき（『紀』では六〇七年のみ）、東アジアの国際情勢に大きな緊張があった時期に推古が即位したといえよう。

この時、物部郷で祀られた経津主神は『記』神代では、建御雷神《たけみかづちのかみ》の別名「建布都神《たけふつのかみ》・豊布都神《とよふつのかみ》」としてみえる一方、『紀』第五段（第六の一書）では武甕槌神《たけみかづちのかみ》とは別の神として登場し、国譲神話（第九段本文）では武甕槌神と共に国譲りに派遣され、天孫降臨神話（第九段第一の一書）では、天孫ニニギ尊に先立って葦原中国に派遣される神である。経津主神の「フツ」は剣で切る時の擬声音を表したもので、剣の切れ味の鋭さを示したものといえる。武力の象徴である剣の神として信仰されたものといえよう。この記事から、背景に朝鮮半島の軍事的緊張があり、肥前国三根郡の経津主神を祀る神社の創建に物部の若宮部が奉仕に関わったことがわかる。

66 孝徳天皇

■大化改新と孝徳天皇

孝徳《こうとく》天皇は、皇極《こうぎょく》女帝の同母弟で、六四五年六月に起こった蘇我蝦夷・入鹿を滅ぼした乙巳の変の後に、皇極天皇から譲位されて天皇となった。『日本書紀』によると、八月に東国に国司を派遣して戸籍の作成と田畑の検校を命じ、十二月に宮都を飛鳥より難波長柄豊碕に遷し、翌年「改新の詔」を出したとある。のちに大化改新と呼ばれる政治改革を推進したといわれる天皇が、「改新の詔」には七〇一年施行の大宝令の規定による潤色が含まれており、政治改革の実態については否定的な学説もある。

父は敏達《びたつ》天皇の孫で押坂彦人大兄皇子《おしさかのひこひとのおおえのおうじ》の子の茅渟《ちぬの》王《おおきみ》、母は欽明《きんめい》天皇の孫の吉備姫王《きびひめのおおきみ》で、舒明《じょめい》天皇と皇極天皇の間に生まれた間人皇女を皇后とした。『紀』では、諱を「軽皇子《かるのみこ》」、和風諡号を「天万豊日天皇《あめよろづとよひのすめらみこと》」とするが、風土記では「難波天皇」「難波《なにわの》長柄《ながらの》豊《とよ》前《さきの》大宮《おおみや》馭宇　天皇《にあめのしたしらししめしすめらみこと》」など宮都を冠した名で登場する。

『風土記』の中で、『紀』と関連する記事がみえるのは『常陸国風土記』の総記である。内容は「常陸国の司の解で、古老が伝えてきた古い伝承を申し上げます。国や郡の昔のことを問うたところ、古老が答えて言うには、古は、相模国の足柄山の坂より東にある諸の県は、惣べて我姫の国と称した。この当時は、常陸と言はなかった。ただ新治・筑波・茨城・那賀・久慈・多珂の国と称して、各に造・別を派遣して検校させていた。その後、難波長柄豊前大宮臨　軒　天　皇《あめのしたしろしめししすめらみこと》（孝徳）の世になって、高《たか》向臣《むくのおみ》・中臣《なかとみ》の幡織田連《はたおりたのむらじ》等を派遣して、坂より東の国を統治していた。その時に、我姫の道、分けて八つの国とした。常陸国は、その一つである。」とある。この記事は『紀』の大化元（六四五）年八月の東国国司派遣と、翌二年三月の東国に派遣した国司うち六名が法の遵守、二名が違背したとする論功行賞の詔と関連する内容といえ、東国のうち八ヶ所に国司を派遣したことがわかる。この八ヶ所は、のちの上野・下野・相模・武蔵・安房・

上総・下総・常陸となる地域を指すと考えられ、孝徳治世下で東国の県の再編がおこなわれたことを反映する記事といえよう。

■常陸と開発伝承

また『常陸国風土記』行方郡の条では、夜刀神《やつのかみ》の伝承では、「昔、継体《けいたい》天皇の世に、箭括氏《やはずのうじ》の麻多智《またち》が郡家より西の谷の葦原を新たに開墾した田を献上した。その時、夜刀の神が群れ引き連れて、左右に立ちふさがったので、田を耕すことができなかった。〈土地の言葉で、蛇のことを夜刀の神という。姿は蛇の体であるが、頭に角がある。難を免れようと逃げるときに、振り返ってその神をみる者があれば、一族を滅ぼし、子孫が継がなくなる。この郡家の側の野原に多く住んでいる。〉ここに麻多智は、はげしく怒って甲鎧を着け、杖を執って、蛇を打ち殺し追い払った。そして山の登り口に来て、標の杖を堺の堀に立てて、夜刀の神に告げて「ここから上は、神の地とすることを認める。ここから下は、人の田を作るべきである。今から後、私が神の祝となって、永代に神を敬ひ祭ることにする。願わくは、祟ったり恨んだり祟ったりしないでくれ。」といって、社を設けて、初めて夜刀の神を祭った。以来、麻多智の子孫は、今日に至るまで代々この祭を絶やすことなく引き継ぎ、新田も更に増え、十町あまりが開墾されている。」とある。

その後、難波長柄豊前大宮臨軒天皇（孝徳）の世に、壬生連麻呂《みぶのむらじまろ》がこの谷を治めることになり、池の堤を築いた。そのとき、夜刀神は、池のほとりの椎の木に登り群れて、なかなか去らなかったので、麻呂は声を挙げて「堤を築くのは民を活かすためですので、天つ神か国つ神かわかりませんが、詔をお聞きください」といって、工事の民に「目にみえる動物、魚虫の類は、恐れることなく殺せ」と言うと、神蛇は逃げ隠れた。その池は、今は椎井池と呼ばれる。池の周囲に椎の木があり、清水の出る井があることから、その名とした。ここは香島への陸路の駅道である。」とみえる。孝徳の即位前紀には「仏法を尊び、神道を軽んず〈生国魂社の樹を斮る類、是なり〉」と記されており、後世に神道を軽視する天皇だとの評価があったものと考えられる。

67 皇極天皇・斉明天皇

■重祚した女帝

皇極《こうぎょく》天皇は、のちに重祚《ちょうそ》して斉明《さいめい》天皇となり、六六一年に百済救援の出兵を計画した女性の天皇である。『日本書紀』によれば父は茅渟王《ちぬのおおきみ》、母は吉備姫王《きびひめのおおきみ》、幼名を宝皇女といった。はじめ用明《ようめい》天皇の孫高向王《たかむくのおおきみ》と結婚したが、のちに舒明《じょめい》天皇の皇后となり、中大兄皇子《なかのおおえのおうじ》（天智天皇）や大海人皇子《おおあまのおうじ》（天武天皇）を生んだ。舒明崩御の翌六四二年に即位して皇極天皇となるが、六四五年に乙巳の変（「大化の改新」）で弟の孝徳天皇に退位したが、その後六五五年に重祚して斉明天皇となった。六六〇年

皇極（斉明）天皇像
（写真提供：瀧音能之）

に滅亡した百済救援軍を出兵しようと、六六一年に九州に向けて出航したが、白村江の戦い直前の筑紫《つくし》朝倉宮《あさくらのみや》で崩御した。享年は『本朝皇胤紹運録《ほんちょうこういんじょううんろく》』には六八歳とある。

『紀』によると、皇極天皇退位後は「皇祖母尊《すめみおやのみこと》」と称さた。和風諡号は「天豊財重日足姫天皇《あめとよたからいかしひたらしひめのすめらみこと》」、また重祚後に舒明天皇の飛鳥岡本宮を居所としたことから、『風土記』や『万葉集』では「後岡本宮天皇《のちのおかもとのみやのすめらみこと》」とも表記される。

■三善清行と『風土記』

皇極（斉明）天皇の記事で最も有名なのは、九一四年に三善清行が醍醐天皇に提出した「意見封事十二箇条」（『本朝文粋』）引用の『備中国風土記』逸文とみられる記事である。「臣去る寛平五（八九三）年、備中介に任ず。彼の国下道郡の迩磨郷有り。爰に彼の国の風土記をみるに」とあり、三善清行が備中国に赴任した時の話として、赴任先で確認した『備中国風土記』の下道郡にある迩磨郷の地名の由来を引用している。

引用部分には「皇極天皇六年、大唐の将軍蘇定方、新

羅の軍を率て百済を伐ちき。百済、使を遣わし救いを乞ひき。天皇、筑紫に行幸し、救の兵を出さむとしたまふ。時に天智天皇、皇太子として政を摂ひて従ひ行したまふ。下道郡に路宿りたまひしとき、一郷戸邑の甚盛なるを見たまひ、天皇、詔を下さしたまひて試みにこの郷の軍士お徴りたまひき。即ち勝兵の二万ばかりの人を得つ。天皇大く悦びたまひ、この邑を名つけて二万郷と曰びたまふ。後に改めて迩磨郷《にまごう》と曰ふ。（皇極天皇六年に、唐の将軍である蘇定方が、新羅の軍を率いて、百済国を討伐したので、百済国が我が国に使を遣わして救援を要請した。そこで天皇は筑紫に行幸して、百済を救おうとした。その時にまだ皇太子であった天智天皇が実務を代行して、天皇に付き従っていた。天皇が筑紫に向かう途中で、下道郡を通りかかると、ある郷が活気に満ちていたので、天皇は詔を下し、この郷の軍士を徴発すると、屈強な兵士が二万人集まった。天皇は大いに喜んで、この郷を二万郷と名づけた。これを後に改めて迩磨郷といった。）」とある。

この「皇極天皇六年」とは、『紀』に百済からの救援の記事がみえる斉明天皇六年だと考えられ、六九四年から七一〇年までの宮都であった藤原宮跡から出土した「吉備中国下道評二万部里」と書かれた荷札木簡から、地方行政が評制の段階では「下道評」が置かれており、国・郡・里制に改められた七〇一年以降に「下道郡」、里を郷に改称した七一五年以降に「二万部里」を「迩磨郷《にまごう》」と改めたものが『備中国風土記』に記載されたと考えられ、吉備における百済救援の徴兵を伝承する史料といえよう。

その他、『釈日本紀』所引の『伊予国風土記』逸文に「岡本天皇《おかもとのすめらみこと》（舒明）」と皇后（皇極・斉明）の時、また「後岡本天皇（皇極・斉明）」の時に、後に天智と天武となる皇子たちと伊予国湯郡の伊社迩波岡《いさにわのおか》に行幸した記事が、『万葉集註釈』所引の『伊予国風土記』逸文に「後岡本天皇御歌」と伝えられる「熟田津の泊てて見れば」の断簡がみえ、百済救済の際に瀬戸内海を航行した斉明の行幸記事が『風土記』に大きく取り上げられている。

68 天武天皇

■壬申の乱を経て即位

天武《てんむ》天皇は、父は舒明《じょめい》天皇、母は皇極《こうぎょく》天皇（重祚して斉明）で、中大兄皇子《なかのおおえのおうじ》（天智《てんじ》天皇）の同母弟として生まれ、六六一年には、母の斉明《さいめい》天皇の百済救援のための筑紫への行幸に従った。天智の崩御後の六七二年に起こった壬申の乱では地方豪族の支持を得て、天智の子の大友皇子と近江朝廷を倒し、翌年に飛鳥浄御原宮で即位し、天皇を中心とする中央集権の基礎を固めた。飛鳥池遺跡から出土した木簡から、はじめて君主号を「大王」から「天皇」とした人物として有力視されている。『日本書紀』にみえる和風諡号は「天渟中原瀛真人天皇《あまのぬなはらおきのまひとのすめらみこと》」だが、『古事記』序文には「飛鳥清原大宮御大八州天皇《あすかきよみがはらのおおみやにておおやしまをおさめたまうすめらみこと》」、『風土記』では「飛鳥浄御原宮天皇《あすかきよみはらのみやのすめらみこと》」と、宮都を冠して表記される。

天武治世で有名な風土記の記事は、『常陸国風土記』行方郡条板来村の麻績王の配流である。

天武天皇像
（写真提供：瀧音能之）

「此より往南十里に、板来の村あり。近く海浜に臨み、駅家を安置く。此を板来の駅と謂ふ。その西に、榎木、林を成す。飛鳥浄御原天皇の世に、麻績王《おみのおおきみ》を遣ひて、居まはせたまひし処なり。その海は、塩を焼く藻、海松・白貝・辛螺・蛤、多に生ふ。（ここから南十里に、板来の村がある。近くの海辺に面したところに、駅家を置く。ここを板来駅をいう。その西に、榎木が、林を成している。飛鳥浄御原宮を都とした天武天皇の時代に、麻績王を放逐して、住まわせた所である。その海は塩を焼く藻、海松・白貝・辛螺・蛤がたくさん採れる場所である。）」とある。

■麻績王の配流をめぐって

しかし、『万葉集』巻一の雑歌では、「伊勢国の伊良虞の島に流されたる時に、人の哀傷して作る歌（麻績王が伊勢国の伊良虞《いらご》の島に流された時に、人びとが気の毒に思って作った歌）」と題する歌として、「打麻を　麻績王　海人なれや　伊良虞の島の　珠藻《たまも》刈ります〈読み人知らず〉（打麻でつくる麻績　その麻績の名を持つ麻績王は　海人ででもあるのか　伊良虞の島の　玉藻を刈っていらっしゃる）」とあり、常陸国ではなく伊勢国の伊良虞島が配流先となっている。

さらに、この歌には注が付いており「右、日本紀を案ふるに、曰く、「天皇の四年乙亥の夏四月、戊戌の朔の乙卯に、三位麻績王罪ありて因幡に流す。一子は伊豆の島に流し、一子は血鹿の島に流す」といふ。ここに伊勢国の伊良虞の島に配すと云ふは、けだし後の人の歌辞に縁りて誤り記せるか（右の歌を、日本紀から考えるに、「天武天皇の四年、乙亥の年の夏四月、戊戌の朔の乙卯の日に、三位麻績王は罪があって因幡に流された。一子は伊豆の島に、一子は血鹿の島に流された」とある。ここに伊勢国の伊良虞の島に流されたというのは、おそらく後世の人がこの歌の言葉から誤解して書いたものであろう）」と記していて、『万葉集』の編者は、『紀』の記事と配流先が異なることに着目している。

『万葉集』の注にあるように、麻績王は『紀』天武四（六七五）年四月十八日条で配流された「麻続王」だと考えられる。「続」は「積」の誤写であろう。記事には「三位麻続王を因幡（現在の鳥取県）、一子を伊豆の島（伊豆の大島か）、一子を血鹿の島（長崎の五島列島の島）に流した」とある。『紀』の「麻読王」が流された天武四年から天武六年にかけての時期は、天武天皇が天皇専制を強化する政策をいっそう推し進める時期で、出仕停止、官位剝奪、配流などの処分を受けた高官の記事が散見される。

このように、配流先が異なるにいたった理由としては、『万葉集』巻一が編纂された八世紀初頭には、麻績王の配流伝承が、海辺の藻などの海産物の採集と結びついて広く世間に流布しており、「イラゴ」が「イタク」として『常陸国風土記』行方郡の条の「板来」の地名由来として採録されたものといえよう。

Ⅷ

天皇とされた人びと

『風土記』には、『古事記』や『日本書紀』において天皇とされなかった何人かについて“天皇”号をつけている場面がみられる。『風土記』は、中央政府へ提出された公文書であるから、このことは大きな問題といえよう。

Ⅷ章では、これらの人物にスポットをあてて、各人の業績を紹介するとともに、どうしてこのような問題が起きるのかについて考えてみることにする。

69 ヤマトタケル

■伝説上のヒーロー

景行《けいこう》天皇の皇子であるヤマトタケルは、「記・紀」において、悲劇の英雄として描かれている。天皇の命を受け、西の熊襲を平定したと思ったら休む間もなく今度は、東の蝦夷平定に向うことになる。この間、『古事記』には、出雲建を倒した伝承が残されている。

蝦夷を平定したあと、常陸を経て甲斐にいたり、その後、武蔵・上野をめぐり信濃へと進み山の神の化身である白鹿を殺し道に迷ったりするがようやく美濃へ出て尾張にたどりつく、そこで宮簀媛をめとるが、近江の五十葺山《ふきやま》に荒ぶる神がいることを聞き、山へと向うがさんざんな目にあい、かろうじて尾張へもどるのであるが、そこから伊勢へ向かい、尾津を経て能褒野《のぼの》で生涯を経ることになる。時にヤマトタケル三〇歳であった。

ヤマトタケル征討関係図

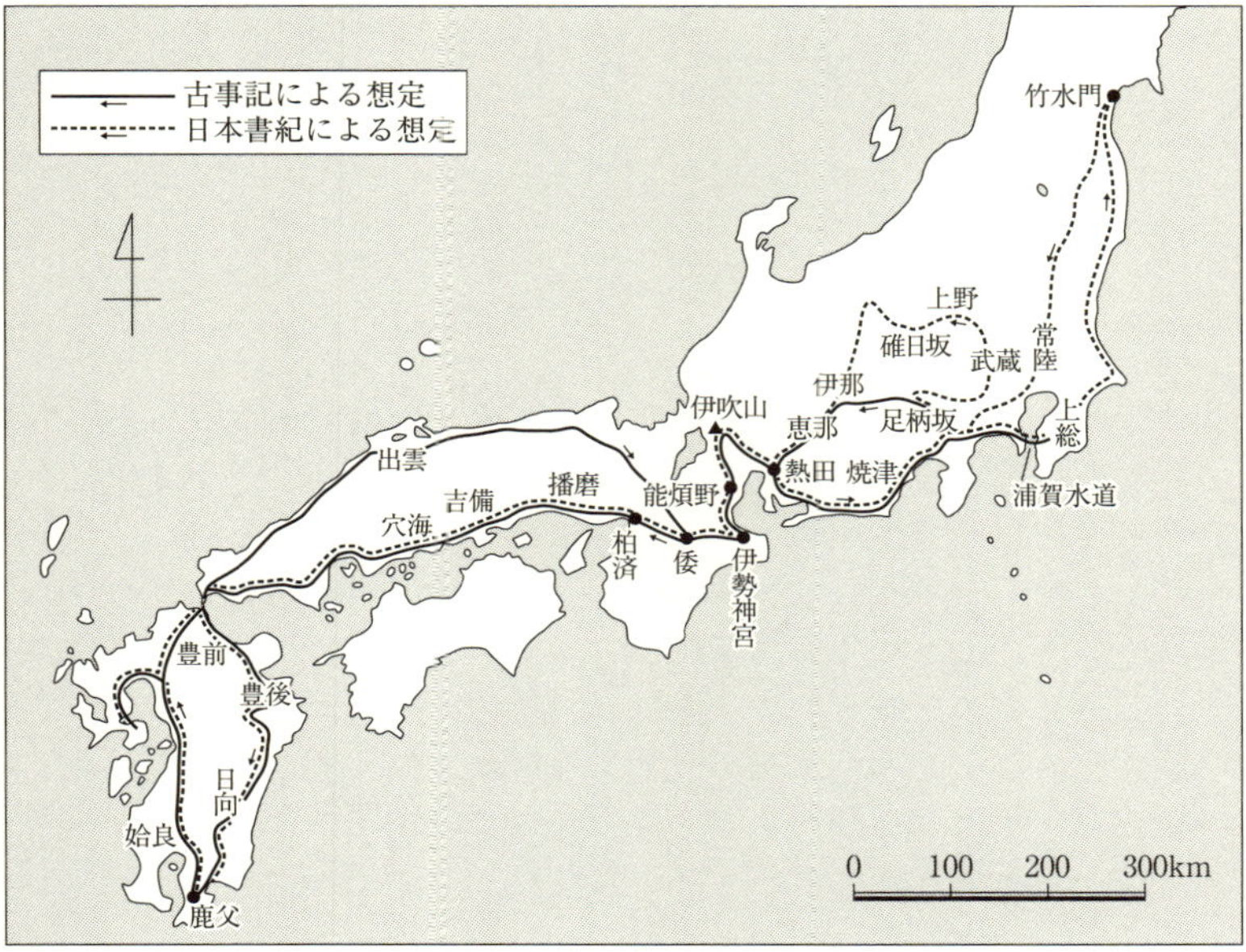

■天皇としてのヤマトタケル

熊襲征平、そして蝦夷の平定とヤマトタケルの活躍には目をみはるものがあり、それは天皇に匹敵するといってもよいくらいである。しかし、もちろんヤマトタケルは、「記・紀」の中において天皇とはされていない。

しかし、『風土記』をみるとそのいくつかに天皇としてのヤマトタケルの姿をみることができる。もちろん、すべての『風土記』がヤマトタケルを天皇としているわけではない。ヤマトタケルは『風土記』のうち、常陸・出雲・肥前・陸奥・尾張・美作・阿波の七か国のものに姿をとどめている。これらの『風土記』にみられるヤマトタケルは、「記・紀」の中のヤマトタケルとはずい分と異なっており、独自の世界を形成しているといってよい。

ヤマトタケルの表記を具体的にみてみると、『日本書紀』で用いられている「日本武尊」を使用している国は、肥前（三例）・尾張（一例）・陸奥（一例）・美作（一例）の三か国六例である。また、『古事記』の用例である「倭建命」はというと、『風土記』の中には同一表記はみいだせない。しかし、類似のものとして、『出雲国風土記』に「倭健命」という表記がみられる。出雲の場合、出雲郡の健部郷の知名由来として出てくるもので、そこには、

纏向《まきむく》の桧代《ひしろ》の宮に御宇《あめのしたしら》しめしし天皇、勅りたまひしく、「朕が御子、倭健命の御名を忘れじ」とのりたまひて、健部を定め給ひき。

と記載されている。つまり、景行天皇が自分の皇子であるヤマトタケルの名を忘れないために健部を定めたとしている。さらに、『尾張国風土記』には「日本武命」という表記もみられる。

ヤマトタケルの系譜

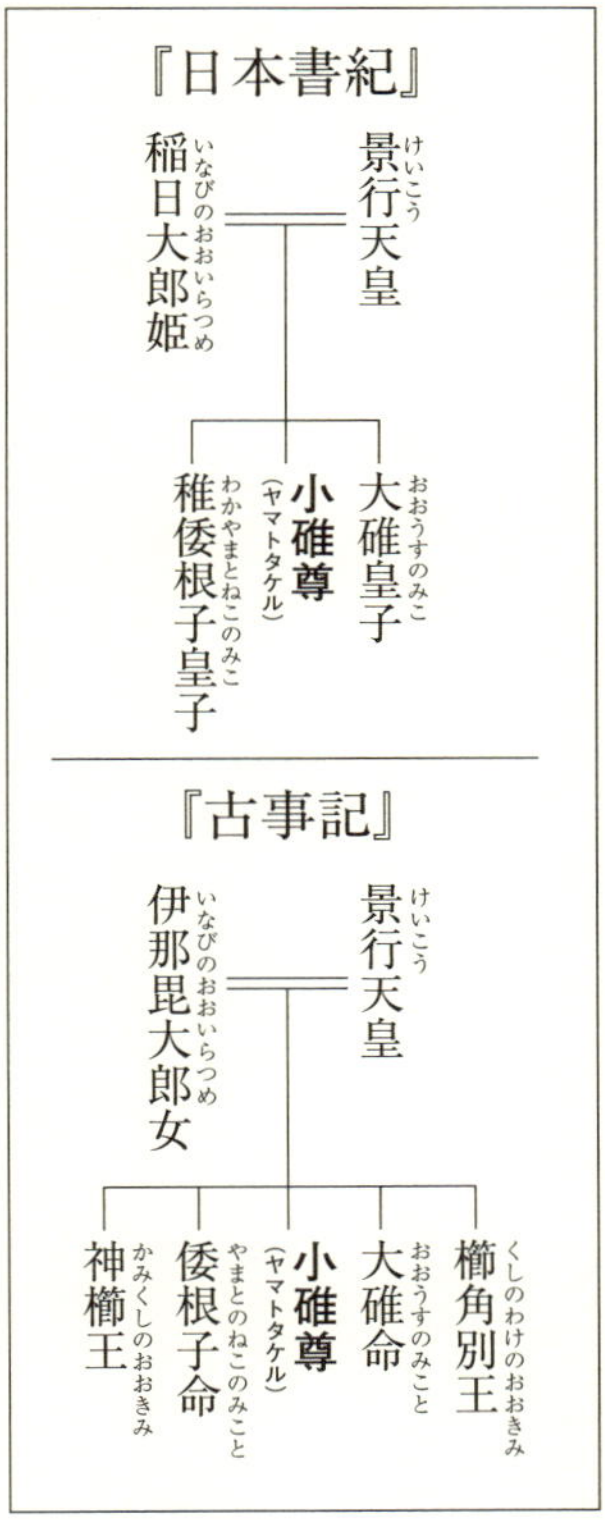

また、『阿波国風土記』の勝間井の条をみると、

勝間井《かつまのい》の冷水、此より出づ。勝間井と名づくる所以は、昔、倭武天皇命、乃ち、大御櫛笥《おおみくしげ》を忘れたまひしに依りて、勝間といふ。粟人は、櫛笥をば勝間と云ふなり。井を穿りき。故、名と為す。

とあり、ここには「倭健天皇命」という表記がみられる。さらに、『常陸国風土記』をみると、巻首に、

倭武天皇、東夷の国を巡狩はして彩治県を幸過ししに、国造毗那良珠《ひなたす》命を遣はして、新に井を掘らしむるに、流泉浄く澄み、尤好愛しかりき。

とある他、全部で一三か所にわたって、「倭武天皇」の表記と伝承がみられる。『常陸国風土記』においては、ヤマトタケルは完全に天皇として扱われているといってよいであろう。

ヤマトタケルは、「記・紀」では即位することなく死んだのであるが、『風土記』の中には、このように「天皇」の表記がみられるものがあり、『常陸国風土記』ではそれが顕著である。そして、『常陸国風土記』は、その書き出しに、「常陸国司、解《げ》す」とあることからあきらかなように、そこに記されているすべてのことからは、常陸国衙から奈良の中央政府へ上申されたものである。したがって、ヤマトタケルを「天皇」として表記することは、『常陸国風土記』の中において決して誤った記述ではなかったと思われる。

伊吹山の頂にあるヤマトタケル像（写真提供：360@旅行ナビ）

現存する『風土記』では、常陸と阿波の二か国のみからしかヤマトタケルを「天皇」とした例をみい出すことができないが、これは『風土記』の残存状況が影響しているかもしれない。いずれにしても、『風土記』の中にヤマトタケルを「天皇」としている事例がみられることは興味深いことといえよう。

70 神功皇后

■伝説上の女傑

仲哀《ちゅうあい》天皇の皇后とされる神功《じんぐう》皇后のことを現代人はほとんど知らないと思われるが、戦前の日本にとっては歴史上のヒロインとして最も著名な人物だったといってよいであろう。近代には、いち早く紙幣や切手の肖像画になっている。これらはすべて、『古事記』や『日本書紀』にみられる神功皇后の活躍によるものである。その活躍とは、朝鮮半島の平定に他ならない。

「記・紀」をみると、まず仲哀天皇は、九州南部の熊襲平定をおこなおうとする。このとき、神功皇后に神がよりつき、朝鮮半島の新羅・百済・高句麗の三韓こそを伐つべきであると託宣する。しかし、仲哀はこれをきかず、熊襲平定を強行して失敗し、自らも亡くなってしまう。そこで、神功皇后は、三韓征伐を断行することになる。このとき、神功皇后は身重でそれも産月になっていたが、朝鮮半島へ向かって軍船を進めたところ、風の神は追風を起こし、魚たちは軍船をかついであっという間に半島へ到着したという。さらに、このとき波が朝鮮半島に押し寄せ、その影響で半島の土地の多くが沈んでしまった。このことに驚いた新羅王は戦わずして降伏し、百済王・高句麗王もこれにならったという。三韓を平定した神功皇后は、九州へ立ちもどり、そこで応神天皇を産んだとされる。

紙幣の肖像画になった神功皇后
（写真提供：国立印刷局お札と切手の博物館）

これが「記・紀」にみられる神功皇后の三韓平定のあらすじである。これを読んで感じることは、何よりも具体性に乏しいということである。いつ、どこで、誰と誰とが闘ってどのようになったかということなどについては、記述がほとんどみられない。このことから、三韓平定は伝承というべきで、歴史的事実ではないとされている。さらにいうと、神功皇后についても実在の人物ではないといわれている。しかし、この三韓平定伝承は、古代においてすでに、日本が朝鮮半島を支配下においていたという根拠のひとつにのちのちまで使われることになるのである。

■『風土記』にみられる神功皇后像

それでは、神功皇后は『風土記』のなかではどのように描かれているのであろうかというと、まとまった形で残っている五風土記のうち、常陸・播磨・肥前の三か国に登場し、さらに、摂津・播磨・備前・伊予・土佐・筑前・豊前・日向といった国々の『風土記』に逸文として姿をみせている。主として西日本に分布がみられるという特徴が指摘できる。その内容はというと、ほとんどが三韓平定にまつわるものであり、それが各地の知名起源と結びつく形になっている。

切手になった神功皇后（写真提供：国立印刷局お札と切手の博物館）

各々の伝承は、それぞれに興味深い内容を含んでいる。たとえば一例をあげるならば、『常陸国風土記』の行方郡の田里《たのさと》の条をみてみると、

息長足日売皇后《おきながたらしひめのおおきさき》の時、此の地に人あり。名を古都比古《こつひこ》といふ。三度、韓国に遣はされぬ。其の功労を重みして田を賜ひき。因りて名づく。

とある。

神功皇后の時代に古都比古《こつひこ》という人物が三度にわたって朝鮮半島に派遣されたというのである。そして、その功績によって田を賜わったと記されている。

この伝承は、田里の地名由来を述べているのであるが、その中で古都比古が三回も朝鮮半島にわたったというのである。古都比古に関しては、ここだけにしか姿をみせないためい詳細は不明としかいいようがないが、おそらくは朝鮮半島への遠征に従軍した軍人の一人とみてさしつかえないであろう。興味深いのは、三回も派兵されていることである。『古事記』や『日本書紀』では、神功皇后の三韓平定はたった一回きりで終了し、それもあっというまのできごとであった。実に現実味の薄いものであったが、『常陸国風土記』では三回とあり、「記・紀」よりは、はるかにリアリティーがある。おそらく朝鮮半島をめぐっては、実際にはいく度かの紛争があり、その一端が『常陸国風土記』にみられるようなものであったと思われる。それらを日本側の圧勝に仕立て直し、そのリーダーに神功皇后をすえたのが「記・紀」の伝承ということになる。

■天皇としての神功皇后

神功皇后は、夫である仲哀《ちゅうあい》天皇よりはるかに天皇らしいまさしく女傑であるが、あくまでも皇后であり、即位したことにはなっていない。ところが、『風土記』をみると、そのいくつかに、神功皇后を「天皇」と表記している事例がみられる。ヤマトタケルの場合もそうであったが、これはやはり、特殊な例といわなければならないであろう。

具体的にいうと、『常陸国風土記』の茨城《うばらき》郡の郡名由来の条に、「息長帯比売天皇《おきながたらしひめのすめらみこと》の朝《みかど》」とある。また、『播磨国風土記』の讃容郡の中川里にも神功皇后を「天皇」とする表記がみられる。

さらに、逸文として残っている『摂津国風土記』の住吉の条には、「息長足比売天皇の世」とあり、やはり、神功皇后を天皇として扱っている。さらに、『摂津国風土記』では、美奴売松原《みぬめのまつばら》の条においても、神功皇后を「息長帯比売天皇」、もしくは単に、「天皇」とかと表記している。

このように、複数の『風土記』において、神功皇后は天皇の扱いを受けている。このことをどのように理解するかは、『風土記』がもつ重要テーマのひとつといえるが、こと神功皇后についていうならば、律令国家にとって天皇に匹敵するほどの女性という認識があったことがうかがわれる。

71 聖徳太子

■最近の聖徳太子像

聖徳太子というと、年配の方にはまちがいなく日本史最大のスーパーヒーローといえる。しかし、最近、そうした聖徳太子像が変化しつつある。もちろん、誕生してすぐに言葉を発したとか一度に八人もしくは十人とかの訴えを聞いて、ひとりひとりにきちんと返答したとかという伝説的なものはいうまでもなく、それに加えて、太子の業績とされるものまでがほとんど否定される傾向にある。

たとえば、聖徳太子が「法華経《ほけきょう》」・「勝曼経《しょうまんぎょう》」・「唯摩《ゆいま》経《きょう》」の三つの経典の注釈をしたものとされる『三経義疏』でさえも太子の手になるものではないといわれるようになってきている。

したがって、用明《ようめい》天皇の皇子としての厩戸《うまやど》皇子は実在したが、スーパーヒーローとしての聖徳太子はいなかったという評価が強まっているように思われる。具体的にいうと、高等学校の日本史の教科書における表記である。以前は、聖徳太子のみであったものが、聖徳太子（厩戸《うまやどの》皇子《みこ》）となり、近年では馬厩戸皇子（聖徳太子）とする教科書がでてきている。今後、教科書から聖徳太子という表記がみられなくなるなんていう日がくるかもしれない。

■『風土記』の中の聖徳太子

聖徳太子の実在性が疑問視されるようになってきている昨今であるが、『風土記』にはどのように扱われているのであろうかというと、少し興味深い扱われ方をしている。それは、「聖徳王御世」という表記のされ方をしているのである。

『風土記』において、「御世」を使われるのは、原則として天皇である。つまり、天皇名に御世をプラスして、伝承のおおよその時代限定を行なうというのが一般的な例といえる。もちろん、伝承の内容が本当にその天皇の時代のことがらか否かは保証の限りではない。むしろ、天皇名を入れて、その御世とすることで、伝承が歴史的事実めいてくることを意図しているといった方がよいであろう。

それでは、『播磨国風土記』の中で、どのように使われているかというと、印南郡の池の原について由来を記したあと、

原の南に作石あり。形、屋の如し。長さ二丈、広さ一丈五尺、高さもかくの如し。名号を大石といふ。伝わていへらく、聖徳王の御世、弓削大連《ゆげのおおむらじ》、造れる石なり。

とでてくる。池の原の南に大石と名づけられた家のような石造物があるとあり、いい伝えによると、聖徳太子の治世に、弓削大連が造ったものだという、と記されている。

ここにみられる弓削大連とは物部守屋《もののべのもりや》であり、蘇我馬子《そがのうまこ》との争いに敗れ五八七年に亡くなっている。

この伝承では、聖徳太子を聖徳王と表記し、天皇とはしていないが、「聖徳王の御世」と表記しているところから、明らかに太子を天皇扱いしている。守屋は太子の一時代前の人物であり、この伝承はその意味で年代の錯誤があるが、興味をひかれる伝承といえる。

お札になった聖徳太子像（写真提供：国立印刷局お札と切手の博物館）

72 市辺押磐皇子

■皇位継承にまきこまれた皇子

天皇位（大王位）は、安康《あんこう》のあと雄略《ゆうりゃく》に継承されたが、それはスムーズになされたわけではなかった。その理由は、安康が暗殺という天皇としてあってはならない亡くなり方をしたからである。このとき、いち早く皇位にむけて行動を起こしたのが雄略であり、市辺押磐皇子《いちのへのおしはのみこ》もその犠牲者の一人である。

市辺押磐皇子は、履中の皇子であり、皇位継承の資格をもち、事実、『日本書紀』によると、安康は自分の後継に市辺押磐皇子を考えていたという。雄略としては、当然のことながら排除しなくてはならない人物ということになる。そして、雄略はまんまと市辺押磐皇子を狩に誘い出し殺してしまうのである。残された市辺押磐皇子の二人の子である顕宗・仁賢はひそかに丹波を経て播磨へと難を逃れた。

■〝天皇〟と表記される市辺押磐皇子

市辺押磐皇子は、天皇の子であるが雄略に謀殺されて天皇にはなれなかった人物である。しかし、二人の子があいついで天皇となった。顕宗と仁賢である。そうしたこともあって、『播磨国風土記』では、天皇と表記されている場合がみられる。『風土記』は政府へ提出した公式文書であるから、即位していない人物を天皇とすることは、まずありえない。

しかし、『風土記』をみると、一般的には天皇と表記しない人物が何人か天皇扱いされている例があり、興味深い。『播磨国風土記』では、市辺押磐皇子の他にも、菟道稚郎子皇子《うじのわきいらつこのみこ》（宇治天皇）や神功《じんぐう》皇后（天皇）も天皇表記されており、さらに、聖徳太子も天皇として扱われている。

市辺押磐皇子もそうした例の一人であり、「市辺天皇命」とか「市辺之天皇」とかと表記されている。

その箇所を具体的にみるならば、美嚢《みなぎ》郡の条に、父を殺害された袁奚《おけ》（顕宗）・於奚《おけ》（仁賢）兄弟のことが記されている。これによると、「市辺天皇命」が殺害された時、播磨に逃れ、志深里《しじみのさと》の石室に隠れ、その後、あちこちと逃亡をくり返し、ようやく志深村の長である伊等美《いとみ》の下僕になったという。そして、伊等美のところで新築の宴があった際、この機会をのがさじと弟の於奚が立って、新しい家屋をほめる室寿《むろほぎ》の詞《うた》をうたった。その歌の中に、「市辺の天皇が御足末《みあなすえ》、奴僕《やつこ》らま」とよんだとされる。

すなわち、「わたしたちは市辺押磐皇子の子孫である」と名乗ったわけであり、これによって袁奚と於奚とは都へ呼び返されることになった。伝承の内容としては、「記・紀」とほぼ同様であるが、もちろん、「記・紀」は市辺押磐皇子を〝天皇〟とはしていない。

『播磨国風土記』の中で、なぜ市辺押磐皇子が天皇と表記されるのかは難しい問題であり、いまだ結論がでていないが、天皇号の本質を考える上でも興味深い問題といえよう。

市辺押磐皇子とその周辺

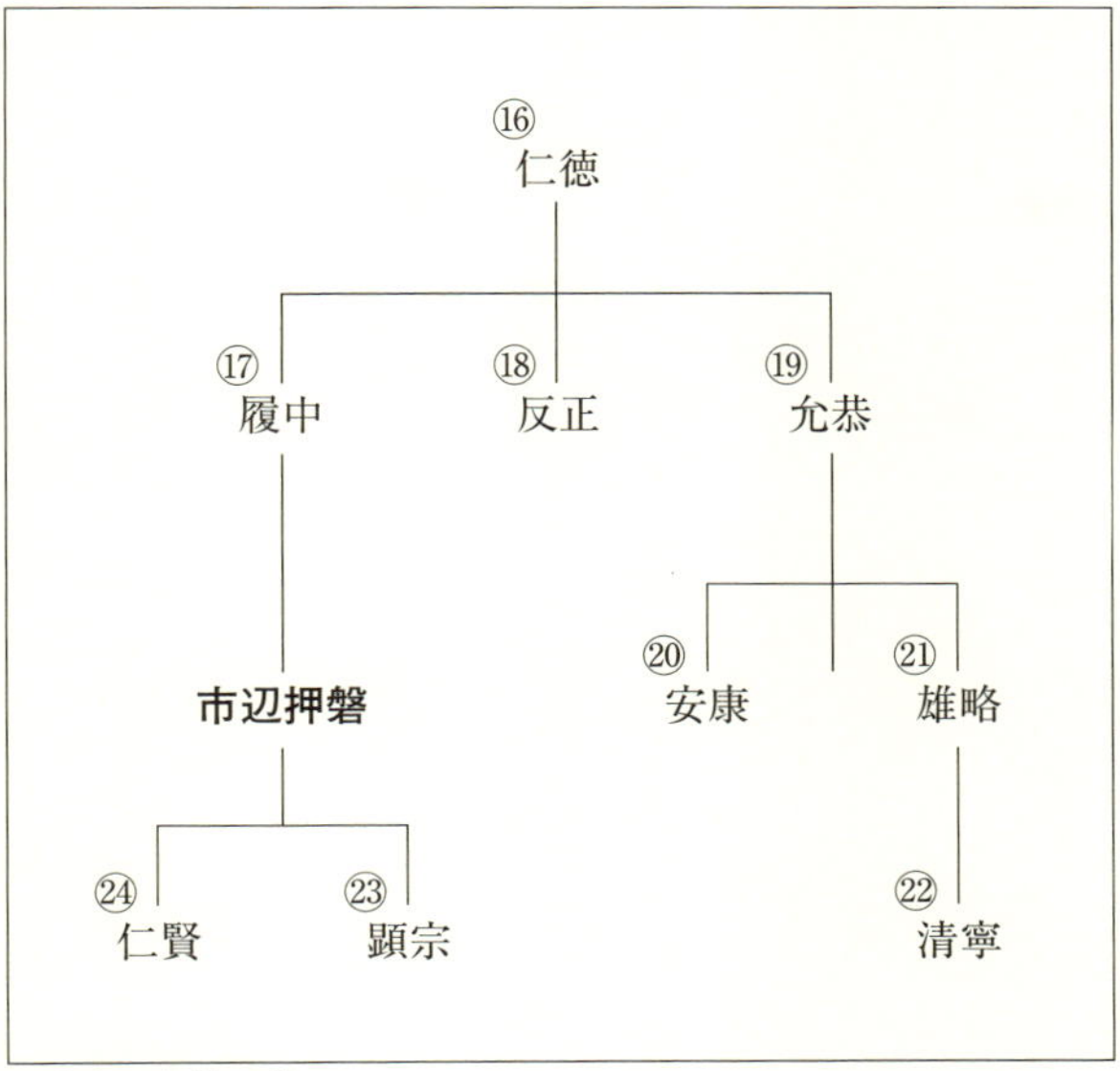

※数字は皇位歴代

IX

風土記の周辺の人物

『風土記』それ自体には直接、関係しないけれども、影響を与えたと考えられる重要人物が何人かいる。

IX章では、こうした人びとを取りあげて、紹介することにする。いうまでもないことではあるが、『風土記』は単に地域の人々の力だけによって成立したのではなく、天皇や貴族たちの力も大きく働いている。そうした背景についても考えてみたい。

73 元明天皇

■元明天皇の時代

慶雲四年（七〇七）、文武《もんむ》天皇が崩御し、母である元《げん》明《めい》天皇が即位した。推古《すいこ》・皇極《こうぎょく》（斉明）・持統に続く四人目の女帝である。霊亀元年（七一五）に娘の元正《げんしょう》に譲位するまでわずか八年間の在位であったが、この時代は律令国家が急速に整備されたときであり、さまざまな出来事がみられる。

しかし、この時期、政治をリードしたのは、天皇である元明ではなく、藤原不比等《ふじわらのふひと》であったと思われる。藤原鎌足の子である不比等は、持統朝あたりから頭角を現わし、大宝元年（七〇一）に制定された大宝律令に尽力し大納言に昇り養老四年（七二〇）に亡くなるまで、政権の中枢にいた。したがって、その間の政策の決定に多大な影響を与えたと考えられる。そして、その間こそが元明女帝の時代に相当するのである。

女帝の役割に関しては、以前は男性天皇の中継ぎといわれていたが、現在では研究が進み中継ぎという言葉でひとくくりにすることはできないとされるようになってきている。

元明天皇像（写真提供：瀧音能之）

しかし、元明と次の元正の二代の女帝は、文武天皇が亡くなり、その子の聖武天皇へバトンタッチするまでの中継ぎ的な要素が強いといえる。

■元明朝の政策と『風土記』

元明朝における最大の政策は、平城京への遷都であろう。それまでの藤原京から平城京へと都が移り、一応、延暦三年（七八四）に長岡京へ遷都されるまでの七〇年あまり、都として機能した。ここで、大宝律令を基にした律令制が施行され、その一環として修史事業も行なわれることになる。天武朝に編纂が始まった『古事記』が和銅五年（七一二）に完成するのである。同じく天武朝に端を発した『日本書紀』が完成するのは養老四年（七二〇）であり、次の元正朝においてであるから、もう少し先のこととなる。

　和銅六年（七一三）に国々に対して、『風土記』の作成が命じられたのも、こうした「記・紀」の編纂と無関係ではないと考えられる。具体的に『風土記』と「記・紀」との関係を断定することは容易ではないが、おおよそ二つのことが思いうかぶ。

　ひとつ目は中国の影響である。中国では、王朝が代わるごとに正史が編まれた。その正史のなかには、地理部門も含まれていた。たとえば、『漢書』の中の「地理志」という具合である。この「志」にあたる部分が『古事記』にも『日本書紀』にもないことは注目に値する。すなわち、『風土記』は「記・紀」のこうした不足点を補おうとしたのではないかということである。

　ふたつ目としては、「記・紀」が天皇による時間軸における支配を物語っているのに対して、『風土記』は空間的な支配を物語っているのではなかろうかということである。いいかえると、時間軸が垂直的な世界であるのに対して、空間は水平的な世界であり、この双方を支配しているのがとりもなおさず天皇ということになるのである。

元明天皇の時代

707. 6	文武天皇没
7	元明の即位
708. 8	和同開珎鋳造
710. 3	平城京遷都
711. 10	蓄銭叙位令
712. 1	『古事記』の撰上
713. 5	**『風土記』編纂の命**
715. 9	元明の譲位
	元正の即位

74 藤原宇合

■武家の祖

藤原宇合《ふじわらのうまかい》というと、不比等の子で四家のひとつである武家の祖であり、兄弟とともに奈良朝の政治の頂点に立ち、天然痘の流行にまきこまれて天平九年（七三七）に没した人物として知られる。しかし、初めから高位高官に昇ったわけではなく、それなりのキャリアを積まなければならなかった。

たとえば、養老元年（七一七）には遣唐副使として海を渡っている。このとき、阿倍仲麻呂《あべのなかまろ》や吉備真備《きびのまきび》も渡唐してしている。遣唐使は、日本にとって新しい文物を手に入れるための重要な手段であり、それだけに評価の対象になったが、一方、唐との間の往復の航海は容易なものではなく、文字通り命がけの任務であった。事実、阿倍仲麻呂は帰国することができず、朝衡という名で唐の朝廷に仕えたことで知られる。

藤原宇合は翌七一八年十二月に無事に帰国することができたが、その彼も地方官を歴任している。そして、天平三年（七三一）に参議に昇り、七三七年に正三位、参《さん》議式部卿《ぎしきぶきょう》兼大宰帥《けんだざいのそち》で薨《こう》じたのである。

■『風土記』との関わり

唐から帰国した宇合は、休む間もなく、翌養老三年（七一九）から七二二、三年にかけて常陸守であったとされる。また、この時期には、万葉歌人として知られる高橋虫麿《たかはしのむしまろ》が常陸国司になっていたといわれる。『常陸国風土記』の成立年代については、明確にすることはできないながらも七一八年以前には一応の編纂が終了したとみられている。

しかし、『常陸国風土記』をみると、道教の影響が強かったり、文人趣味的な文章や対句法などを巧みに使った表現が色濃くみられる。そのため、ひととおり完成した『常陸国風土記』に、藤原宇合・高橋虫麻呂が手を入れ、最終的な完成がなされたのではないかともいわれている。

さらに、藤原宇合は、西海道の『風土記』にも影響を与えた可能性も指摘されている。宇合は、天平四年（七三二）に西海道節度使に任じられている。翌年には宇合は帰京しているが、その間、警固式を作成するなど軍防に力を注いでいる。これは新羅を意識したものと考えられ、『豊後国風土記』の冒頭に「烽《とぶひ》は五所並びに下国」とあり、『肥前国風土記』にも「烽は二十所下国、城は一所」とあるように『風土記』の撰進の命に要求されていない軍防記事があるのは、西海道節度使の宇合の意向かとされている。

また、西海道の『風土記』をみると、その編纂方針に共通性がみられること、文人趣味が強いことなどもいわれていて、これらのことなどから、西海道の『風土記』は、大宰府において、一括編纂されたのではといわれている。そして、それを主導推進したのが西海道節度使として赴任した藤原宇合ではなかったかともされているのである。

藤原宇合とその周辺

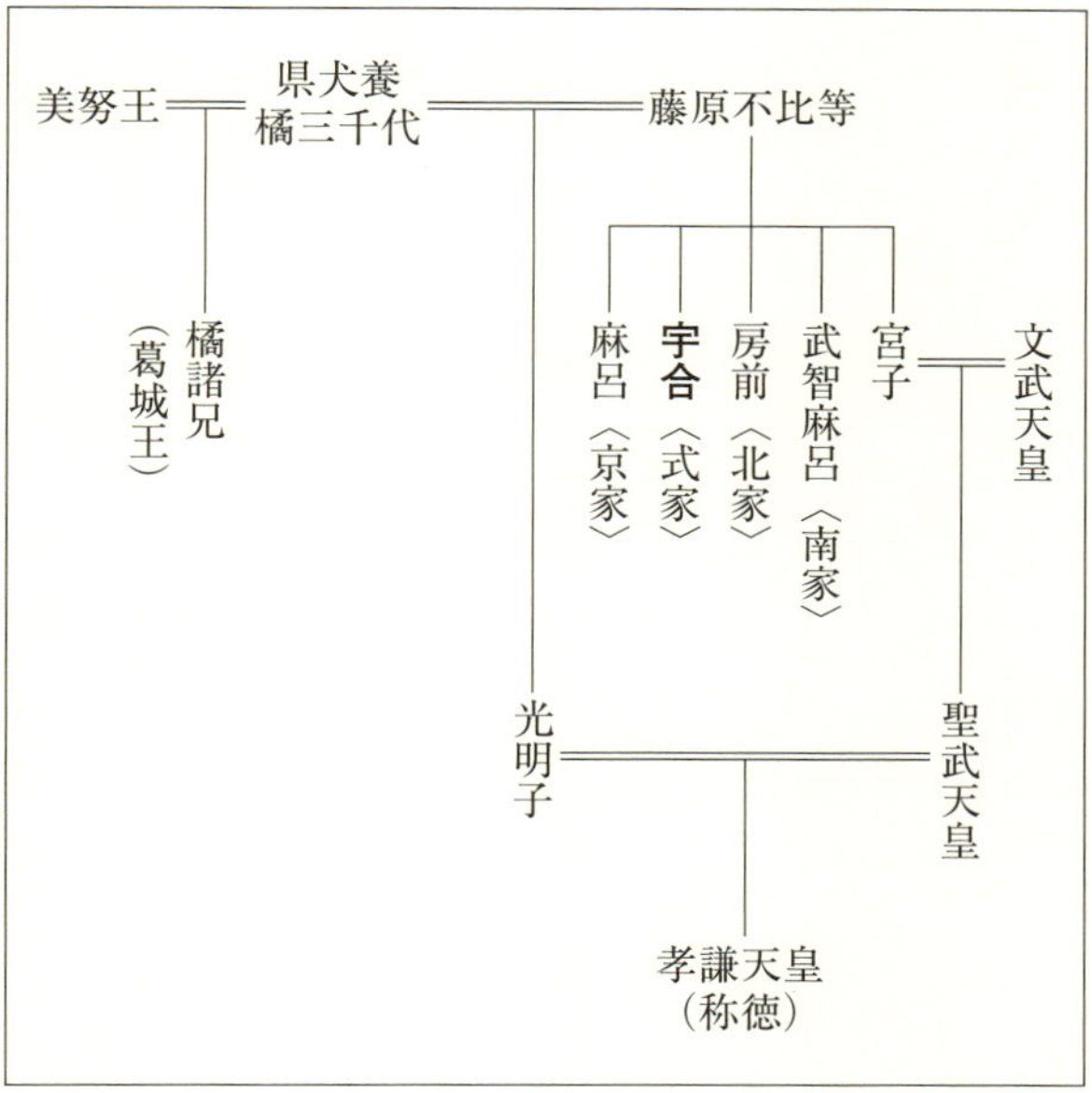

75 出雲広島

■『出雲国風土記』の編纂者

『風土記』は国ごとに作成が命じられたものであるから、その編纂者としては、国守をはじめとする国司たちが想定される。しかし、具体的な国司名はというと、厳密には不明としかいいようがない。そうした中で、『出雲国風土記』のみは、いくつかの意味で例外といえる。そのひとつは、奥付の部分が残っていて、編纂者の名が判名することである。さらに、その人物が国司ではないこともみのがせない。

その人物こそが、出雲臣広島《いずものおみひろしま》であり、出雲国造であるとともに意宇《おう》郡の大領であった。つまり、広島は出雲国造として出雲大社の宮司をつとめると同時に、意宇郡の郡司の長官という立場にあった。そして、『出雲国風土記』の編纂者のトップでもあったのである。したがって、『出雲国風土記』には、国司の関与をうかがうことができない。

千家国造館（写真提供：出雲大社）

この点に関しては、『出雲国風土記』の成立が天平五年（七三三）であり、撰進の命が出されてから二〇年も後であることもふまえて再撰説も出されている。つまり、作成の命によって、一度、国司が中心になって編纂されたが、その出来を不満とした出雲国造が中心となって再度、編纂しなおしたものが現在、残されている『出雲国風土記』であるというのである。

再撰説の是非はひとまずおき、広島に目をもどすと、養老五年（七二一）に国造になり、七二四年と神亀三年（七二六）の二度、「出雲国造《いずものくにのみやつこ》神賀詞《かむよごと》」を朝廷で奏上している。天平一八年（七四六）には出雲臣弟山が国造になっているので、おそらくこのときまで、広島が国造をつとめていたと推測されるが、その他の業績などについては謎である。

■広島の居住地をめぐって

出雲国造は、いうまでもなく、出雲大社の宮司であるが、出雲大社の所在地である出雲郡に居住した時期については実は、明らかになっていない。通説によると、断定はできないものの延暦期といわれている。つまり、八世紀の後半になってからとされ、それ以前の奈良時代には、出雲国造は出雲国の東部の意宇郡にいたといわれている。

意宇郡に広島をはじめとする出雲国造家いたであろうする根拠のひとつとして、『出雲国風土記』の新造院の記載があげられる。新造院とは『出雲国風土記』にみられる独特の表記で、寺院のことであるが、意宇郡の三箇所の新造院のうちのひとつに「飯石郡の少領出雲臣弟山の造りし所なり」という記載がみられる。弟山は広島の後継者と考えられる人物であり、当時は、奥出雲の飯石郡の少領であった。その弟山が、寺院を建立したのは飯石郡ではなく、意宇郡なのである。これは、弟山が居住していたのは意宇郡ということを意味しており、さらに、弟山を含めた出雲国造家が『出雲国風土記』が完成した七三三年当時、意宇郡を本拠としていたことをものがたっていると思われる。

古代の出雲国

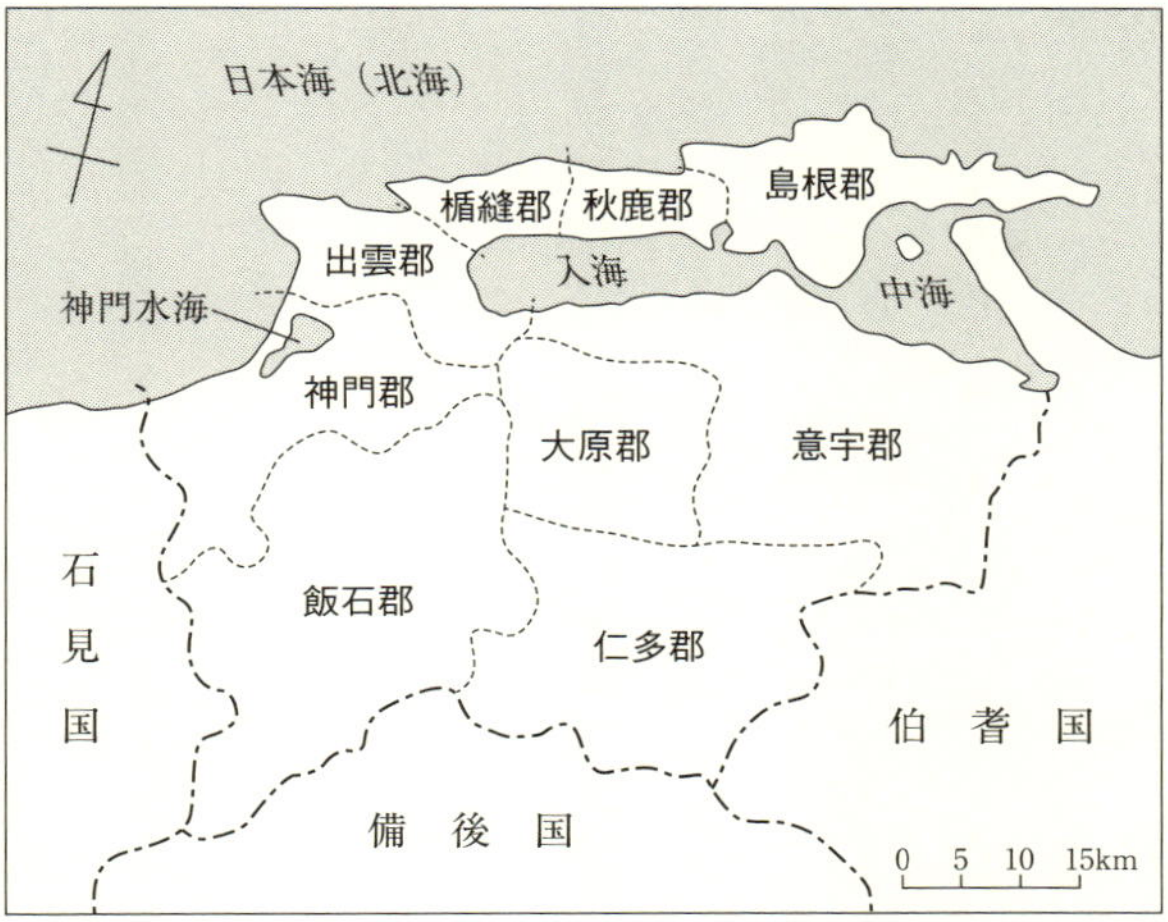

76 三善清行

■清行と菅原道真

三善清行《みよしきよゆき》は菅原道真《すがわらみちざね》に遅れること二年、承和一四年（八四七）に生まれている。

清行も道真も学者の家柄に生まれたが、代々、高名な学者を世に出した菅原氏の一員として生まれた道真に対して、清行の三善氏は下級官人の家柄であった。そうした家柄のせいもあったのだろうか、道真は十七歳で文章生になり、五年後に文章生得業生に補せられ、このころすでに文名が高かったが、清行が文章生となったのは二七歳のときであった。元慶五年（八八一）に方略試を受験したが、作問者であった道真によって落とされるという経験も味わっている。

仁和三年（八八七）、宇多《うだ》天皇の即位の際に阿衡《あこう》事件が起きると、藤原基経《ふじわらのもとつね》側の一員として「阿衡勘問」の提出に加わっている。昌泰三年（九〇〇）に文章博士となったが、この時、五四歳であった。一方、このとき道真はすでに右大臣となっていたが、この道真に清行は、辞職を求めている。

清行は、延喜元年（九〇一）に「革命勘文」を奏上して改元を進言し、これが受けいれられて延喜と改元された。この年は、道真が右大臣から大宰権帥に左遷された年でもあり、清行も道真の失脚に関与していたであろうが、一方、道真一門の学者を追放しないよう左大臣であった藤原時平に訴えたりもしている。その後、清行は参議や宮内卿を歴任し、九一八年に没した。

■〝風土記〟という書名「意見封事十二箇条」

三善清行が『風土記』と関わりをみせるのは、延喜一四年（九一四）に醍醐天皇に上奏した「意見封事十二箇条」においてである。ここに、

臣、去る寛平五年、備中介に任ぜられき。彼の国の風土記をみるに、……。

と記されている。これによると、寛平三年（八九三）、清

行は備中介になった。そして、『備中国風土記』を実際にみたというのである。この中にみえる「風土記」は、現在、『風土記』という書名がみえる最も早い例とされている。

和銅五年（七一三）に出された『風土記』撰進の命令には、『風土記』という名の書籍を提出せよとは記されていなかった。そのため、各国は解（文）という形式の文書様式で、政府の要求に答えたと考えられている。それが、十世紀のはじめ、すなわち、平安時代の前期くらいから『風土記』とよばれるようになったといわれており、「意見封事十二箇条」は、そのことを裏づける史料としても重要なのである。

ちなみに、三善清行は、ここで邇磨郷《にまごう》の条をとりあげ、斉明朝に朝鮮半島へ出兵の際、彼の地で兵をつのったところ二万人集ったので、「二万郷」と名づけたのが邇磨郷になった、という地名由来を紹介している。それが天平神護年中（七六五〜七六六年）は課丁千九百余人、清行の着任時は正丁四人・老丁二人・中男三人と記している。

つまり、七世紀中ごろは正丁二万人いたが、八世紀中ごろには課丁が二千人足らずとなり、十世紀初めには課丁がわずか九人だというのである。これらがどれほどの実数を示しているかは問題であるが、地方の衰退ぶりはあきらかであろう。

X

風土記と考古学

『風土記』には、多くの伝承が記載されており、それらのなかには考古学と結びつくものもみられる。たとえば、貝がらの大量廃棄をまのあたりにした古代人は、そこから巨人が食べたあとであると考える。今、わたしたちは、貝塚のことだと容易にわかるが、古代人の考えにもなるほどと思わされるところもある。

X章では、現代のわたしたちが考古遺跡・遺物といっていることを、古代の人びとがどのように理解していたのか考えてみたい。

77 大串貝塚

■常陸の貝塚

大串貝塚は、茨城県水戸市に所在する国指定の史跡である。この貝塚は、県北部を東に流れる那珂《なか》川とその河口付近で合流する涸沼《ひぬま》川との浸食によって形成された水戸台地の上で確認されている。

また、昭和の初め頃から発掘調査がおこなわれており、貝塚が縄文時代前期のものであることが明らかにされている。

検出された貝塚はA・B・C地点の三カ所に分けて報告がなされており、そこから出土したさまざまな遺物をもとにして、当時の食生活や生活環境、そして自然環境の復元がおこなわれている。

まず、人工遺物をみてみると、縄文時代前期前葉の土器に特徴的にみられる胎土に繊維を含む土器に加えて、削器・石斧・敲石・石鏃などの石器類、貝輪や貝刃といった貝器類が出土している。貝輪にはベンケイガイやイタボカキが用いられていることが明らかとなっている。

また、骨角器もいくつかみられ、そのなかには鹿角を素材とした釣針やその未製品、刺突具を確認することができる。

一方、自然遺物については、貝類の出土が目立つ。その割合は、汽水域に生息するヤマトシジミが主体を占め、内湾性のマガキやハマグリが次に多く、アワビやサザエなどの岩礁性の貝類については少ないものの検出されている。

確認された貝層
（写真提供：水戸市教育委員会）

貝類以外では、クロダイやスズキ、エイなどの魚類に加えて、イノシシやシカといった哺乳類の骨も確認されている。

これらの出土遺物をもとに述べるならば、大串貝塚を作った人びとは、汽水域を主な漁場にして生活を営んでいた。そして、その一方では、アワビなどといった岩礁性の貝類を獲得したり、釣針を使用していたことが明らかになっていることから、人びとは貝塚周辺よりもさらに広い範囲で活動していた可能性が推測されている。

■巨人伝承と貝塚

この前期の貝塚が、歴史的に注目を集めていることはよく知られている。その大きな要因としては、史料に記された貝塚であること、そして、巨人伝説との関わりがみてとれることがあげられる。

『常陸国風土記』那賀郡の条をみてみると、平津の馬家から西へ一から二里行ったところに岡がある。名は大櫛という。遠い昔にこのような人がいた。体格はきわめて背が高く、体は丘の上に座っていながら、手で浜辺の大蛤をくじる（ほじくる）ことができるほどであった。その食べた貝殻が積って岡となった。当時の人は、大くじりという言葉から今は大櫛の岡と呼んでいる。

この巨人が踏んだ足跡は、長さ四〇余歩《あし》、幅が二〇余歩であった、といった内容が記されている。

つまり、この貝塚が巨人によって作られたものであったというのである。

このように大串貝塚は、日本で最初に記録された縄文時代の貝塚であり、風土記を取り扱う文献史学と考古学の接点に位置する重要な遺跡といえる。

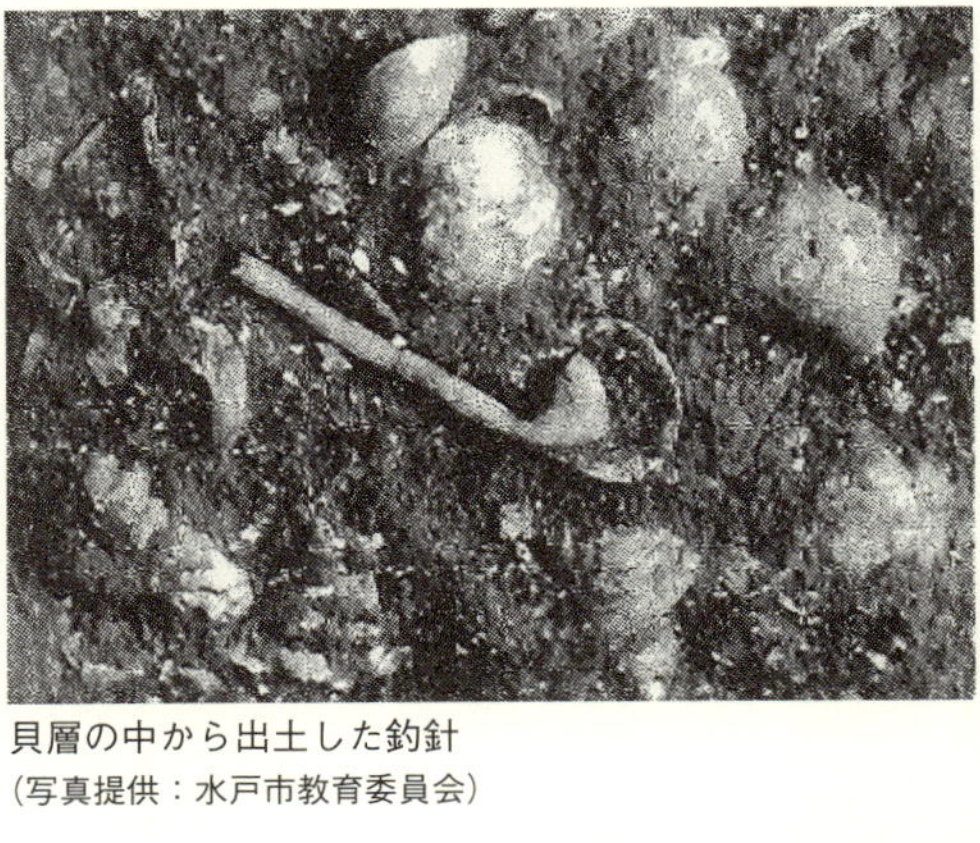

貝層の中から出土した釣針
（写真提供：水戸市教育委員会）

78 岩戸山古墳

■八女古墳群のひとつ

この古墳は、福岡県八女市《やめし》の東西にのびている八女丘陵の上に位置する。また、同じ丘陵上には、石人山《せきじんさん》古墳といった前方後円墳や、そのほか多くの古墳も確認できることから、これらを含めて八女古墳群と呼ばれている。

岩戸山古墳は、昭和三八年（一九六三）から数回にわたって調査がおこなわれ、六世紀前半に築造された前方後円墳であることが明らかにされている。

墳丘は二段に築成されており、その全長は一三二メートル、高さは一三・五メートルを測る。墳丘の周囲には、幅約二〇メートルの周濠が掘られている。周濠まで含めた場合、総長は一七六メートルにもなり、この規模の古墳は北部九州において最大のものといえる。

また、後円部の背後にあたる墳丘の東北隅には、一辺四三メートルの方形の区画が検出されており、それを「別区《べっく》」と呼んでいる。

岩戸山古墳の全景（写真提供：八女市岩戸山歴史文化交流館）

そして、墳丘とともに別区からは、多くの埴輪に加えて、武装石人や裸体石人、さらに、馬・猪・水鳥・きぬがさ・太刀・靫など、さまざまな形をした石製樹物が出土している。石材には、阿蘇溶結凝灰岩が使われていることがわかっている。

この石人と石馬が墳丘上・別区に置かれていたことは、『筑後国風土記』の逸文として残されている磐井郡の条の記載にほぼ合致していることから、研究者の注目を集めている。

■磐井の墓

『筑後国風土記』の逸文として残されている磐井郡の条をみてみると、上妻郡から南へ二里行った筑紫郡に磐井の墓があると記載されている。

その墓域は南と北が各々六〇丈（約一八〇メートル）、東と西が各々四〇丈あり、石人と石盾がそれぞれ六〇、代わるがわるに列をなしながら古墳の四方に配置されていた。

東北の角には「衙頭《がとう》」と称される別区が造られていた。

石人（写真提供：八女市岩戸山歴史文化交流館）

衙頭とは、政所のことであるとしている。

さらに、衙頭には一人の石人が悠然とした姿で立っている。この石人は訴訟などにあたる「解部《ときべ》」と称される人を表している。

その石人の前には、もう一人の別の石人が置かれている。その姿は裸で地面に伏している。この石人は猪を盗んだ偸人《ぬすびと》であり、石人の側には石の猪が四頭ずつ置かれており、これらは盗んだ猪を表している。

また、別区には、他にも石馬三頭、石殿三間、石蔵二間も設置されていたと記されている。

こうした古墳の具体的な状況が記載されている古代史料は少ない。そのようななか、史料の記載と考古学の成果が符合したということになる。

このことから、岩戸山古墳が継体《けいたい》天皇の時代を騒がせた「磐井《いわい》の乱」の首謀者、筑紫国造《つくしのくにのみやつこ》磐井の墓に比定されているのである。

いずれにしても、この岩戸山古墳は、国造級の人物が埋葬されている前方後円墳である可能性が高いと考えられている。

79 来美廃寺

■出雲にある「新造院」のひとつ

この社寺跡は、島根県東部の松江市矢田町来美《くるみ》にあり、確認された当初から『出雲国風土記』意宇郡の条の寺院列記のなかに記された山代郷北新造院《やましろごうきたしんぞういん》にあたるのではないかと考えられていた。そして、その仮説は平成八年（一九九六）から平成一三年（二〇〇一）までおこなわれた発掘調査の成果によって、今では通説になっている。

寺院列記には、新しく造った寺院が一ケ所ある。山代《やましろ》の郷の中にある。郡の役所から西北四里二百歩の所にある。厳堂《ごんどう》が建っている。日置《へき》の君目烈《きみまれ》が造ったものである、と記されている。また、厳堂とは金堂のことを指すと考えられている。

つまり、史料にある建立者が明らかな古代寺院の様相が、考古学によって解明された貴重な事例といえる。この社寺跡は、平成一四年（二〇〇二）に国史跡に指定されている。

検出された遺構は、西塔跡の第一基壇、金堂跡の第二基壇、東塔跡の第三基壇、講堂跡の第四基壇である。特に、寺の中心である金堂跡と東塔跡の調査から興味深いことがわかってきた。

■発掘調査からみえてきたこと

まず、金堂は瓦積基壇《かわらづみきだん》であること、そして、三尊型式の仏像を安置した須弥壇跡《しゅみだんあと》が確認されている。出土した瓦から、建設時期が七世紀末葉とされており、出雲地域の寺院跡としては最古級の事例といえる。

さらに、屋根の上にのせた山陰系鴟尾《しび》の全体像が推定できることから、入母屋造りの屋根であったことが想定されている。山陰系鴟尾とは、鰭《ひれ》が突帯で表現され、縦帯の前方には鱗状の文様が施されているものである。

また、一一世紀末葉になると金堂が火災により焼失し、廃寺となったことも分かっている。

東塔には、全国的にも珍しい石製の相輪がのっていたことに加えて、その相輪は通常みられる水煙はなく、天蓋をもつ特殊なものであったことが明らかにされている。また、鉄製の吊り手金具と、本体吊り手金具がついた青銅製の風鐸《ふうたく》が使用されていたことも指摘されている。

伽藍《がらん》配置とその変遷についても検討がなされている。北新造院跡では、最初、金堂一棟のみであった。その後、金堂の東側、西側の順で塔が建てられ、そして、東面する講堂を金堂からみて南西の方向に配置していったことが想定されている。

この金堂を東西に挟むかたちで塔を建てる伽藍配置は、新治《にいはり》廃寺《はいじ》式と呼ばれており、他に三事例しか知られていない。

このようにみていくと、『出雲国風土記』の寺院列記には、実際に確認された塔や講堂のことが記されていないことに気がづくであろう。

この問題については、一つに『出雲国風土記』の記載が造営途中のものであり、最終的な伽藍配置を記していない可能性が考えられている。

東塔から出土した石製相輪
（写真提供：島根県埋蔵文化財調査センター）

確認された風鐸
（写真提供：島根県埋蔵文化財調査センター）

80 日岡山一号墳

■『風土記』のなかの比礼墓

『播磨国風土記』賀古郡の条には、日岡山の由来やその山にある比礼《ひれ》墓のことが記されている。

日岡山の由来については、狩りの最中に一頭の鹿がこの丘を走り登って比比《ひひ》と鳴いたため、この丘を日岡と名付けたとされる。

そして、比礼墓の記載をみてみると、景行天皇の皇后である印南《いなみ》の別嬢《わきいらつめ》が亡くなられたので、墓を日岡に作って葬った。別嬢の遺骸を掲げて印南川（加古川）を渡るときに、川下から近づいてきた大きなつむじ風に巻き込まれて、遺骸が川の中に落ちてしまった。捜索してみたが、遺骸は見当たらず、ただ別嬢が愛用していた匣《くしげ》（化粧箱）と褶《ひれ》（飾り布）が見つかった。

そこで、この二つを遺骸の代わりとして墓へ葬った。だから、褶墓《ひれはか》と名付けたのである、ということが記されている。

日岡山１号墳正面（写真提供：加古川観光協会）

印南《いなみ》の別嬢《わきいらつめ》は、『日本書紀』の播磨稲日《はりまいなひの》大《おお》郎《いらつ》姫《め》や『古事記』の針間之《はりまの》伊那毘《いなび》能《の》大郎女《おおいらつめ》と同一人物とされている。

この褶墓《ひれはか》に比定されているのが、兵庫県加古川市にある日岡山一号墳である。

現在では、播磨稲《はりまのいな》日大郎姫命《ひのおおいらつめのみこと》日岡陵として宮内庁の管理となっている。

この古墳は、印南野台地上、加古川左岸にある日岡丘陵上に築造された前期の前方後円墳である。全長は、約八〇メートルを測る。

■日岡古墳群の状況

また、この丘陵上には勅使塚《ちょくしづか》古墳や西大塚古墳、南大塚古墳、北大塚古墳などの前方後円墳に加えて、狐塚古墳や西車塚古墳、それとすでに消滅してしまった東車塚古墳といった三基の円墳が確認されており、これらの古墳と日岡山一号墳とを合わせて、日岡古墳群と総称して呼んでいる。そして、この古墳群は、四世紀中頃から五世紀前半にかけて造られた加古川平野最大のものとしてよく知られている。

東車塚古墳の三角縁神獣鏡ほか
（写真提供：加古川市教育委員会）

残念ながら、日岡山一号墳については、宮内庁による墳丘の測量調査がなされているのみであり、発掘調査はおこなわれていない。そのため、埋葬施設や副葬品に関しては不明な点が多い。測量調査の成果は、二〇一二年刊行の『書陵部紀要』〔陵墓篇〕第六三号に収録されている。

しかし、この古墳群の性格を考えるうえで重要な遺物が、東車塚古墳から出土している。この古墳からは、銅鏡三面と石釧二点が確認されている。そのうちの銅鏡が、仿製唐草文帯二神二獣鏡と呼ばれるものであり、それが同県神戸市にあるヘボソ塚古墳から出土したものと同笵であることが明らかにされている。

これらのことから、日岡山古墳を含めた古墳群に埋葬された被葬者たち一人一人を特定することはできないものの、加古川左岸の平野一帯を支配した首長クラスの人たちであったことは指摘されている。

また、他地域の古墳から出土した鏡と同笵《どうはん》の三角縁神《さんかくぶちしん》獣鏡《じゅうきょう》が出土していることも分かっており、古墳群に埋葬された被葬者たちが、ヤマト政権と密接に関係していたことが推測されている。

81 猪目洞窟

■黄泉の穴

島根半島海岸沿い、出雲市猪目町《いのめちょう》に位置する。この平野と隔絶した場所に形成された洞窟遺跡では、縄文時代から古墳時代までの生活の痕跡が確認できる。例えば、出土した約一三体の人骨のうち一体は、仰臥屈葬《ぎょうがくっそう》のような状態で、その右腕には南海産のゴホウラ貝製腕輪が六個装着されていた。時代は、共伴した土器片から弥生時代後期とされる。

一般的に弥生時代の貝輪には、装身具としてだけではなく、豊穣や大漁を祈願するといった呪術性も兼ね備えていたとされる。とするならば、貝輪を着装した人物が生前、呪術的行為を行っていた可能性が高い。また、舟を棺材に利用した事例が確認されていることから、洞窟内での舟葬《しゅうそう》も想定されている。他には、イルカ・猿・犬などの骨や海藻類も確認できる。さらには、木炭も出ていることから、古代の人びとが洞窟内での火の使用も明らかにされている。

この洞窟遺跡が、在地的性格が強い『出雲国風土記』のなかの出雲郡宇賀郷の条に記されている「黄泉の穴」の比定地にされている。その記事をみてみると、出雲郡《いずものこおり》宇賀郷《うかのさと》にある脳《なづき》の磯には、高さと広さがいずれも六尺ほどの「窟戸《いわやど》」があり、その内に穴があった。しかし、人が入ることができないため、その穴が深いのか、浅いのか分からない。夢のなかで、この磯にある岩屋の近くに行くと、その夢をみた人はかならず死ぬ。だから、その土地に住んでいる人びとは、大昔から今に至るまで、黄泉の坂や黄泉の穴と呼ばれている、といった内容が記されている。

猪目洞窟の入口（写真提供：島根県古代文化センター）

このことから、死者の国へ通じる坂、あるいは穴が出雲国庁からみて北西に存在していたこと、そして、その具体例として島根半島西部にある猪目洞窟《いのめどうくつ》が考えられているのである。

■「記・紀」と黄泉国

　また、「記・紀」神話のなかにも、黄泉国と出雲との関係性が記されている。たとえば、中央が主として編纂した『古事記』には、伯耆国と出雲国との境にある比婆山にイザナミが葬られたことが述べられている。この話は、イザナキの黄泉国訪問神話にみられる黄泉比良坂《よもつひらさか》とも関連する。その内容をみてみると、イザナミの死後、夫であるイザナキはもう一度現世に戻ってほしいと懇願するため、黄泉国へと向かう。そこで再会したイザナミは、黄泉国の神と相談してみるので、その間は決して私の姿を見てはいけないとイザナキに約束をさせた。しかし、その約束を破り、イザナキは妻であるイザナミの姿を見てしまう。その目に映ったのは、死者の国の者となり、おぞましい姿となったイザナミの姿であった。そして、イザナキはその場から逃げだす。イザナミは約束を破ったイザナキに腹をたて、他の黄泉国の者たちと共にイザナキを追いかける。やっとのことで黄泉国から抜けだしたイザナキは、黄泉比良坂にある現世との通路口を石で塞ぎ、イザナミと決別する、というものである。

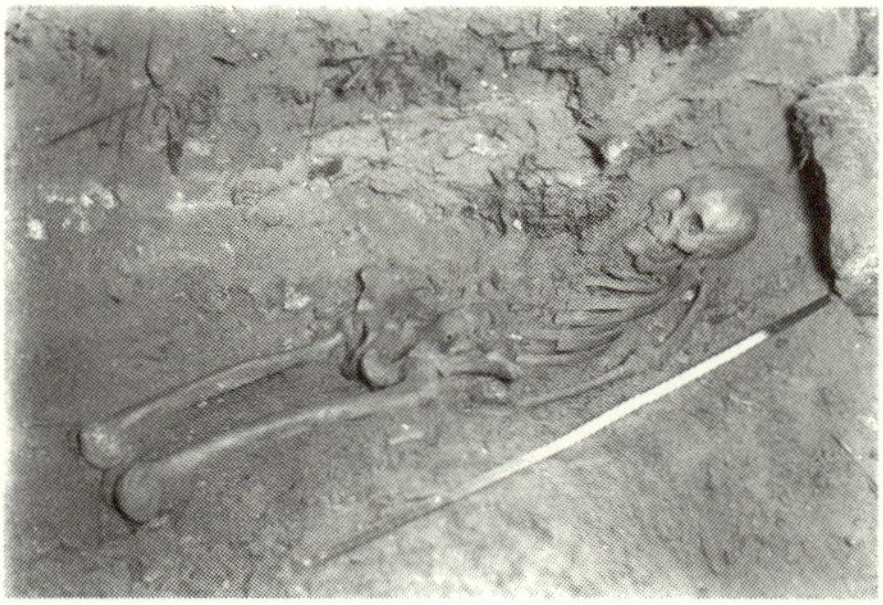
猪目洞窟遺跡出土の人骨
（写真提供：出雲弥生の森博物館）

　この黄泉比良坂を『古事記』では、出雲国の伊賦夜坂《いふやのさか》とする。これは、『出雲国風土記』意宇郡の条にみられる伊布夜社、現在の松江市東出雲町にある揖屋《いや》神社のあたりになる。すなわち、中央である大和国からみて北西の地域を舞台とした神話といわれている。

　このように史料によって黄泉国への通路の比定地は異なるものの、古代人の共通認識として、乾の方角、西北方向に死者の国があると考えられていたことは、興味深い。

82 浮島祭祀遺跡

■祭祀のための遺跡

茨城県の南東部にある霞ヶ浦には、陸繋島化している浮島と呼ばれている地域がある。住所は浮島稲敷市浮島である。この浮島については、『常陸国風土記』信太郡の条に記載があることはよく知られている。その内容をみてみると、乗浜の里の東に浮嶋の村がある。四方は遠く陸地から離れた海に囲まれ、山と野とが入り混じっている。人家は十五戸、田は七・八町余りである。そこに住んでいる人びとは、塩を焼いて生活を営んでいる。この村には九つの社があって、村の人びとは言動や行動を慎みながら神に仕える暮らしをしている、といった内容が記されている。この記載をふまえて、浮島と祭祀遺跡との関連性が考えられている。

浮島において、本格的に発掘調査が行なわれたのが明治時代に入ってからであり、その対象は当該地域に点在する縄文時代の貝塚であった。島内の祭祀遺跡や遺物の報告がなされるのは、昭和三三年（一九五八）になってからである。それ以降、多くの研究者らによって浮島の祭祀遺跡の全体像の把握が試みられていく。

■発掘調査の成果

発掘調査の成果をみてみると、浮島における祭祀の痕跡は、大きく三つの地区で確認されている。まず、一つ目の尾島神社周辺地区では、古墳時代から平安時代の竪穴建物や掘立柱建物、屋外工房、土坑墓、さらには古墳時代後期の祭祀遺構も検出されている。また、これらの遺構は、尾島神社を中心として広範囲に分布する。出土した遺物は、土師器や須恵器、手づくね土器、剣形・勾玉形などの滑石製模造品、鏡・勾玉・鍬先を形づくった土製品、刀子や鍬などの鉄製品、そして、立花《りっか》や砥石《いし》などが確認できる。立花は、埋葬される人の頭を置く石枕《まくら》に空いた穴に差し込んで用いられたものであり、形態は短い棒の先端に二個の勾玉を背中合わせにした形を呈する。これらから、この地区では古墳時代中期から後期にかけて祭祀が行なわれていたことが推測されている。

二つ目の前浦地区では、一辺約五メートルを測る正方形の落ち込みが検出され、そこから、土師器の高坏や壺、手づくね土器に加えて、剣形・勾玉形の滑石製模造品や鉄鏃、鹿角装刀子などが確認されている。この地区では古墳時代中期に祭祀が行なわれていたことが指摘されている。

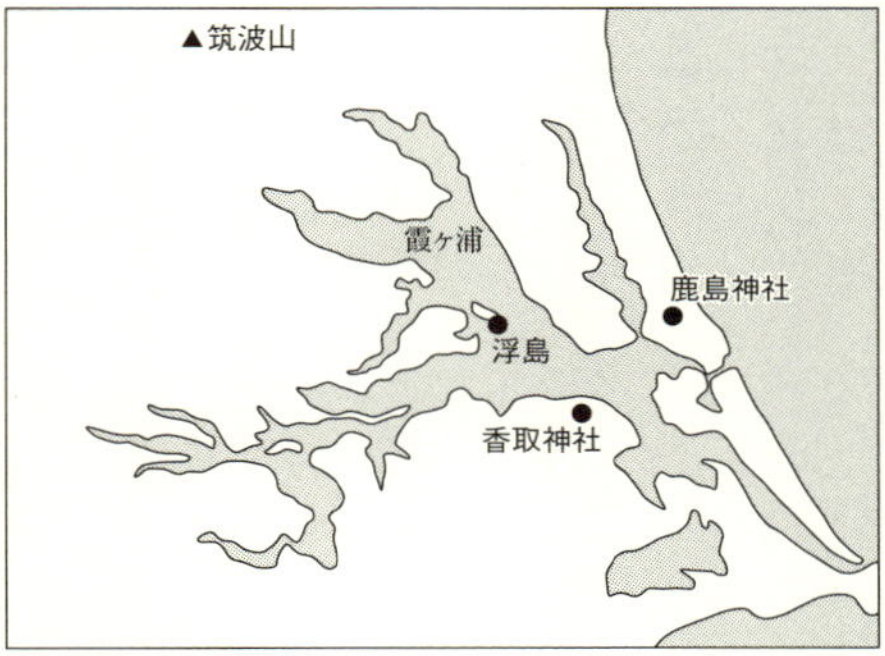

霞ヶ浦にある浮島

三つ目の勝木地区では、古墳時代後期の小円墳が一五基ほど確認されており、そのうちの二つの地点から祭祀遺物が出土している。詳しくみてみると、三号墳の墳頂部から五一センチメートル下の所に石組遺構が構築され、そこで火を焚いていたこと、そして朱彩された土器が使用されていたことがわかっている。また、その他の地点でも焚火跡や同様な土器が発見されている。土器以外では、滑石製模造品や土製の玉なども確認されている。これらの出土遺物から、この地区では古墳時代中期に祭祀が行なわれていたことが推測されている。そして、発掘調査によって、浮島の各所で祭祀行為が行なわれていたことが明らかにされたことから、島全体が祭場であった可能性が指摘されている。さらに、祭祀遺構が広範囲に展開していることや、祭祀遺物の種類や量が豊富にみられることから、浮島における祭祀は、そこに住んでいる人びとがおこなった在地的な祭祀ではなく、ヤマト政権と関連した公的な祭祀であったと捉えるべきとする考えが出されている。

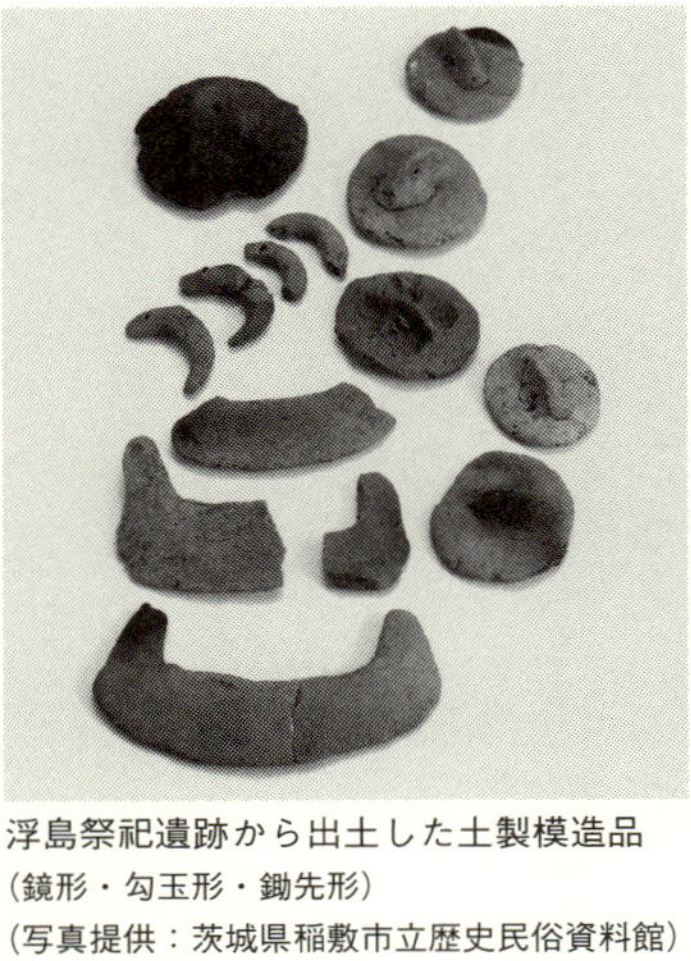
浮島祭祀遺跡から出土した土製模造品
（鏡形・勾玉形・鋤先形）
（写真提供：茨城県稲敷市立歴史民俗資料館）

83 山代郷正倉跡

■発掘までの経過

『出雲国風土記』意宇郡の条には、山代郷は郡の役所の西北三里百二十歩の所にある。そこには、この世を造った大神大穴持《おおかみおおなもち》の命の御子と山代日子《やましろひこ》の命が鎮座している。なお、正倉がある、と記載されている。正倉とは奈良時代の租、すなわち税として徴収した米を保管していた所である。この山代郷の正倉とされる遺跡の調査が、昭和五三年（一九七八）から三年間実施され、その成果が『史跡出雲国山代郷正倉跡』として刊行されている。遺跡は、松江市の南郊、大庭十字路に隣接するかたちで確認されている。

　この場所では、調査が行なわれる以前から、炭化した米が土の中から大量に出てくることがよく知られていた。これを受けて、松江市農林技師であった恩田清《おんだきよし》が、昭和三五年（一九六〇）八月一三日付けの『島根新聞』に「大庭・長者原の出土米をみて」という記事を載せ、その中でこの炭化米が公的な国家の倉庫に納められていたものではないかと述べていく。

山代郷正倉跡（写真提供：古代文化センター）

　そして、松江市の六所神社付近で国庁跡が発見される。『出雲国風土記』では、国庁と意宇《おう》郡家はほぼ同所にあったとしていることから、国庁跡を起点として冒頭で挙げた山代郷庁があるという方位・距離をみてみると、その場所と炭化米の出土地がほぼ重なることがわかってきた。すなわち、山代郷庁の近く設置されたであろう正倉と炭化米がここで結びついたことになり、山代郷正倉跡の発掘もこの根拠のもと進められていく。

■明らかにされた正倉跡

発掘調査によって、掘立柱建物跡や柵列、溝状遺構、土坑墓が確認されており、そのうちの建物跡からは、多量な炭化米が出土することが明らかにされている。

建物跡と柵跡の時代は、八世紀代・九世紀代・九世紀後半から一〇世紀・室町時代の四期に大別できるが、ここでは『出雲国風土記』の時期にあたる八世紀代の様相をみていきたい。

山代郷正倉跡出土の炭火米（写真提供：島根県立八雲立つ風土記の丘）

約一町四方の範囲の中央部に側柱のみの掘立柱建物が二棟確認できる。それを挟むかたちで、東端には桁行四間、梁間三間の総柱建物三棟が南北に均等に配置され、西端で確認できた建物跡は一棟であったが、東端と同様に複数の建物が設置されていたことが考えられている。

これら東西に展開している建物が倉庫であったとされ、中央部の二棟の建物は倉庫群を管理するために建てられたことが推測されている。

このように、奈良時代、すなわち律令制の時代に用いられた大規模な正倉の様相が明らかにされたわけだが、元来、正倉は郡ごとに設置されるのが一般的であった。

しかし、『出雲国風土記』には、各郡家の推定地以外の郷に正倉の記載がみられる。このような通例とは異なる正倉のあり方をみせるというのは、出雲地域の独自性の一端と捉えることができよう。そう考えていくと、この遺跡の発掘調査で得られた成果はより重要性を帯びてくるといえよう。

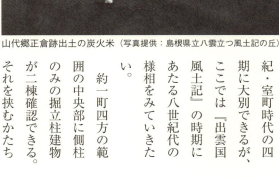

XI

主要な風土記の丘

『風土記』についての研究も少しずつ進み、地域ごとに“風土記”の名称をつけ、資料館がいくつもできている。

XI章では、これらの資料館についてその魅力を伝え、アクセスなどの情報をできるだけ盛りこむようにした。地元に『風土記』の資料館がある方はもちろんのこと、旅先でこうした資料館を目にした方は、是非一度足を運んでいただけたらと思う。意外な発見に出会うかもしれない。

84 山形県立うきたむ風土記の丘

まほろば古《いにしえ》の里歴史公園には、県立うきたむ風土記の丘考古資料館が建っている。そこでは、周辺の遺跡から出土したさまざまな考古資料を通して、山形県の歴史をより身近に感じとることができる。

施設の名称にある「うきたむ」とは、アイヌ語で流動している湿地帯を意味した言葉と考えられている。また、『日本書紀』に登場する「置賜」の古地名であり、これは山形県南部の地域のことを指す。

この資料館のロビー展示や常設展示では、県内で発掘された旧石器時代から古代にかけての遺物を数多くみることができる。

代表的な展示物をいくつかみてみると、まず小国町にある湯の花遺跡から出土した黒曜石を素材とした石器がある。確認された黒曜石には産地同定がおこなわれており、北海道や青森県・秋田県・長野県といった複数の異なった産出地のものが混在していることが明らかにされている。

押出遺跡出土の彩漆土器
（写真提供：山形県立うきたむ風土記の丘考古資料館）

このことから、当時の人びとが遠く離れた場所から石器の素材を手に入れていたことが分かってきた。

また、高畠町の押出《おんだし》遺跡から出土した彩漆土器も展示されている。この遺跡は、縄文時代前期後葉に営まれた低湿地に展開した集落跡であり、多様な遺物がよい状態で確認できたことから、縄文時代のタイムカプセルと呼ばれている。

展示されている土器は、高さ一五・二センチメートルを測り、土器の表面には赤漆が塗られ、その上から黒漆で渦巻文様が描かれたものである。用途については、儀式に使われたと考えられている。この赤漆の発色を綺麗に出すには技術がいることから、縄文時代の人びとがすでに高い水準の漆工技術をもっていたことを窺うことができる。

その他には、山形市のお花山古墳群から出土した変形捩文鏡《ねじりもんきょう》や瑪瑙製勾玉・青いガラス製小玉などは、大変美しく見入ってしまうほどである。この古墳の築造は、五世紀後半頃と考えられている。

そして、資料館では、竪穴住居に住む縄文人の生活をジオラマによって再現したり、押出遺跡の復原家屋が展示されている。

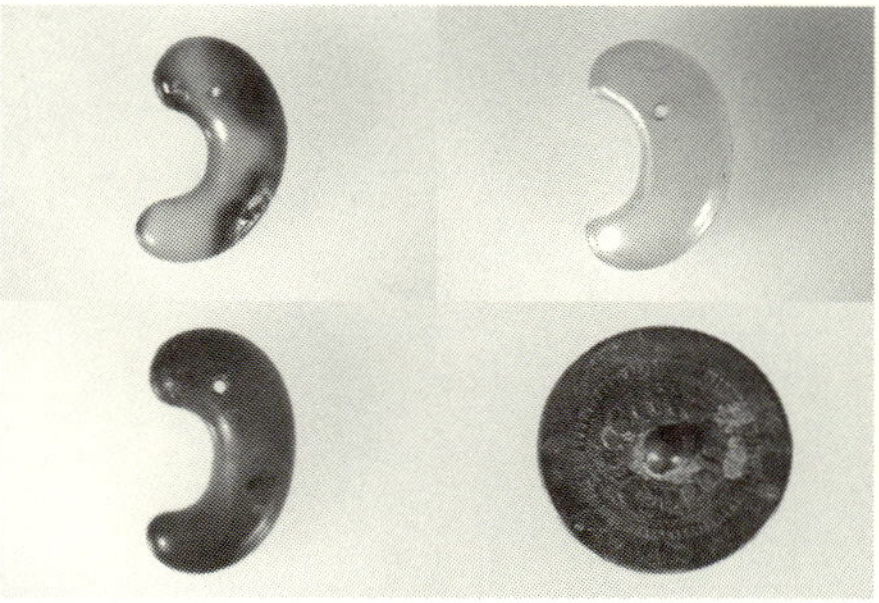

お花山１号墳の鏡と玉
（写真提供：山形県立うきたむ風土記の丘考古資料館）

また、資料館のある地域は、全国的に見ても珍しい洞窟遺跡が集中している地域である。そのため、隆起線紋土器《りゅうきせんもんどき》など、縄文時代草創期にみられる土器が確認された火箱岩洞窟《ひばこいわどうくつ》や、その南に位置する日向《ひなた》洞窟、そのさらに南にある大立《おおだち》洞窟を巡るコースが設定されている。

洞窟遺跡以外には、整備・復元されている安久津二号墳や羽山古墳《はやまこふん》といった終末期古墳、そして、伊達家の墓もある。

また、安久津八幡神社《あくつはちまんじんじゃ》では、源義家《みなもとのよしいえ》の創建と伝えられている本殿舞楽殿と三重の塔をみることができる。境内には高畠町郷土資料館も建っており、そこで同町から出土した土器・石器・中世以降の板碑といった考古資料をはじめとして、古文書などの文献史料、民具資料、高畠線の電車関係資料など、さまざまなものを目にすることができる。

山形県立うきたむ風土記の丘考古資料館
住所／〒992-0302　山形県東置賜郡高畠町大字安久津二一一七
電話／0238-52-2585
交通／JR奥羽本線「高畠駅」から車で約一五分
開館時間／9：00から17：00まで（入館は16：30まで）
休館日／毎週月曜日・国民の祝日・年末年始

85

常陸風土記の丘

常陸風土記の丘は、石岡市が中心となって設置した施設であり、茨城県のほぼ中央、東には霞ヶ浦、西には筑波山を望むことができる台地上に位置している。

石岡市では、古くは旧石器時代から人びとの痕跡が確認されており、それ以降の時代についても数多くの遺跡が発見されている。

とくに、古墳時代から奈良・平安時代にかけての発掘成果は、研究者らの注目を集めている。たとえば、県内で最大規模を誇る舟塚山古墳《ふなづかやまこふん》を中心とする古墳群が確認されている。

舟塚山古墳は、五世紀後半に築造された前方後円墳であり、全長一八二メートルを測る。この古墳から東へ三〇〇メートルいった場所には、六世紀前半の前方後円墳である府中愛宕山古墳《ふちゅうあたごやまこふん》がある。これらの古墳からは、古墳時代における石岡の地を支配していた地方豪族の存在を窺うことができる。

さらに、七世紀末葉以降の遺跡についてみてみると、常陸国衙跡や常陸国分寺跡・常陸国分尼寺跡などが発掘調査されている。これらをふまえて、古代において、石岡の地が常陸国の中心地であったといわれている。

鹿の子史跡公園で復元されている建物
（写真提供：常陸風土記の丘）

風土記の丘では、こういった遺跡を含む文化財の保存・活用を積極的におこなうことを目的としている。

また風土記の丘の敷地内には、歴史に触れることのできる施設が複数配置されている。いくつかみてみると、まず、江戸時代後期の長屋門が案内所となっていたり、縄文・弥生時代の竪穴建物に加えて、奈良時代から平安・

鎌倉・江戸時代にみられる建物が復元されている広場もある。復元された建物は、中に入って見学することができる。

　さらには、常磐自動車道の建設に伴って調査された鹿《か》の子《こ》遺跡の建物など、一部を復元したのち、そこを史跡公園として開放している。鹿の子遺跡では、奈良・平安時代の官衙に関わる建物跡や、鉄や銅製品の生産をおこなった工房跡など、多様な建物跡が検出されており、それらが復元されている。

舟塚山古墳から出土した猿の埴輪
（写真提供：常陸風土記の丘）

　この遺跡については、常陸国の官営工房跡であった可能性が指摘されており、ヤマト政権が東北地方を支配していく際に、需要品の生産・修理をおこなった国営の補給基地としての性格が想定されている。

　他にも敷地内にある展示研修施設では、石岡市で出土した貴重な遺物の数々が展示されている。

　具体的には、舟塚山古墳から出土した朝顔形円筒埴輪や猿をかたち作った形象埴輪をはじめとして、鹿の子遺跡出土の漆紙文書のレプリカ、常陸国衙跡から出土した瓦・硯・墨書土器などを近くで観察することができる。

　これらを見学することによって、訪れた人びとは、石岡市の歴史を通史的に概観することができる。

常陸風土記の丘
住所／〒315-0007　茨城県石岡市染谷1646
電話／0299-23-3888
交通／JR常磐線「石岡駅」からバスで「村上」下車した後、徒歩で約一五分
開園時間／3月～10月は9：00から17：00まで、11月～2月は9：00から16：00まで
休園日／毎週月曜日（祝日の場合は開館、翌日休館）・年末年始

86 しもつけ風土記の丘

しもつけ風土記の丘がある地域には、古墳時代から奈良・平安時代にかけての史跡が多く確認されており、古代の下野国《しもつけのくに》を知るうえで欠かせない場所である。

また、風土記の丘の中心には、下野市立しもつけ風土記の丘資料館が建っている。この資料館は、周辺の遺跡から出土した遺物を中心に展示がおこなわれており、来館者が古代社会の一側面を「見て・学ぶ」ことができる施設としてオープンされている。

常設展示は、大きく二つのテーマに分かれておこなわれている。一つ目は、栃木県における古墳時代の文化である。ここでは、まず、当該地域の地理や歴史的環境を把握できるようになっており、その後、県内で築造された古墳の特徴や当時の社会構造について、古墳などの墓域跡や集落跡から出土した考古資料を用いながらわかりやすく解説がなされている。

二つ目は、下野国からみた律令国家と仏教文化に焦点をあてた展示がおこなわれている。その内容をみてみると、下野国分寺にある七重塔の模型や、国府跡や国分寺跡から出土した瓦などが陳列されている。そして、これらをみていくことで来館者は、古代の政治や民衆の文化、中央との関わり、さらには土木・建築技術などについても、理解を深めていけるようになっている。見学の所要時間は、およそ四〇分である。また、資料館では、周辺の史跡を実際に見学しながら解説していくツアーに加えて、古墳時代の組紐を作るなどといった体験教室、確認された史跡の特徴を題材にした定期歴史講座など、さま

七重塔の模型
（写真提供：下野市教育委員会）

ざまな企画を積極的におこなっている。

　資料館の周辺に目を移してみれば、古墳時代後期の首長墓を含めた多数の古墳を確認することができる。いくつかみていくと、摩利支天塚《まりしてんづか》古墳は、栃木県南部の地域で最初に出現した大型前方後円墳として知られており、その築造は五世紀末葉から六世紀初頭と考えられている。

　さらには、下野で最大の規模を誇る前方後円墳である琵琶塚古墳がみられる。この古墳の全長は一二三メートルを測り、築造された時期は六世紀前半と推測されている。他には、当該地域において最終期の前方後円墳の一つにあたるとされる愛宕塚《あたごづか》古墳や、終末期古墳に含まれる丸塚古墳（円墳）などもみられる。

摩利支天塚古墳（写真提供：小山市教育委員会）

　また、古墳以外の史跡では、下野国庁跡や奈良時代に聖武《しょうむ》天皇の詔によって建てられた下野国分寺・国分尼寺の跡なども見学することができる。このようにみていくとわかるように、しもつけ風土記の丘はまさに史跡を訪ね、そこから出土したものを通して古代社会の様相をみて、学ぶことができる貴重な場所となっている。

下野市立しもつけ風土記の丘資料館
住所／〒329-0417　栃木県下野市国分寺九九三
電話／0285-44-5049
交通／JR東北本線「小金井駅」から車で約一〇分
開館時間／9：00から17：00まで（入館は16：30まで）
休館日／毎週月曜日、第3火曜日、休日の翌日、年末年始

国史跡　摩利支天塚・琵琶塚古墳資料館
住所／〒323-0017　栃木県小山市大字飯塚三三五
電話／0285-24-5501
交通／JR「小山駅」から車で約二〇分
開館時間／9：00から16：00
休館日／月曜日、祝日の翌日、年末年始他

87 なす風土記の丘

風土記の丘がある一帯は、古い段階の古墳や奈良時代の役所跡など、多くの史跡が確認されており、古代那須の中心地であった場所と考えられている。

代表的なものをみていくと、まずは那須小川古墳群があげられる。この古墳群は、前期の前方後方墳が三基含まれていることでよく知られている。

一つ目は、関東地方において最古級の古墳といわれている駒形大塚古墳である。この古墳は、四世紀前半に築造されたと考えられており、副葬品としては中国鏡である画文帯四獣鏡や刀・銅鏃などが確認されている。

二つ目は、四世紀中葉に築造された吉田温泉《ゆぜん》神社古墳である。

三つ目は、四世紀後半に築造された那須八幡塚《はちまんづか》古墳である。この古墳では、中国製の夔鳳《きほう》鏡や鉄剣と共に鉄斧・鎌といった鉄製農耕具が副葬されていたことが明らかにされている。

また、吉田富士山古墳や観音塚古墳といった方墳も確認されていることから、方形墳を主として築造することが当該地域における古墳文化の一つの特徴といわれている。

その他の史跡については、徳川光圀が発掘した前方後方墳ということで有名な上侍塚《かみさむらいづか》古墳と下侍塚《しもさむらいづか》古墳をはじめとして、七世紀末葉に建てられ、日本三古碑の一つとして知られる那須国造碑《なすのくにのみやつこのひ》、さらには、古代那須郡の役所跡である那須官衙遺跡などが点在していることから、史跡めぐりを十分に楽しむことができる。

上侍塚古墳（写真提供：那珂川町なす風土記の丘資料館）

ちなみに、日本三古碑とは、古代の碑のうち書道史において重要とされる碑のことであり、他に宮城県の多賀城碑と群馬県の多胡碑がある。

　また、当地域には資料館が二つある。一つは、那珂川町なす風土記の丘資料館である。展示内容は、当地域における地形の特徴や遺跡の分布状況について概観したあと、那須の縄文人、巨大墳墓の時代、古墳の終末と仏教文化、新しい政治と地方の文化、都への道・東山道といったテーマに沿ったかたちで展示がおこなわれている。

　さらに、当資料館では、那須地域の歴史を学ぶ「なす風土記講座」や縄文土器づくりといった体験活動もおこなわれている。これらを見学・体験することで、来館者は原始・古代における那須の風土や歴史を知ることができるようになっている。

那須国造碑（複製）
（写真提供：那珂川町なす風土記の丘資料館）

　二つ目の資料館は、大田原市なす風土記の丘湯津上資料館である。この資料館は、那珂川町なす風土記の丘資料館から車で一〇分の距離にある。展示内容をみていくと、那須国造碑が建立された時代背景や、江戸時代におこなわれた侍塚古墳の発掘について詳しく解説がなされている。

　さらには、文化財に深く興味をもち、研究および保存活動を積極的におこなっていた徳川光圀や、地元の人びとの業績について細かく紹介している。

那珂川町なす風土記の丘資料館
住所／〒324-0501　栃木県那須郡那珂川町小川三七八九
電話／0287-96-3366
交通／東北自動車道八坂I.C.から車で約三〇分
開館時間／9：30から17：00まで（入館は16：30まで）
休館日／毎週月曜（祝日の場合は開館、翌日休館）・年末年始

大田原市なす風土記の丘湯津上資料館
住所／〒324-0403　栃木県大田原市湯津上一九二
電話／0287-98-3322
交通／東北自動車道西那須野・塩原I.C.から車で四〇分
開館時間／9：00から17：00まで
休館日／毎週月曜（祝日の場合は開館、翌日休館）・年末年始

88 さきたま風土記の丘

風土記の丘は、行田市にある埼玉《さきたま》古墳群の保存と整備を目的としており、その敷地内には古墳公園や博物館が設置されている。

埼玉古墳群は、五世紀後半から六世紀末葉にかけて、武蔵地域を支配していた首長たちの墓と考えられており、『新編武蔵風土記稿』に記載があることでも有名である。

公園内には九基の古墳が分布しており、それぞれの古墳へは遊歩道が整備されている。見学できる古墳のなかには、まず、金錯銘《きんさくめい》鉄剣が出土したことで有名となった稲荷山古墳があり、その後円部墳頂には検出された埋葬施設が復元・展示されている。そして、日本最大級の円墳である丸墓山古墳もみることができる。

その他には、この古墳群のなかで最後に築造された前方後円墳である将軍山古墳があり、そこでおこなわれている整備や復元の仕方には工夫がみられる。たとえば、墳丘には出土した円筒埴輪や朝顔型埴輪のレプリカが並べられていたり、後円部の下に設置された地下展示室では、当時の埋葬状況を復元した石室内部を見学できるようになっている。

丸墓山古墳（写真提供：フォトライブラリ）

また、公園内には江戸時代末頃に建てられた旧遠藤家や、明治初期の民家である旧山崎家といった歴史的に貴重な建物も移築されており、これらも見学することができる。

敷地内にある古墳から出土した遺物は、隣接する県立さきたま史跡の博物館で展示されている。国宝展示室では、埼玉古墳群で確認された副葬品のうち、国宝に指定されているものを近くで観察することができる。

展示品をいくつかみてみると、まずは稲荷山古墳から出土した鉄剣や鏡、ヒスイ製勾玉が目立つ。とくに、展示されている鉄剣は全長七三・五センチメートルを測り、さらに裏表には「獲加多支鹵大王《わかたけるのおおきみ》」（雄略天皇）を含む、合計一一五文字の銘文が金象嵌《きんぞうがん》されたものであることから、「二〇世紀最大の発見」ともいわれている。

この発見は倭の五王の一人である武に比定される雄略天皇の実在性が、考古学的に確認されたという点で歴史的意義がある。すなわち、この錯銘鉄剣《さくめいてっけん》は、武蔵地域とヤマト政権との繋がりや、五世紀後半における古代国家の成立を考えていく上で鍵となる遺物といえる。

将軍山古墳出土の馬冑
（写真提供：埼玉県立さきたま史跡の博物館）

また、将軍山古墳から出土した馬冑《ばちゅう》や蛇行《だこう》状鉄器《じょうてっき》も注目できる。馬冑は、馬の頭につける鉄の兜であり、全国ではまだ三例しか確認されていないものである。蛇行状鉄器は、出土した当初、使い方が不明とされていたものであるが、後に馬の鞍《くら》にたてる旗ざおを装着させるための金具であることが分かってきた。

その他の展示室では、琴を弾いたり、冠をかぶっている男子や、鈴鏡《れいきょう》を腰にぶら下げる巫女と考えられている埴輪などが並べられており、当時使われていた実物を通して古代社会の一端を垣間みることができる。

埼玉県立さきたま史跡の博物館
住所／〒361-0025　埼玉県行田市埼玉四八三四
電話／048-559-1111
交通／JR高崎線「吹上駅」からバスで「産業道路」下車した後、徒歩で約一五分
開館時間／9：00から16：30まで（入館は16：00まで）
休館日／毎週月曜日・国民の祝日・年末年始

89 千葉県立房総のむら

千葉県立房総のむらは、「風土記の丘エリア」と「ふるさとの技体験エリア」の二つのエリアで構成されており、来館者が五感を通して、原始・古代から近現代にかけての房総地域の歴史や、伝統技術を学ぶことができる博物館である。

まず、「風土記の丘エリア」には、龍角寺古墳群一一四基のうち七八基の古墳が保存されており、来館者は遊歩道を歩きながら、それぞれの古墳を近くで観察することができる。

とくに、後期の円墳である第一〇一号古墳では、発掘調査の成果に基づいて、墳丘の周りに楯を持った武人や犬・猪・馬・水鳥などの埴輪を計一二〇体並べることによって、当時の風景が再現されている。

また、平成二四年度の調査によって、日本一の規模の方墳であることが分かった岩屋古墳も見学できる。この古墳については、七世紀に築造されたことや、周囲に二重の濠が巡り、その東西から距離を測ると一〇八・一〇八メートルとなることが明らかにされている。

埴輪が復元されている龍角寺101号古墳
（写真提供：千葉県立房総のむら）

隣接する風土記の丘資料館では、龍角寺古墳群に加え、県内の各地から出土した考古資料をみることができる。その内容をみてみると、四街道市の池花南《いけはなみなみ》遺跡などで出土した旧石器時代の石器や、房総の古墳・古代寺院で確認された遺物を数多く紹介しており、各時代における人びとの生活に焦点があてられたものとなっている。

目を見張る展示物としては、印旛沼で発見された子どものナウマンゾウの復元骨格があげられ、旧石器時代の人びとがそれを狩猟対象としていたことが推測されている。さらに、資料館を出てすぐの所には、竪穴建物が復元されている。

また、エリア内には文化財建造物をテーマにした場所もあり、そこでは国の重要文化財に指定されている旧学習院初等科正堂や旧御子神家住宅をみることができる。

復元された商家の町並（写真提供：千葉県立房総のむら）

次の「ふるさとの技体験エリア」では、実際に小間物の店や、呉服の店・鍛冶屋・火の見やぐら・稲荷の社・地蔵などを建てることによって、来館者は江戸時代における商家の町並を散策できるようになっている。

また、そば屋でのそば打ち体験や、お茶の店での和菓子作りがおこなわれていたり、佐倉藩の中流武士が住んでいた武家屋敷や、上総・下総・房総の各地域でみられた農家などの再現もおこなわれている。

その他には、明治一三年（一八八〇）から四四年まで使用されていた千葉県会議事場も当時の写真や、銅版画をもとに復元されている。この建物は、瓦葺といった日本の様式とベランダや窓にみられる西洋様式が混在した独特な外観をしていることから、擬洋風建築の一つとして知られている。

千葉県立房総のむら
住所／〒270-1506　千葉県印旛郡栄町龍角寺一〇二八
電話／0476-95-3333
交通／JR成田線「安食駅」からバスで「房総のむら」下車した後、徒歩で約三分
開館時間／9：00から16：30まで
休館日／毎週月曜日（祝日の場合は開館、翌日休館）・年末年始

90 富山県〔立山博物館〕

この博物館は、昭和四七年（一九七二）に設置された「立山風土記の丘」を再構築して、平成三年（一九九一）に開館したものであり、立山山麓にある芦峅寺《あしくらじ》に立地している。

立山は修験道と密接に関わる山であったため、この地域では近世以前より、立山信仰の中心的な集落が形成されていた。

そして、当時の人びとが芦峅寺を拠点として、信仰登山をおこなっていたことが知られている。立山については、すでに『万葉集』の中に関連する詩が詠まれていることから、古代から信仰の対象になったものと考えられる。

そのため、博物館の敷地内では、山岳信仰と関係が深い文化財を数多く確認することができる。いくつかみてみると、まずは平安時代中期に起源をもち、延喜式内社の一つとして知られる雄山《おやま》神社の中宮祈願殿がある。この神社は、雄山山頂にある峰本社と、中宮祈願殿、前立社壇の三社で構成されている。

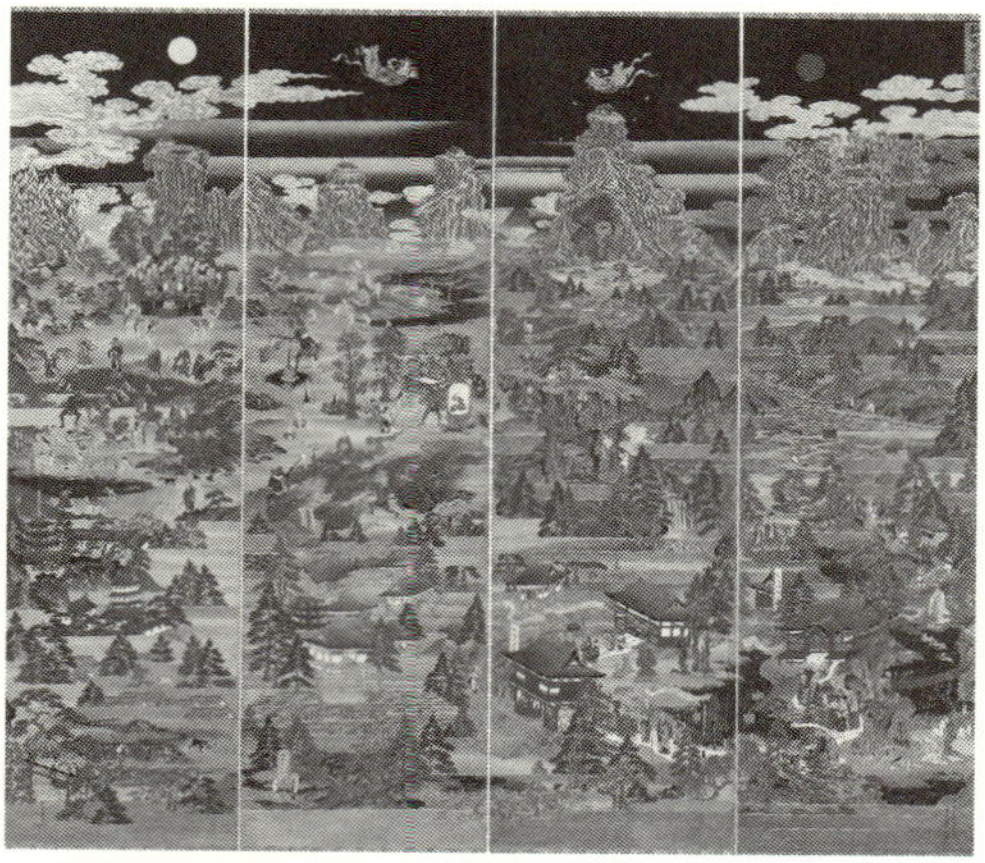
立山曼荼羅（写真提供：富山県〔立山博物館〕）

その他には、鎌倉時代の木彫の仏が安置されている閻魔堂や、江戸時代において人びとがあの世とこの世の境界と認識していた布橋（復元）、そして、鎌倉時代の石仏を含めた約八四〇基もの石造物なども実際に目にすることができる。

博物館は、大きく教界・聖界・遊界の三つのゾーンに分かれている。教界ゾーンにある展示館では、立山の自然・信仰と人びととの関わりや、立山信仰に関する基礎的な知識の紹介に焦点が絞られて展示がおこなわれている。

展示品の中には、立山曼荼羅などの絵画資料に加えて、雄山の頂にある社殿の模型などがある。また、社殿だけではなくさまざまな模型が陳列されると共に、その背景には現地でみられる風景が映し出されており、来館者は展示をみることで実際にその場にいるような感覚になる。同じゾーンには、江戸時代後期に建てられた宿坊の一つであり、参詣者登拝の拠点となった教算坊も見学することができる。

そして、平成二五年（二〇一三）にオープンした山岳集古未来館では、山岳文化に関わる資・史料を収蔵・展示していきながら、芦峅寺における山岳文化の変遷や明治時代以降の登山の歴史・文化についで解説をおこなっている。

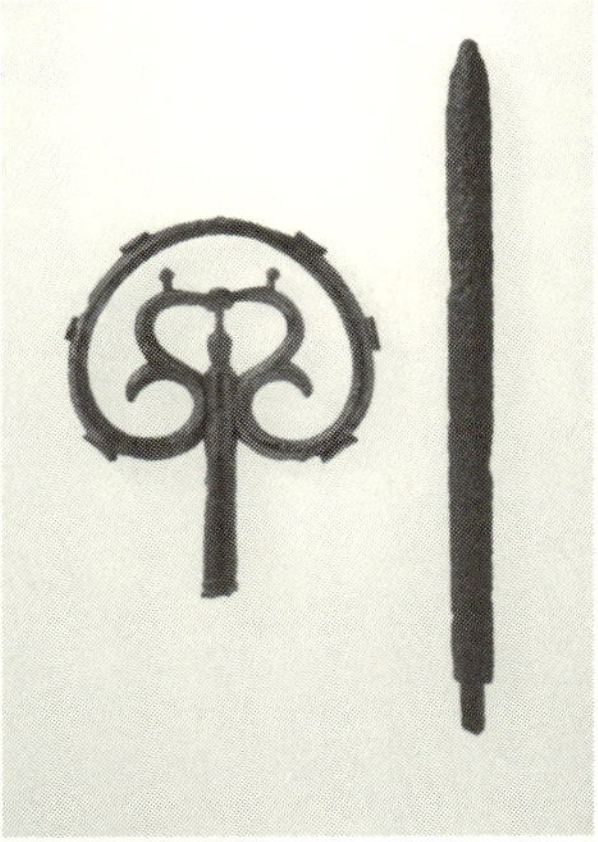

銅錫杖頭附鉄剣
（写真提供：富山県〔立山博物館〕）

次に聖界ゾーンにある遙望館では、立山に関わる映像を大型の三面マルチスクリーンと、音響装置を用いてながしており、来館者が立山の自然と信仰を疑似体験できるような展示内容となっている。

最後の遊界ゾーンには、立山曼荼羅の世界観を立体的に表現したまんだら遊苑という施設がある。ここでは、来館者が造形物や音、光、香りなど五感を通して、立山信仰を体感できる。

また、同じゾーンでは旧嶋家や旧有馬家といった一八世紀の建造物が建っていたり、国指定の特別天然記念物であるニホンカモシカが飼育されている、かもしか園なども設置されている。

富山県〔立山博物館〕
住所／〒930-1406　富山県中新川郡立山町芦峅寺九三-一
電話／076-481-1216
交通／富山地方鉄道「立山駅」から車で約一五分
開館時間／9：30から17：00まで（入館は16：30まで）
休館日／毎週月曜日（祝日の場合は開館、翌日休館）・年末年始

91 甲斐風土記の丘

甲斐風土記の丘・曽根丘陵公園は、甲府盆地の南側に位置する丘陵地帯にある。この丘陵地帯には、弥生時代から中世にかけての遺跡が数多く点在している。そのうち、いくつかの遺跡については、保存・整備・復元がおこなわれ、公園の一部として組み込まれている。

見学可能な遺跡・遺構をみていくと、まず、上《うえ》の平《だいら》遺跡で検出された方形《ほうけい》周溝《しゅうこう》墓群《ぼぐん》が保存・復元されている。この墓群は、弥生時代後期後半から古墳時代前期初頭にかけて造られたと考えられていることから、古墳が出現する直前の様相を知るうえで重要な資料といわれている。

現在、復元された墓群は「方形周溝墓広場」として一般公開されており、当時のお墓の大きさや構造をじっくりみて回ることができる。

整備された古墳の中には、この地域の首長墓と考えられている有名な古墳が二基確認でき、いずれも国指定史跡となっている。一つ目は、東日本で最大級の規模を誇る銚子塚《ちょうしづか》古墳である。この古墳は、四世紀後半に築造された前方後円墳であり、全長は一六九メートルを測る。また、江戸時代に編纂された『甲斐国志』にも見られ、「甲斐銚子塚古墳」とも呼ばれることでも知られている。

二つ目は、この古墳から北東方向に隣接して築かれている丸山塚古墳である。墳形は円墳であり、築造時期は五世紀初頭ということが明らかにされている。

その他にも複数の古墳が点在しており、五世紀後半の円墳とされるかんかん塚古墳や、六世紀後半の円墳である稲荷塚古墳も見学できる。そのうちの稲荷塚古墳では、

甲斐銚子塚古墳の全景
（写真提供：山梨県立考古博物館）

銅鋺の出土が確認されていることから、曽根丘陵における仏教文化の広がりを考えていく際の鍵となる事例となっている。

また、中世の供養塚あるいは墳墓といわれている遺跡も確認でき、杯塚《さかずきづか》や鍋弦塚《なべつるづか》がそれにあたる。

さらに、公園内には県立考古博物館が設置されている。そこの常設展示では、主に旧石器時代から明治時代までを対象として、県内の遺跡から出土したさまざまな遺物を実際に目にすることができる。

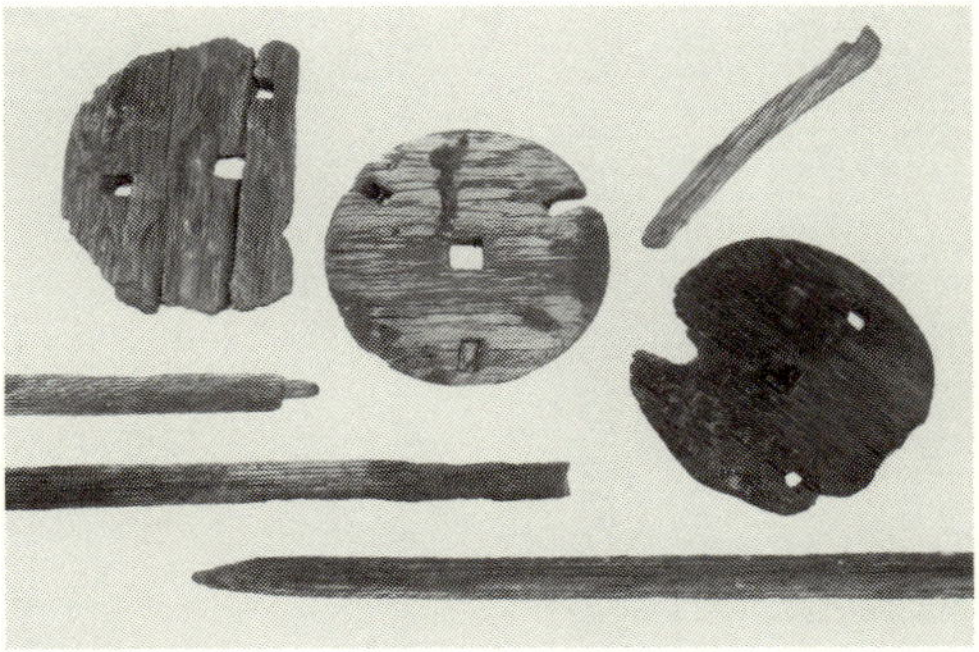
銚子塚古墳から出土した組み立て式木製品
（写真提供：山梨県立考古博物館）

たとえば、旧石器時代の展示では、石器の種類や作り方がわかりやすく解説されている。また、縄文時代の土器や土偶・ヒスイ製の玉類・土製の耳飾りや、弥生時代の青銅器や木製農耕具なども近くで観察することができる。

古墳時代の展示では、公園内にある古墳から出土した埴輪・鏡・大刀・馬具・木製品などが陳列されている。とくに、銚子塚古墳から出土した組み立て式の木製品は、当時の葬送儀礼と密接に関わるものであり、必見である。

その他には、古代にみられる木製の人形《ひとがた》や中世の六道《ろくどう》銭《せん》など、当時の人びとの信仰の一端を示す遺物もみることができる。

また、実際に黒曜石や縄文土器に触れたり、古代の火起こしを体験できるコーナーも設けられており、大変貴重な経験ができる展示内容となっている。

山梨県立考古博物館
住所／〒400-1508　山梨県甲府市下曽根町九二三
電話／055-266-3881
交通／JR中央本線・身延線「甲府駅」からバスで「県立考古博物館」下車
開館時間／9：00から17：00まで（入館は16：30まで）
休館日／毎週月曜日（祝日の場合は開館、翌日休館）・年末年始

92 近江風土記の丘

風土記の丘には、弥生時代の農耕集落をはじめとして、古墳や城郭など、多くの史跡が点在している。また、敷地内には、一八世紀から一九世紀にかけて建てられた文化財が、移築されている。

具体的には、長浜市の農家である旧宮地家住宅があげられ、余呉《よご》型民家の典型的な事例として知られている。余呉型民家とは、入母屋造《いりもやづくり》の妻入《つまいり》形式の建物のことで、多くは琵琶湖の北部で確認することができるという特徴がある。

その他に、明治一八年（一八八五）の蒲生郡安土町、現在の近江八幡市に建てられた旧安土巡査駐在所は、初期の警察建築として重要な資料となっている。

また、明治九年（一八七六）に初等科小学校として建てられた旧柳原学校校舎は、県内で最も古い学校建築といわれている。建物以外では、常夜燈《じょうやとう》や道標などといった石造物が確認でき、訪れた人びとはこれらを近くで観察することができる。

大岩山遺跡の銅鐸
（写真提供：滋賀県立安土城考古博物館）

そして、隣接する県立安土城考古博物館では、周辺の遺跡から出土した遺物など数々の文化財が展示されており、それらを通して近江の歴史を概観できるようになっている。

常設展示は、風土記の丘に分布する遺跡を中心に、大きく二つのテーマで構成されている。

第一常設展示室では、主に弥生時代から古墳時代を対象としている。たとえば、弥生時代の住居や水田が検出された大中《だいなか》の湖南《こみなみ》遺跡の紹介や、野洲市大岩山遺跡から出土した銅鐸の実物資料が展示されている。

古墳時代では、県内における前期の前方後円墳として有名な瓢箪山《ひょうたんやま》古墳と雪野山古墳の出土遺物を数多く展示しながら、その埋葬施設である竪穴式石室の復元もおこなわれている。また、栗東市にある新開古墳出土の武器や馬具などを観察できたり、近江にみられる横穴式石室が実物大に復元されている。

これらを通して、来館者は当時の埋葬方法やその変遷、さらにはこの地域を支配していた首長たちの様子について、理解が深められるようになっている。

次の第二展示室では、「中世の城づくり」・「安土城と織田信長」・「近世の城郭」・「信長研究室」といった四つのテーマに分けて展示をおこなっている。そして、近江にある城郭を通して、中世から近世にかけての社会をみていくことを目的としている。

まず、「中世の城づくり」では、戦国時代の築城方法が記された『築城記』から実際に中世城郭の一部を復元したのち、安土城との相違点について解説している。また、「安土城と織田信長」では、織田信長が建てた安土城跡の発掘成果や、信長関連の史料を多く目にすることができる。

「近世の城郭」では、国宝に指定されている彦根城をとり扱いながら、安土城との構造上の違いを明らかにしており、「信長研究室」では設置された情報検索機から安土城における最新の発掘状況をみることができる。

来館者は、これらを見学することで時間の経過とともに変化していく城郭構造とその背景を詳しく知ることができる。

滋賀県立安土城考古博物館
住所／〒521-1311　滋賀県近江八幡市安土町下豊浦六六七八
電話／0748-46-2424
交通／JR琵琶湖線「安土駅」から徒歩で約二五分
開館時間／9：00から17：00まで（入館は16：30まで）
休館日／毎週月曜日（祝日の場合は開館、翌日休館）・年末年始

93 大阪府立近つ飛鳥風土記の丘

風土記の丘がある丘陵上には、二〇〇基を越える古墳が集中的に分布しており、これらを総称して一須賀《いちすか》古墳群と呼んでいる。この古墳群は、出土遺物などから渡来系氏族の集団墓である可能性が指摘されており、この点から、当該地域が東アジアの文化を積極的に受容していたことが推測されている。

また、府立近つ飛鳥風土記の丘は、この一須賀古墳群の保存や活用を主な目的として設置された史跡公園であり、その敷地内には一〇二基の古墳が確認されている。そのうち四〇基は整備され、見学することができるようになっている。

名称にみられる「近つ飛鳥」とは、大和の「遠つ飛鳥」に対して呼ばれていたことが、『古事記』に記されている。

府立近つ飛鳥博物館は、史跡公園に隣接するかたちで建っている。そこでは、主に東アジアの地域との関わりといった視点をもちながら、大阪府を中心とした古墳時代から飛鳥時代の遺跡・遺物をみていくことによって、日本の古代国家や文化がどのように形成されていったのかを明らかにしていく、という方向性のもと展示がおこなわれている。

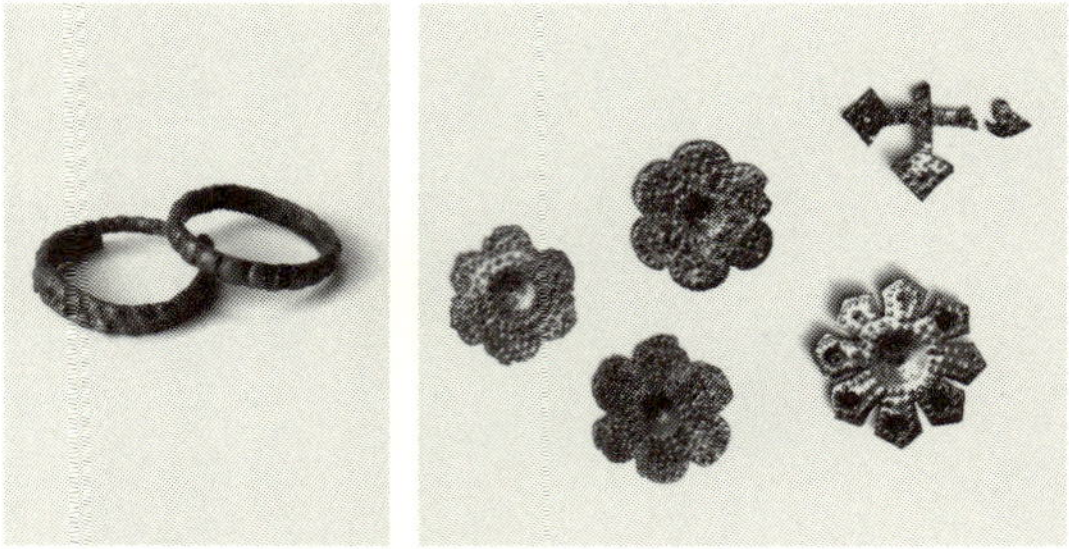
一須賀古墳群から出土した金銅製品（右）と指輪（左）
（写真提供：大阪府立近つ飛鳥博物館）

展示内容は、大きく三つのテーマに分かれている。一つ目の「近つ飛鳥と国際交流」では、中国へ使者を送ったとされる倭の五王の時代に、中国大陸や朝鮮半島からもたらされた、さまざまな渡来系文物が展示されている。その中には、一須賀古墳群から出土した馬具や金銅製品・銀製の指輪などがある。

また、飛鳥時代についての展示もなされており、聖徳太子のお墓やそこから出土した瓦類に加えて、四天王寺の復元模型からみた仏教文化、墨書土器や墓誌から八世紀の人びとの文字の文化、そして終末期古墳の様相が詳しく解説されている。

　二つ目の「古代国家の源流」では、銅鏡や武器・武具の大量埋葬について解説がなされており、それら副葬品が政治や権力にどのように結びついていったのかを考えさせられる。

　また、古墳に関わることでは、埋葬施設でみられる石棺や墳丘上に配置された埴輪の変遷、横穴式石室と黄泉国との関係性もみていくことができ、さらには、古墳を築造するのに使用された道具類なども数多く観察することができる。

保存処理された修羅（写真提供：大阪府立近つ飛鳥博物館）

　その他には、日本最大の前方後円墳である大山《だいせん》古墳とその周辺が、一五〇分の一の大きさのジオラマで再現されている。

　三つ目の「現代科学と文化遺産」では、出土した文化財の保存方法や、それを用いた科学分析について分かりやすく紹介している。

　保存方法については、藤井市三ツ塚古墳から出土した修羅の事例をとりあげて解説がおこなわれている。修羅とは、古代の人びとが重いものを運ぶ時に使用した木製の運材装置である。

　また、科学分析については、現在、考古学に新しい成果を提供し続けているということで、研究に必要不可欠となっている「X線撮影」・「年輪年代測定」・「産地同定」などについても知ることができる。

大阪府立近つ飛鳥博物館

住所／〒585-0001　大阪府南河内郡河南町大字東山二九九

電話／0721-93-8321

交通／近鉄長野線「喜志駅」または「富田林駅」からバスで「近つ飛鳥博物館前」下車した後、徒歩で約八分

開館時間／9：45から17：00まで（展示室への入館は10：00から16：30まで）

休館日／毎週月曜日（祝日の場合は開館、翌日休館）・年末年始

94 和歌山県立紀伊風土記の丘

紀伊風土記の丘は、国の特別史跡である岩橋千塚《いわせせんづか》古墳群の保存と公開を主な目的として開館した施設である。岩橋千塚古墳群は、紀ノ川下流の南側にある丘陵地帯を中心に分布している。丘陵上には、五世紀から七世紀前半にかけて築造された前方後円墳や方墳・円墳が、計八〇〇基以上確認されていることから、全国でも有数な規模を誇る群集墳としてよく知られている。

また、古墳群の被葬者については、紀ノ川河口の平野部に強い政治的権力をもっていた紀伊《きの》国造《くにのみやつこ》に関係する人びとであった可能性が推測されている。

風土記の丘の敷地内には、四三〇基の古墳に加えて、移築された歴史的建造物や復元された建物跡などが点在していることから、これらを巡るウォーキングコースも設定されている。

また、コース上にある古墳の中には、墳丘だけではなく石室も整備され、内部を見学できるものも多くみられる。たとえば、岩橋前山の山頂付近にある将軍塚古墳の横穴式石室が公開されている。この古墳は、六世紀後半に築造された前方後円墳であり、全長は約四二・五メートルを測る。この石室の大きな特徴としては、内部に石棚と石梁《いしはり》が設けられていることであり、この特徴は他の地域ではあまりみられない。

将軍塚古墳の石室内部（写真提供：和歌山県立紀伊風土記の丘）

また、前山A2号墳では、石室の天井石を外し、そこに強化ガラス製の覆屋を設置することによって、史跡巡りに訪れた人びとは真上から石室をみることができる。

移築された歴史的建造物には、文化四年（一八〇七）に建てられた黒江塗の漆器問屋である旧柳川家住宅や、漁業関係に携わっていた旧谷山家住宅などを見学することができる。さらに、敷地内には和歌山市の音浦《おとうら》遺跡で検出された古墳時代の竪穴建物が復元されており、その内部には実際に火をおこせるカマドも備わっている。

　これらの史跡を含めた県内の遺跡から出土した数々の遺物は、隣接する資料館でみることができる。常設展示は、「和歌山のあけぼの―掘り出された歴史―」と題して、和歌山県の旧石器時代から中世までを考古学的資料をとり扱いながら詳しく解説している。

　展示品の中には、まず、旧石器時代のナイフ形石器や、和歌山市加太《かだ》海底から出土したナウマンゾウの臼歯が陳列されている。また、縄文時代の土器や土偶、弥生時代の木製農耕具や銅鐸なども観察することができる。

大日山35号墳の家形埴輪（写真提供：和歌山県立紀伊風土記の丘）

　土偶には呪術的性格、銅鐸には稲作に関わる祭器としての性格が想定されており、それぞれの遺物を通して人びとの精神文化の一端を考えさせられる。

　また、岩橋千塚古墳群を含んだ県内の古墳から出土した埴輪や玉類の展示に加えて、県内における渡来系文物の出土状況や、海の民の生活に焦点をあてた展示もおこなわれており、興味深い。

　古代以降については、古代寺院の展開や火葬の開始・平安時代から江戸時代までの経塚の様相・中世の様相を色濃く残している根来《ねごろ》寺の概要といったように、いくつかのテーマに分かれて解説がなされている。

和歌山県立紀伊風土記の丘
住所／〒640-8301　和歌山県和歌山市岩橋一四一一
電話／073-471-6123
交通／JR「和歌山駅」からバスで「紀伊風土記の丘」下車した後、徒歩で約五分
開館時間／9：00から16：30まで（入館は16：00まで）
休館日／毎週月曜日（祝日の場合は開館、翌日休館）・年末年始

95 八雲立つ風土記の丘

八雲立つ風土記の丘は、国引き神話と関係が深い意宇《おう》郡の中心地域にある。この一帯には、縄文時代から奈良時代にかけての遺跡が数多く点在しており、それらの保存・活用を目的とした展示学習館も併設されている。

常設展示では、意宇の地からみた古代出雲の風景が時間の経過とともに、どのように移り変わっていったのかをわかりやすく解説している。

展示スペースは五つに分けられており、それぞれにテーマが設けられている。一つ目は、プロローグ―意宇の足取りとして、旧石器時代の石器の紹介や、縄文時代の人びとによる狩猟や植物採集・漁労の様子、弥生時代における稲作農耕の広がりが主にとり上げられている。

二つ目は、再現―古代の意宇として、国庁や正倉《しょうそう》・国分寺に加えて、『出雲国風土記』に記載されている郡家《ぐうけ》・駅家《うまや》・山陰道における発掘調査の成果が紹介されている。また、その成果をもとにして、東西四・八キロメートル、南北三・五キロメートルの範囲における一〇〇〇分の一のジオラマが作製・展示されており、来観者は奈良時代の景観を視覚的に捉えやすくなっている。

平所遺跡の見返りの鹿埴輪
（写真提供：島根県立八雲立つ風土記の丘）

三つ目は、出雲の埴輪として、平所遺跡埴輪窯跡から出土した「見返りの鹿埴輪」とよばれている鹿の埴輪など、さまざまな埴輪をみることができる。

四つ目は、古墳が語る出雲の盟主への足取りとして、当施設敷地内に整備・保存されている岡田山一号墳（六世紀後半）から出土した円頭大刀が展示されている。この大刀の刀身には、「額田卩（部）臣」を含む十数文字が銀象嵌によって残されており、部民制の成立時期を考える上で重要な資料となっている。

また、この大刀はヤマト政権との関係をもったリーダー的人物が、当時、意宇の地に存在していたことを示す貴重な資料とも考えられている。

岡田山一号墳から出土した額田卩（部）臣と銘文のある大刀
（写真提供：島根県古代文化センター）

五つ目は、古代都市出雲国府として、出雲国府跡の性格や特徴について、発掘調査の成果に基づき解説がおこなわれている。この国府跡からの出土品からは、古代の人びとがどのような社会・文化の中で生活していたのかを考えさせられる。

また、隣接する別館では風土記の丘の景観と文化財として、中世から近世にかけての風土記の丘敷地内の様子を資料と共にみていくことができたり、出雲国庁跡の発掘に至る歴史の紹介などもおこなわれている。

展示をみた後は、それらが実際に出土した古墳や古代寺院、さらには神社仏閣を徒歩や自転車で巡るコースもいくつか用意されている。所要時間は、どのコースも一時間から二時間ぐらいである。

神社仏閣としては、現存する最古の大社造として、国宝にもなっている神魂《かもす》神社や、平安時代のもので、国の重要文化財になっている板絵著色神像《いたえちゃくしょくしんぞう》三面が確認された八重垣《やえがき》神社などがある。

八雲立つ風土記の丘資料館
住所／〒690-0033　島根県松江市大庭町四五六
電話／0852-23-2485
交通／JR山陰本線「松江駅」からバスで「風土記の丘入口」下車した後、徒歩で約二分
開館時間／9：00から17：00まで（入館は16：30まで）
休館日／毎週火曜日（祝日の場合は開館、翌日休館）・年末年始・特別展前後

96 吉備路風土記の丘

風土記の丘がある総社市は、古墳や古代の寺院跡などの史跡が多く点在しており、古代吉備の社会や文化を考える上で、重要な地域である。

また、吉備路自転車専用道路が、風土記の丘一帯に整備されているので、訪れた人びとは、総社駅前のレンタサイクルで自転車を借りて史跡めぐりを楽しめるようになっている。史跡をめぐるコースについては、いくつか設定されており、短いもので約二時間を要する。

コース上にある主な史跡としては、まず、全国第四位の規模を誇る造山《つくりやま》古墳があげられる。この古墳は、五世紀前半に築造された前方後円墳であり、その全長はおよそ三五〇メートルを測る。また、墳丘は三段に築成されていることや、当時は後円部の墳頂に盾・きぬがさ・家形埴輪などが並べられていたことなどが、発掘調査によって明らかになっている。現在は、墳丘に立ち入って見学することができる。

また、県下では造山古墳に次いで大きく、全国でも一〇番目の規模とされる作山《つくりやま》古墳もみることができる。この古墳は、全長が二七〇メートルの前方後円墳であり、五世紀中葉に築造された首長クラスの墓と考えられている。

次に、こうもり塚古墳があげられる。この古墳は、六世紀後半の前方後円墳とされ、石室の全長が一九・四メートル、玄室の長さは七・七メートルといった大きなも

こうもり塚古墳の家形石棺
（写真提供：（公社）岡山県観光連盟）

備中国分寺跡の五重塔（写真提供：（公社）岡山県観光連盟）

のである。これは、奈良県にある石舞台古墳の石室に匹敵する規模となる。そして、当時、後円部にある横穴式石室には浪形《なみがた》石を刳りぬいて作った家形石棺や、浪状の突帯がみえる亀甲形《きっこうがた》陶棺など、複数の棺が安置されていたことがわかっている。現在は、その石室の中に入って残されている家形石棺を近くで観察することができる。

古墳以外の史跡をみてみると、奈良時代に聖武天皇の詔によって建てられた国分寺の一つである備中国分寺跡も見学することができる。建物自体は南北朝時代に一度、焼失したといわれており、現在、みられるのは江戸時代中期以降に再建されたものである。

境内には、高さが三四・三二メートルの五重塔が建っている。この塔は、県内唯一のものであることから、吉備路風土記の丘のシンボルにもなっている。

その近くには、備中国分尼寺跡も確認でき、備中国分寺と共に建立された尼寺として知られる。発掘調査によって、東西約一〇八メートル、南北約二一六メートルの空間には、金堂・講堂・中門・南門が配置されていたことが明らかにされている。現在は、礎石や築地塀などが残っているだけではあるが、当時の伽藍配置をある程度、把握できるようになっている。

これらの史跡を巡っていくことで、古代吉備の全体像が浮き彫りとなり、ますます歴史を探ることへの興味が高まっていく。

吉備路風土記の丘
住所／〒719-1123　岡山県総社市上林
電話／086-692-8200（総社市役所）
交通／JR吉備線・伯備線「総社駅」からバスで「国分寺前」下車した後、徒歩で約五分

97

広島県立みよし風土記の丘

風土記の丘がある三次《みよし》盆地には、県内で確認されている古墳の三分の一にあたる約三〇〇〇基が分布しており、中国地方有数の古墳密集地域といわれている。

その中の代表的なものとしては、五世紀から六世紀の築造が主体となっている浄楽寺《じょうらくじ》・七ツ塚古墳群があげられる。県立みよし風土記の丘では、この古墳群の保存と一般公開を目的としている。

敷地内には、計一七六基の古墳が点在しており、これらの一部を遊歩道で繋いだ「みよし風土記の丘コース」が設定されている。訪れた人びとは、約一時間三〇分かけて、古代のお墓巡りをすることができる。

見学できる古墳をみてみると、大きな円丘に小さな方形丘をつけた帆立貝形古墳である浄楽寺第一号古墳や、全長二九・五メートルを測る前方後円墳である七ツ塚第九号古墳、計一〇基の円墳で構成されている七ツ塚古墳群東群などがある。

また、コース上には西酒屋町の酒屋《さかや》高塚《たかつか》古墳で検出された五世紀後半の竪穴式石室が移築されていたり、古墳時代にみられる竪穴建物や平地式建物・高床倉庫も復元されている。

移築された酒屋高塚古墳の石室

（写真提供：広島県立歴史民俗資料館）

その他には、一七世紀初頭に建てられた旧真野《しんの》家住宅も移築・復元されており、見学することができる。この住宅は、世羅郡でみられた中型の農家であり、国の重要文化財にも指定されている。

また、敷地内には展示室をもった施設が二カ所ある。一つ目の民俗資料常設展示館では、「農耕の四季―みよし地方で使われてきた農具―」を展示のテーマに据えている。そのため、展示品には三次地方で使われてきた農具のうち、稲作に関わるものが多くみられる。

そして、来館者はそれらを通して、農村における春夏秋冬といった一連の生活形態を理解することができるようになっている。

二つ目のみよし風土記の丘ミュージアムでは、敷地内にある古墳群に加え、県内で確認された遺跡から出土した遺物や、譲与された民具など、多くの文化財を目にすることができる。

ここの常設展示は、「ひろしまの原始・古代」をテーマにしている。具体的には、三次盆地の地形・地質の理解から始まり、当該地域で展開される旧石器時代から平安時代までの社会動態を分かりやすく解説している。

矢谷墳丘墓の特殊器台と特殊壺
（写真提供：広島県立歴史民俗資料館）

特徴的な展示品をみていくと、まず、弥生時代後期の三次市矢谷《やだに》墳丘墓から出土した特殊器台と特殊壺がある。これらは、古墳に並べられる円筒埴輪の起源と考えられており、弥生時代から古墳時代への移行期の葬送儀礼のあり方を考える上で重要な資料である。

その他にも古墳時代のたたら製鉄を再現する実験成果が報告されていたり、国の重要有形民俗文化財にもなっている江の川流域の漁撈《ぎょろう》用具なども展示されている。

これら考古学や民俗学の資料をみていくことで、来館者は現在まで継続してみられる人びとの歴史や文化をより直接的に学ぶことができる。

広島県立みよし風土記の丘ミュージアム
住所／〒729-6216　広島県三次市小田幸町一二二
電話／0824-66-2881
交通／JR芸備線「三次駅」からバスで「風土記の丘入口」下車
開館時間／9：00から17：00まで（入館は16：30まで）
休館日／毎週月曜日（祝日の場合は開館、翌日休館）・年末年始

98 肥後古代の森

熊本県北部に流れる菊池川流域には、学術的に重要な遺跡が集中的に分布している。これらの保存・活用を目的として設置されたのが、肥後古代の森である。

この森は、山鹿《やまが》・鹿央《しかおう》・和水《なごみ》・菊鹿《きくか》・菊池《きくち》といった五つの地区に分けられており、それぞれの地区で展示施設を設けると共に、そこに点在する遺跡の整備や公開を積極的におこなっている。

まず、山鹿地区にある山鹿市立博物館では、全国で唯一発見されている石包丁形鉄器や、青銅製の巴形銅器などを観察することができる。巴形銅器は朝鮮半島との交流を示すものといわれており、研究者らが注目している遺物の一つである。

この博物館の近くには、見学可能な遺跡がいくつかある。たとえば、彩色壁画をもつ古墳として有名なチブサン古墳やオブサン古墳に加えて、弓矢をもつ人物あるいは武具や馬の壁画が確認された鍋田《なべた》横穴群《よこあなぐん》などが公開されている。

チブサン古墳の石室内（写真提供：熊本県立装飾古墳館）

そのうち、チブサン古墳については、博物館へ事前に申し込めば石室の内部を見学することができる。石室内の見学ができない場合は、古墳の前に設置された家形石棺のレプリカを通して、屋根や壁に描かれた赤・白・黒のさまざまな文様を目にすることができる。

鹿央地区にある県立装飾古墳博物館は、装飾古墳を専門とする施設として知られている。そこでは、県内の装飾古墳から出土した遺物を観察できたり、3Dシアターによる映像資料や装飾古墳の石室内を忠実に再現したレプリカの展示などもおこなわれている。

また、博物館の周辺には、前方後円墳や数十基の円墳で構成されている岩原《いわばる》古墳群や、崖面に掘られた一三一基の横穴墓から成る岩原横穴墓群がある。他にも装飾古墳である横山古墳が、移築・復元されており、ガラス越しから石室内部を見学することが可能である。

和水地区には、出土遺物が国宝になっている江田船山《えたふなやま》古墳や、虚空蔵塚《こくうぞうづか》古墳などが点在する。また、隣接する肥後民家村の中にある和水町歴史民俗資料館では、江田船山古墳から出土した冠帽や、銀象嵌された銘文をもつ大刀・鏡・装身具・沓《くつ》などのレプリカが展示されている。他の展示品としては、弥生時代の甕棺墓《かめかんぼ》や中世の田中城跡から出土した遺物をみることができる。

岩原古墳群（写真提供：熊本県立装飾古墳館）

菊鹿地区は、鞠智《きくち》城跡を中心とした歴史公園になっている。鞠智城跡は、当時、荒れていた東アジア情勢から大宰府などを守るために、ヤマト政権が築いた朝鮮式山城であり、築城時期は七世紀後半と考えられている。この城跡から出土した遺物をはじめとして、鞠智城に関する映像資料や解説パネルは、敷地内にある温故創生館でみることができる。

そして、菊池地区にはわいふ一番館が建っており、そこでは中世に当地域を支配していた菊池一族に縁のある人びと、さらには遺跡から出土した品々が紹介されている。

熊本県立装飾古墳館
住所／〒861-0561　熊本県山鹿市鹿央町岩原三〇八五
電話／0968-36-2151
交通／JR鹿児島本線「玉名駅」からバスで「県立装飾古墳館入口」下車した後、徒歩で約二〇分
開館時間／9：30から17：15まで（入館は16：45まで）
休館日／毎週月曜日（祝日の場合は開館、翌日休館）・年末年始

99 宇佐風土記の丘

　宇佐風土記の丘には、三世紀末葉から六世紀にかけて築造された前方後円墳が六基点在しており、これらは国指定史跡である川部・高森古墳群に含まれている。また、それぞれの古墳へは遊歩道が整備されている。

　敷地内にある古墳をみてみると、九州地方で最古の前方後円墳といわれている赤塚古墳をはじめとして、三角《さんかく》縁《ぶち》三神三獣鏡《さんしんさんじゅうきょう》やヒスイ製勾玉など多くの副葬品が確認された免ヶ平古墳、そして、川部・高森古墳群のなかで最後に造られたと考えられている鶴見古墳などがある。

　免ヶ平《めんがひら》古墳の出土品は、平成二六年（二〇一四）に国の指定文化財に登録されている。また、鶴見古墳の石室については、内部の見学が可能となっており、入館者は当時のお墓をより身近に体感することができる。これらの古墳に埋葬されている人物については、古代の宇佐平野を支配していた首長たちであったと推測されている。

　古墳群の入口には、大分県立歴史博物館が建てられており、そこでは川部・高森古墳群からの出土品に加えて、県内で確認された多くの文化財が収蔵され、展示もおこなわれている。常設展示の大きなテーマは、「豊の国・おおいたの歴史と文化―くらしと祈り―」としていることから、人びとの精神生活に重きをおいた内容となっている。

内部見学ができる鶴見古墳の石室入口
（写真提供：大分県立歴史博物館）

　展示は、「生死・いのり」・「豊の古代仏教文化」・「宇佐八幡の文化」・「六郷山の文化」・「富貴寺大堂の世界」・「広がる仏教文化」・「信仰とくらし」・「匠たちのわざ」といった、いくつかのコーナーに分かれている。

　そのうちの「六郷山の文化」のコーナーでは、国東《くにさき》半島に点在した天台系山岳寺院が中心となって広めた独特の仏教文化が、どのように成立・展開していったのかについて、詳しく解説している。

展示品に目を移していくと、県内の遺跡から出土した土偶や、赤塚古墳から出土した三角縁神獣鏡などが並んでいる。また、宇佐地方で最も古い寺院跡とされる虚空《こくう》蔵寺《ぞうじ》にあった三重塔の模型・塼仏や、宇佐市にある岩窟《いわや》として知られている天福寺《てんぷくじ》奥院から見つかった塑像三尊仏像が展示されている。この仏像は、八世紀のものと考えられている。

熊野磨崖仏の原寸大模型
（写真提供：大分県立歴史博物館）

さらには、大分県にある四つの国宝すべてを複製あるいは復元といったかたちで目にすることができることも、この博物館の大きな特徴の一つである。

たとえば、豊後高田市蕗《ふき》にある富貴寺《ふきじ》の大堂《おおどう》が原寸大に復元・模型化されている。この大堂は平安時代後期に創建されたことが分かっていることから、九州に現存する最古の木造建築といわれている。

その他には、豊後高田市の山中に彫られた熊野磨崖仏《まがいぶつ》や、臼杵《うすき》市にある丘陵地帯の凝灰岩層に彫られた臼杵磨崖仏などの石造物も原寸大模型を通して見ることができる。

これらの展示物を見学することで、来館者は人びとの信仰と暮らしの一端を垣間みることができる。

大分県立歴史博物館
住所／〒872-0101　大分県宇佐市大字高森字京塚
電話／0978-37-2100
交通／JR日豊本線「宇佐駅」から車で10分、同線「柳ヶ浦駅」または「豊前長洲駅」から車で約五分
開館時間／9：00から17：00まで（入館は16：30まで）
休館日／毎週月曜日（祝日の場合は開館、翌日休館）・年末年始

100 西都原風土記の丘

西都原《さいとばる》風土記の丘は、西都市の西方にある台地上に位置する西都原古墳群を中心に整備されたものであり、「風土記の丘」第一号としても知られている。

西都原古墳群は、三世紀末葉から七世紀にかけて築造された古墳が、合わせて三〇〇基以上確認されている全国有数の大古墳群である。古墳には、円墳が多くみられるものの前方後円墳や方墳も確認でき、その中には、宮内庁により陵墓参考地となっている男狭穂塚《おさほづか》・女狭穂塚《めさほづか》も含まれている。

また、古墳群には、南九州で特徴的にみられる地下式横穴墓も確認されている。たとえば、地下式第四号墳では、地表から二・七メートル下のところに切妻形の天井をもった墓室が検出され、その規模は幅二・二メートル、奥行き五・五メートル、高さ一・六メートルを測ることが明らかにされている。

敷地内に点在するいくつかの古墳は、見学できるように整備・公開がなされている。また、レンタサイクルが設置されており、そこから自転車を借りて古墳群を巡るコースも設定されている。見どころとしては、まず、西都原一三号墳があげられ、これは四世紀中葉から後葉に築造された前方後円墳である。後円部には長さ八・一メートルの粘土槨が検出されており、そこから三角縁神獣鏡《さんかくぶちしんじゅうきょう》や鉄剣、ヒスイ製勾玉・碧玉製《へきぎょくせい》管玉《くだたま》、棺材と考えられる木片などが出土している。現在、墳丘は築造された当時のかたちに復元され、埋葬施設においては内部をみることができる見学施設が設置されている。

西都原13号墳の粘土槨
（写真提供：宮崎県立西都原考古博物館）

また、西都原二〇六号墳は、六世紀末葉から七世紀初頭に築造された円墳である。この古墳は、鬼《おに》の窟《いわや》古墳とも呼ばれ、古墳群のなかでは最後に築造された古墳とされている。墳丘の周囲には、土塁や二重の濠を巡らすことが明らかにされており、埋葬施設からは耳環や金銅製馬具・平玉・鉄釘などが確認されている。この墳丘と埋葬施設は現在、復元されて、公開もおこなわれている。

その他に古墳だけではなく、コノハナサクヤヒメと関係が深い都萬神社《つまじんじゃ》や石貫神社《いしぬきじんじゃ》などをみて回る「記・紀の道」というコースも用意されている。

隼人の楯（写真提供：宮崎県立西都原考古博物館）

また、隣接するかたちで西都原考古博物館が開館されており、そこでは風土記の丘周辺に加え、県内の遺跡から出土した遺物も多く展示されている。

この博物館では、常に新しい展示を心がけており、姶良《あいら》カルデラの噴火からはじまり、西都原古墳群の実像や、律令国家の統治領域の外辺にいた隼人の世界など、当時の社会の一端を時系列順にみることができる。

また、博物館の中に仮想の研究所を設けることで、考古学でおこなわれる基礎的な調査や化学分析の方法を来館者が追体験できるようにもなっている。展示・収蔵品の中には、国宝の金銅製馬具や重要文化財の子持家形埴輪、逆S字状の文様をもつ隼人の楯、そして県内から発掘された約六〇〇体もの人骨などもある。

さらに、この博物館は大韓民国の国立中原文化財研究所と学術的な協定を結んでおり、日韓交流史の研究拠点にもなっている。

宮崎県立西都原考古博物館
住所／〒881-0005　宮崎県西都市大字三宅字西都原西五六七〇
電話／0983-41-0041
交通／宮崎空港からバスで宮交シティ経由「西都原考古博物館前」下車
開館時間／10：00から18：00まで（入館は17：30まで）
休館日／毎週月曜日（祝日の場合は開館、翌日休館）・年末年始

あとがき

いままで、『古代人なるほど謎解き一〇〇話』、『古事記なるほど謎解き一〇〇話』を東京堂出版から刊行していただいた。本書は、書名が変わったが、出版のコンセプトは、前二書と同様である。

今回も目次の作成からはじまって、さまざまなことにわたり編集部の林謙介氏のお世話になった。林氏が総務部へ移られてからは、編集部長の名和成人氏のお手をわずらわせた。厚く御礼申し上げる。お二人のおかげで、三冊目も上梓のはこびになったことを執筆者一同と共に喜びたいと思う。

そして、何よりも一人でも多くの方々に手にとっていただき、『風土記』の面白さを知っていただければと思っている。

二〇一八年七月三〇日

瀧音能之
鈴木織恵
佐藤雄一

な行

は行

ま行

や、ら行

さ行

た行

索　引

※項目（50音順）については、本文中にふれられている寺社、古墳、各『風土記』にみられる郡の説明（～の条）を中心に作成した。

あ行

か行

◎執筆者（担当項目）一覧

瀧音能之
項目…１、２、３、31、32、33、34、35、39、40、41、42、43、44、45、46、47、48、49、50、51、52、53、54、55、69、70、71、72、73、74、75、76

鈴木織恵
項目…56、57、58、59、60、61、62、63、64、65、66、67、68

佐藤雄一
項目…15、16、17、18、19、20、21、22、23、24

八馬朱代（日本大学国際関係学部非常勤講師）
項目…25、26、27、28、29

舟久保大輔（東京大学史料編纂所研究支援推進員）
項目…５、６、７、８、９、10、11、12、13、14

久保田昌子（座間市教育委員会 教育部生涯学習課 非常勤職員）
項目…36、37、38

田中　嶺（駒澤大学大学院修士課程）
項目…４

瀧音　大（早稲田大学人間総合研究センター招聘研究員、自治医科大学・淑徳大学非常勤講師）
項目…30、77、78、79、80、81、82、83、84、85、86、87、88、89、90、91、92、93、94、95、96、97、98、99、100

《編者略歴》

瀧音能之（たきおと よしゆき）
1953年、北海道生まれ。駒澤大学文学部教授。
主な著書は、『出雲古代史論攷』（岩田書院）、『風土記からみる日本列島の古代史』（平凡社）、『古代出雲を知る事典』、『古代人なるほど謎解き一〇〇話』、『古事記なるほど謎解き一〇〇話』（編著）（以上、東京堂出版）など。

鈴木織恵（すずき おりえ）
1973年、宮城県生まれ。駒沢大学文学部卒業。淑徳大学人文学部准教授。
主な編著書は、『こんなに変わった歴史教科書』（古代部分執筆）（東京書籍、のちに新潮文庫青）、『島根県謎解き散歩』（新人物往来社文庫）、『古代人なるほど謎解き一〇〇話』、『古事記なるほど謎解き一〇〇話』（以上、東京堂出版）など。

佐藤雄一（さとう ゆういち）
1981年、熊本県生まれ。駒澤大学大学院人文科学研究科博士後期課程単位取得退学。島根県古代文化センター主任研究員。
主な論文に「諏訪信仰の始まりとその変質」『延喜式研究』26、「国譲り神話と天武・持統朝」『出雲古代史研究』27など。

古代風土記の事典

2018年９月30日　初版印刷
2018年10月10日　初版発行

編　者	瀧音能之 鈴木織恵 佐藤雄一
発行者	金田　功
ＤＴＰ	有限会社　一企画
印刷製本	中央精版印刷株式会社
発行所	株式会社　東京堂出版 〒101-0051　東京都千代田区神田神保町1-17 電話 03-3233-3741 http://www.tokyodoshuppan.co.jp

ISBN978-4-490-10905-4　C0521
©Yoshiyuki TAKIOTO, Orie SUZUKI, Yuichi SATO
2018, Printed in Japan

〈定価は本体＋税となります〉

古代出雲を知る事典　瀧音能之著　四六判三三八頁　本体二五〇〇円

古事記なるほど謎解き一〇〇話　瀧音能之編　四六判二一二頁　本体一八〇〇円

古代人なるほど謎解き一〇〇話　瀧音能之編　四六判二一二頁　本体一八〇〇円

古事記・日本書紀を知る事典　武光誠著　四六判三三八頁　本体二六〇〇円

風土記探訪事典　中村啓信・飯泉健司・谷口雅博編　菊判三一二頁　本体三八〇〇円